熬通宵也要读完的

大秦史

覃仕勇 著

台海出版社

图书在版编目（CIP）数据

熬通宵也要读完的大秦史 / 覃仕勇著 . -- 北京：
台海出版社，2021.2
ISBN 978-7-5168-2846-5

Ⅰ . ①熬… Ⅱ . ①覃… Ⅲ . ①中国历史—秦代—通俗
读物 Ⅳ . ① K233.09

中国版本图书馆 CIP 数据核字（2020）第 246208 号

熬通宵也要读完的大秦史

著　　者：覃仕勇

出 版 人：蔡　旭　　　　　　　　　　　封面设计：仙　境
责任编辑：徐　玥　　　　　　　　　　　策划编辑：仪雪燕

出版发行：台海出版社
地　　址：北京市东城区景山东街 20 号　　　邮政编码：100009
电　　话：010-64041652（发行，邮购）
传　　真：010-84045799（总编室）
网　　址：www.taimeng.org.cn/thcbs/default.htm
E-mail：thcbs@126.com

经　　销：全国各地新华书店
印　　刷：三河市嵩川印刷有限公司
本书如有破损、缺页、装订错误，请与本社联系调换

开　　本：710 毫米 × 1000 毫米　　　1/16
字　　数：245 千字　　　　　　　　　印　　张：16
版　　次：2021 年 2 月第 1 版　　　　印　　次：2021 年 2 月第 1 次印刷
书　　号：ISBN 978-7-5168-2846-5

定　　价：48.00 元

序　言

　　有一个问题，经常会被喜欢中国古代历史的人问到：中国古代历史上这么多朝代，绝大多数不会超过300年，其中的东西两汉相加、南北两宋相加，才能超过这个数。为什么周朝可以延续将近800年？

　　这个问题，认真解答起来比较复杂。我用最简单的类比法来说一下吧。

　　话说，约在公元7世纪前，有一支游牧民族的先民居住在额尔古纳河一带，后来西迁到了鄂嫩河上游不儿罕山（肯特山）和克鲁伦河一带，发展成为一个个分散的部落。

　　公元11世纪，分散的部落结成一个个部落联盟。

　　公元13世纪初，有一位大英雄横空出世，统一了该民族的所有部落联盟，于1206年建立了一个强大的帝国。

　　这位大英雄死后，他的帝国一分为五，其中之一为中国古代历史上九个大一统封建王朝之一。

　　对，这个大王朝的名字叫"大元"。那个统一了诸部的大英雄名叫成吉思汗。

1368 年，明太祖朱元璋的明军攻克元大都，元惠宗带领残部北逃。

元惠宗的残部后来又分裂为许多部，其中势力最大的分别是科尔沁部、喀尔喀部和卫拉特部。这三部侵扰明朝不断，并在明朝灭亡后先后成了清朝的藩属。

这成了清朝藩属的三个部落，如果在追源溯本的时候，都从成吉思汗时代算起，那么，他们也觉得自己的"国史"有好几百年了。

当然，这种算法，很多人不怎么认可。

但周朝的历史，细考起来，跟这个是有几分相似的。

周王室的祖先，可以追溯到后稷那儿，但作为部落的周就不提了。

周朝的历史，得从武王灭纣算起。

还必须说明，周朝实施的诸侯分封制度和秦以后实施的郡县制是截然不同的。

周朝所分封出来的诸侯国，都是一个个独立的小王国，表面上尊崇周王室，实际上自行其是，可以自行封官、招兵，根据自己的需要榨取自己封国内平民和奴隶的血汗。

这么一来，等于是大家各玩各的，互不侵犯。

于是，周王室平安地度过了 200 多年。

但是，到了公元前 771 年，西方的犬戎入侵，杀了周幽王，烧掉了周王室的镐京（今陕西西安）。

周幽王的儿子周平王在镐京待不下去了，恓恓惶惶地东迁洛阳，背井离乡。

这就是西周与东周的分水岭。

如果说，周平王之前的周朝诸天子还得众诸侯高看一眼，那么东迁之后，周天子的形象一落千丈，很多诸侯都不把他放在眼里了。

一句话，东周的天子们，基本都是仰人鼻息，得看那些强大的诸侯国的脸色而活。

当然，众诸侯国互相斗争也形成一种牵制，大家也不怎么为难他。

一直到公元前 256 年，不甘心的周赧王听信了楚考烈王的话，以天子名义召集六国出兵伐秦，兵败身死，东周才正式宣告灭亡。

老实说，在绝大部分时间里，周王室的存在，虽然在一定程度上得到各国的尊重，可以就某事发表声明、发表抗议、发表赞扬。但周王室并没有力量从根本上左右时局，所以存在了很久。

同样，用周朝的历史对比一下秦国的历史，秦国的历史也挺长的。

秦朝作为中国历史上第一个大一统的封建王朝，它的历史很短，只有15年，但如果从公元前900年，秦非子因养马有功被周孝王封为天子之附庸算起，到公元前206年刘邦攻占咸阳止，秦国的历史，也长达694年，将近700年。

想想看，在这将近700年时间里，秦国从一个疆土不过50里的蕞尔小国开始发展，一点一点做大，一点一点崛起，最终由秦始皇"振长策而御宇内，吞二周而亡诸侯，履至尊而制六合，执敲扑而鞭笞天下，威振四海"，其过程是何等艰辛，其所经历过的生死考验是何等热烈壮观！

本书就从秦国的肇始说起，至秦朝全面终结，力图描画一幅秦国全景图，让大家对秦国与秦朝的发展有一个整体了解。

目 录

热通宵也要读完的大秦史

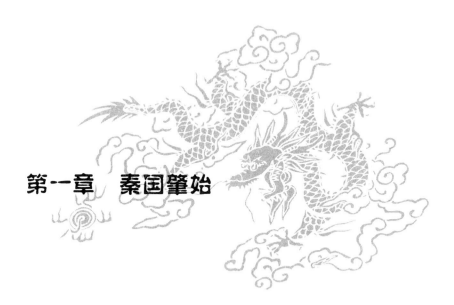

第一章　秦国肇始

 秦国为何饱受其他诸侯国歧视？

中国封建帝制起始于公元前 221 年秦始皇建立秦朝，终止于公元 1912 年清宣统退位，一共存在了 2133 年。

换言之，秦朝是我国第一个中央集权的专制主义封建国家，也是我国第一个大一统的封建王朝。

秦始皇统一六国，曾令良工用蓝田山美玉制成玉玺。据称玺钮雕如龙鱼凤鸟，刻有丞相李斯以大篆书写的"受命于天，既寿永昌"八字，称为"传国玺"。

"传国玺"自诞生之日起，便成为"皇权神授，正统合法"的信物，也成了野心家争相追逐的对象。

大家都认为，得"传国玺"即是得天下的征兆，拥有了"传国玺"的政权就是一系相承的正统王朝。

似乎大家都忘记了，在春秋战国长达 500 多年的时间里，秦国其实是一直饱受其他诸侯国歧视的。

它为什么会受到其他诸侯国的歧视呢？

曾经有史家认为，这是因为秦人并非华夏族而是出自西戎的缘故。

但《左传》载，秦庄公被戎狄杀害之后，他的儿子世父曾说："戎杀我大父仲，我非杀戎王则不敢入邑。"由此可知秦人和戎人是势不两立的族群。

实际上，《山海经·海内西经》上也已经交代得清清楚楚：秦和周都是黄帝后裔。

《史记·封禅书》也记载有："秦襄公既侯，居西垂，自以为主少昊之神，作西畤，祠白帝。"

依据《周礼》，诸侯必须以六辂祭祀昊天上帝和五方上帝。这五方上帝分别是：东方青帝太昊伏羲、南方赤帝神农、中央黄帝轩辕、西方白帝少昊、北方黑帝颛顼。

秦襄公以主少昊之神和祭祀白帝，说明了他和周人同是黄帝后裔。

《说文》更是直接指出："嬴，帝少氏之姓也。"

但还是有人认为《山海经》《史记》《左传》等书记载有误，只根据秦国饱受其他诸侯国歧视这一点，就认定秦人出自西戎。

1976 年，位于陕西省凤翔县南指挥村的秦公一号大墓被发掘，墓葬中一个编磬上铭文赫然有"高阳有灵，四方以鼏"八字。

这八字，迅速让"秦人出自西戎"之说消失。

高阳是帝颛顼的号，而颛顼是黄帝的孙子。

秦王族以高阳为祖，就说明其为黄帝之后。

秦人既为黄帝之后，为什么会遭到其他诸侯国歧视呢？

姑且根据《史记》的记载，来看看秦国王族的祖先都经历了些什么吧。

按照《史记·五帝本纪》《史记·夏本纪》《史记·秦本纪》等记载，燧人氏生伏羲，伏羲生少典，少典生黄帝，黄帝长子为少昊，少昊生蟜极，蟜极生业父，业父生大业，大业生伯益，伯益生大廉，大廉生衍曾，衍曾生衍祖，衍祖生衍父，衍父生中衍，中衍生轩祖，轩祖生轩父，轩父生戎胥轩，戎胥轩生中潏，中潏生蜚廉，蜚廉生恶来，恶来生女防，女防生旁皋，旁皋生太几，太几生大骆，大骆生非子……一直传到秦始皇。

在以上链条中，有几个关键人物需要特别关注。

第一个是伯益。

伯益又名大费，因为善于调教鸟兽，被人称为伯益，或柏益、伯翳。

由于替舜帝驯养和调教鸟兽表现出色，他被舜帝赐姓为嬴。

这就是嬴姓的由来。

舜不但给伯益赐姓嬴，还将姚姓之女许配他为妻。

禹受舜帝之禅位后，任命伯益为执政官，总理朝政。

禹死后，伯益成为夏王启的卿士，地位只在夏王启一人以下。

伯益有两个儿子，长子叫大廉，是秦始皇的祖先；次子叫若木。

若木有个裔孙叫费昌，费昌不堪夏桀之暴，叛夏投商，给商汤驾车，参加了商人灭夏的"鸣条之战"，辅助商汤灭掉了夏，成了商朝的功臣。

大廉一支的子孙沾了费昌的光，成了商朝的贵族。

大廉的玄孙中衍，后来不但成为太戊帝的亲从，为太戊驾车，还娶了太戊的女儿。

如此一来，嬴姓部族就和商朝绑得更紧了，世世代代都辅佐商朝。

那么，问题来了，商朝后来不是被周朝给灭了吗？

商朝灭亡的时候，嬴姓子孙的表现是什么样的呢？

在当时的嬴姓子孙中，比较出名的是蜚廉和恶来这对父子。

另外还有费昌的一个子孙，名叫费仲。

恶来以勇力著称。

《墨子》《尸子》等书都记载：恶来有擒熊缚虎之能。

《史记·秦本纪》则重在强调恶来天生神力。

《晏子春秋》讲得最夸张：恶来可以足走千里，手裂兕虎。

插一笔，罗贯中在《三国演义》中介绍典韦初出场时，先是夏侯惇介绍他早年曾在张邈帐下手杀数十人，后来又写他在山中有逐虎过涧的惊世骇俗的经历，最后写他在演武场挟戟骣马，往来驰骋，并且独撑被狂风吹倒的大旗，三军尽惊。

这个时候，曹操为了赞美典韦，鼓掌喝彩说："此古之恶来也！"

恶来在商亡时壮烈地以身殉国。

从商朝的角度来说，他无疑是大忠臣。

但从周朝的角度来说，就属于顽固死硬分子了。

后世史家因循"商纣无道，武王革命"的调子，对恶来评价很低。

《史记·殷本纪》就认为恶来"善毁谗"，商朝灭亡，他要负很大的责任。

《魏书》甚至说，殷纣就是因为宠信蜚廉、恶来，所以丧其国。

《辽史》没有直接说蜚廉、恶来有多坏，只说周公诛蜚廉、恶来，天下拍手称快，民心大悦。

明人许仲琳的小说《封神演义》则虚构出许多恶来与蜚廉作恶的情节，把恶来与蜚廉设定为大奸臣。

还有，《封神演义》不但把恶来与蜚廉写得很坏，还完全颠覆了史书中记载恶来是大力士的形象，把恶来与蜚廉都写成文臣，没有缚鸡之力。

话说回来，如果单单是蜚廉、恶来"作恶"就算了。

关键是，周武王在伐纣时，只杀恶来、费仲。

《史记·秦本纪》记载蜚廉（飞廉）为"纣石北方"，关于这个"石"字，泷川资言在《史记会注考证》中言："石当作使，梁玉绳曰：《水经·汾水注》述此事云'飞廉先为纣使北方'；《御览》引《史记》亦曰：'时飞廉为纣使北方。'传写误使为石。洪颐煊、沈涛、姚范、张文虎说同。"即当时的蜚廉受纣王指派出使北方，因此躲过了此劫。但后来又写蜚廉"得石棺"，石棺上有铭文为："帝令处父不与殷乱，赐尔石棺以华氏。"于是死葬于霍太山，这段记载，颇似小说家言。

比较可信的是清华简《系年》第三章中的记载："成王纂伐商邑，杀录子耿，飞廉东逃于商奄氏。成王伐商奄，杀飞廉。"

原来，西周建立后不久，周武王死，年幼的成王即位，由周公旦辅政。这个时候，以纣王之子武庚为首的商朝残余势力联合武王的三个弟弟管叔、蔡叔、霍叔发起了"三监之乱"（又称"管蔡之乱"或"武庚之乱"）。

蜚廉以忠于商王室为己任，率领嬴氏部族加入了武庚的造反队伍。

周公东征，诛武庚，杀管叔，废霍叔，放蔡叔，迅速平定了大乱。

在这场平乱过程中，周公总共征服熊姓嬴姓之族有十七国，将蜚廉斩杀于东海边。

不难看出，嬴姓一族拒周、反周，是不应该成为诸侯的。

反观其他诸侯，那是武王和周公两次分封得来的。

受封的对象，一是同姓宗室子弟，二是异姓功臣宿将，三是含神农、尧、舜、禹及商汤的后代在内的贵族。

周王室共封了多少诸侯呢？

《吕氏春秋·观世》的说法是："周之所封四百余，服国八百余。"

《荀子·儒效》则称："周公兼制天下，立七十一国，姬姓独居五十三人。"

《左传》记："兄弟之国十有五人，姬姓之国者四十人。"

说法各有不同，但不管哪一种，秦都不在其中。

实际上，周公平定了"三监之乱"后，作为对"前朝余孽"的惩罚，清华简《系年》第三章中记载："西迁商奄之民于邾圄，以御奴徂之戎，是秦先人，世作周服。"即把蜚廉的小儿子季胜在内的蜚廉族人发配到千里之外的西部边陲邾圄（今甘肃甘谷县西南），让他们为周人戍边防、御戎人。

邾圄为周代秦人在西部的第一个落脚点。

秦国的得来，在于伯益十六世孙、恶来五世孙非子。

非子在周孝王时期被安置于汧、渭之间管理马匹。

非子养马很有一套，不但把马匹养得体健膘厚，而且善于给马匹配种，将马群繁衍得漫山遍野，一望无际。

周孝王一时激动，控制不住情绪，将秦地分封给了非子。

这便是秦国的开始。

不过，非子虽然获封秦地，成了秦国始封君，但他只是封地不足50里、只能依附于某诸侯国的"附庸"，既不是诸侯，也算不上卿和大夫。

公元前821年，秦庄公出兵击败西戎，才被周宣王封为西陲大夫。

公元前771年，周幽王被西戎所攻杀，秦襄公率兵救周，立幽王废太子宜臼为天子，是为周平王，派兵护送周平王东迁，才被封为诸侯。

也就是说，直到秦襄公时代，秦国才正式成为周朝的诸侯国。

从秦国的立国过程来看，它遭受其他老牌诸侯国的歧视，就在所难免了。

6

 ## 秦国的发源地在甘肃还是陕西？

秦国的发源地在甘肃。

这个答案是清楚而准确的。

无论从史书记载还是考古研究，得出的答案都是一样。

但也有人说秦国的发源地既不是陕西也不是甘肃，而是山东。

他们的依据，无非有两个。

一是《史记·秦本纪》中提到，秦国先人伯益因为善于驯养和调教鸟兽，得舜帝赐嬴姓；而伯益的后人费昌在商汤开国时给商汤驾车，参加了商人灭夏的"鸣条之战"，辅助商汤灭掉了夏，成了商朝的功臣。即秦人部族都得到了分封，以国为姓，有徐氏、郯氏、莒氏、终黎氏、运奄氏、菟裘氏、将梁氏、黄氏、江氏、脩鱼氏、白冥氏、蜚廉氏、秦氏、赵氏等。根据考古发掘，已证明了徐氏、郯氏、莒氏都在今天的山东省境内，所以秦人的起源地就在山东。

二是1980年，考古学家在山东省滕县后荆沟村村北边的"居龙腰"高岗上发掘出一座西周大墓，从墓中清理出记载有秦庄公破西戎铭文的"不其簋"的簋身。

但这两条依据不经一驳。

要知道，在史学上研究秦国历史，通常从两个时间点算起。

一是从秦非子被周孝王封为天子之附庸算起，二是从秦襄公护送周平王东迁被封为诸侯算起。

夏、商两朝三代以前，即蜚廉和恶来这对父子以前，所有秦人的先人都没有建国，那么他们所居住的地方肯定算不上是什么秦国的发源地了。

至于秦庄公"不其簋"的簋身在山东出土也不能说明问题，因为秦庄公的活动轨迹一直都在甘肃一带。

非子被周孝王分封在秦邑，非子便以封地为氏，号为"秦嬴"，并成嬴姓的大宗。

秦邑在哪儿呢？

根据在甘肃省清水县北侧樊河西岸和牛头河北岸等处发现的李崖遗址可知，该处为秦国始封国君秦非子的封地所在。而秦非子建都秦亭，就在今甘肃天水市张家川回族自治县境内的故秦城。

另外，武王伐纣时，恶来和费仲被周人俘杀，他们的父亲蜚廉因出使在外躲过此劫，后来追随商王子武庚发起"三监之乱"。周公旦平乱后，将蜚廉斩杀于东海边，另将包括蜚廉的小儿子季胜在内的族人发配到西部边陲邾圉，让他们为周人戍边防御戎人。

这个邾圉就在现在的甘肃甘谷县朱圉山。

补充一下，季胜的孙子造父善于驾驭马车，是周穆王的司机，并在周穆王平定徐国徐偃王造反时立了大功，被周穆王封赏赵城（在今山西洪洞县赵城镇东北）。造父族由此成为赵氏。

但是，这个赵城同样不能被看作秦国的发源地。

造父的侄子名叫大骆，他在造父就封赵城时，带领族人移居到了邾圉南面的西犬丘（又名西垂）。

大家注意，这个大骆就是非子的父亲。

非子被周孝王安排到汧水、渭水交汇处的朝廷牧场养马，因功受封到了秦邑。

对于非子的后人来说，犬丘就是他们的"故地"。

在周厉王时代，西戎族反叛周王朝，霸占了西犬丘，灭了居住在犬丘的大骆的后人。

非子的孙子秦仲，为了把这个"故地"夺回来，多次与西戎人交战，他本人最后死于西戎人之手。

周宣王召见了秦仲的5个儿子，交给他们7000兵卒，让他们跟西戎人作战。

秦仲的长子就是秦庄公，他带领兵卒与西戎人浴血奋战，终于打败了西戎，收复了西犬丘。

周宣王于是宣布把西犬丘归他所有，任命他为西垂大夫。

从此，秦国兼有两个封邑，一在秦邑，一在西犬丘。

上面提到的"不其簋"铭文里就记载了这件事。

秦庄公后来把都城从秦邑搬到了祖居地西犬丘。

那么，西犬丘在哪儿呢？

就在现在的甘肃礼县东大堡子山遗址。

1993年，考古学家发现了甘肃礼县东大堡子山墓地，该墓地被认定为秦国第一大陵园——西垂陵园。

 秦朝的国号是怎么来的？因建在秦地而名？

有一个很有意思，但不大为人所注意的问题，中国古代历史上各朝各代所出现过的国名、朝代名，都是有来历、有根源、有依据的。

但大致来说，无非出自下面几种。

一是与该国开国君主的爵位有关。如曹魏因曹操曾受封为魏王而以"魏"为国号；孙权因曾得曹魏封吴王而以"吴"为国号；晋因司马昭曾封晋王而以"晋"为国号。

二是与该国所处地理位置有关。汉在封地汉中发迹即以"汉"为国号；宋以宋州发迹建宋等。

三是跟开国君主的认祖有关。如东汉、蜀汉、北汉等以刘邦为祖，以"汉"为国号；后唐、后周等也是如此。

四是因循谶语或根据文义、寓意来定国号。比如契丹人的国号"辽"与"辽河"有关，但"辽"字在契丹语中是"铁"的意思，则以

"辽"为国号，就隐含有如铁一样坚硬的意思了。受契丹欺压的女真政权为了从气势上压倒它，命名为"金"，表示比铁更坚强有力，可以压倒"辽"。

后来努尔哈赤以金帝国为祖，沿袭了"金"这一国号。后金后来改"清"，有人认为，"清"为水，"明"为火，以清克明，那是以水克火。而明的由来，又与明教、小明王有关。

五是以部落名为国号，如夏部落酋长启建国，以"夏"为国号；周酋长姬发灭商建国，以"周"为国号等。

春秋战国时期的建国，基本也遵循以上几点，不过也有例外。

有例外的是"三家分晋"的韩、赵、魏这三家，出现了以姓为国号的现象。

顺便提一句，说起以姓为国号，很多人误以为南朝陈是以姓为国号的，其实际原因并不是。《陈书》记载陈武帝建国时，认虞帝之后胡公为祖。而胡公妫满得周武王嫁长女大姬，封地于陈，成为陈国的第一任国君。陈武帝因此以"陈"为国号。

春秋诸国中，国名来历最奇特，也最被后人误会的，是秦国的国号。

一般人以为，秦国之所以以"秦"为国号，是因为封国是在秦地的缘故。现在陕西还有秦地之称，而且陕西还有著名的秦岭呢。

但，这是严重的本末倒置。

现在陕西关中以及甘肃天水、平凉、庆阳、陇南和宁夏南部均为秦国故地，都可以称为秦地，但秦地之名，是因为它们是秦国崛起之地。

像秦城、秦邑、秦岭等名，都是因为它们属于秦人而得名的；并非秦人住入了秦城、秦邑，靠近秦岭，才被冠以秦人之名的。

因为陇右地区和陕西关中大部是秦国所统辖的地域，《战国策·秦策》才会说："外自弘农故关以西，京兆、扶风、冯翊、北地、上郡、西河、安定、天水、陇西皆秦地。"

以秦岭为例，在汉代以前，秦岭和昆仑山一起被笼统地称作"昆仑"。

成书于春秋战国时期的《诗经》《左传》《山海经》，将矗立在关中平原的秦岭主峰称为"南山"和"终南"。

秦岭的名字，是在西汉才出现的。

那么，秦朝这个"秦"字是怎么来的呢？

传说，秦人是轩辕黄帝的后裔。

黄帝儿子颛顼的后代女修，在织布时吞下燕子的蛋而生下了大业。大业娶少典的女儿女华，生子伯益，伯益因辅助大禹治水有功，舜帝就赐给他黑色的旌旗。

那么，秦人尚黑，以燕子为图腾的根源就在这儿了。

伯益还因为舜帝养马而被赐封了土地，并赐姓"嬴"，居住地在今天河南东北角的范县一带。

伯益一族收获了谷物后，懂得了把谷穗放在石臼里舂来取出谷粒。

就因他们舂谷这个动作，获得了一个亲切的昵称：秦人。

在甲骨文里，这个"秦"就像两只手拿杵捣下面的两棵禾。

所以，范县才是最早的"秦"地。

秦人的后代中潏在商朝末年被商王帝乙封在商朝西部，即今天山西省南部的霍太山一带，替商朝抵抗戎狄、保卫西部边疆。

中潏的儿子蜚廉、孙子恶来在武王伐纣时效忠纣王，导致他们的族人，包括蜚廉的小儿子季胜在内，被发配到西部边陲邾圉，让他们为周人戍边防御戎人。

秦人在春秋战国期间经过九都八迁的艰苦历程才发展成了中华第一帝国——秦始皇建立的大秦帝国。

 统率秦庄公出击猃狁的神秘人物是谁？

关于秦国的历史，本应从非子得封秦地说起。

是的，非子因善养马而得周孝王封秦地，成了秦国的始封君。

但史家论述秦国的历史，都从秦襄公率兵救周并护送周平王东迁，被封为诸侯后算起。

司马迁的《史记》即说："秦起襄公，章于文、缪，献、孝之后，稍以蚕食六国，百有余载，至始皇乃能并冠带之伦。"

司马贞的《史记索隐》也说："襄公救周，始命列国。"

即秦国之立国，始于秦襄公。

周天子封侯，共分"公""侯""伯""子""男"五级，秦襄公位列第一级"公"。

但是，我们观史会发现，秦襄公之父秦庄公也称为"公"，这是怎么回事？

其实，秦庄公之称"公"，不过是后来的追称。

终秦庄公之世，其止于西陲大夫而已。

不过，就因为得封为西陲大夫，秦庄公得将原大骆之族所居住的犬丘（甘肃天水市西南礼县一带）纳入自己的版图，实力大增，为秦国的立国奠定了坚实的基础。

那么，秦庄公是怎么得封为西陲大夫的呢？

话说，周孝王当年封秦地给非子，目的就是让秦人守边，防卫犬戎人入侵。

犬戎，也称西戎、猃狁，周称"玁狁"，到了秦汉称"匈奴"。

这些猃狁人经常扰边，曾一度灭了犬丘大骆的全族，秦人与之作战非常艰苦。

秦庄公的父亲秦仲，在与猃狁人的搏杀中死去。

忍无可忍的周宣王决定大举发兵，与西戎决战，一次性解决问题。

西周宣王十二年（公元前816年），他将秦仲的5个儿子召集起来，进行伐戎动员，并且派出兵力7000人增援。

关于周王室与猃狁的战争，史书和其他的青铜铭文中多有记载，其中最为权威的当属刻在传世名器——不其簋上的铭文。

簋是先秦时贵族们使用的一种青铜食器，当时的习俗是：簋装谷食鼎装肉。

在日常生活中，簋只被当作日用品使用。但在宗庙和墓葬里当祭器使用时，就要严格遵循礼乐制度了。

按史书记载，天子用九鼎八簋，诸侯用七鼎六簋，卿大夫用五鼎四簋，士用三鼎二簋。

由于青铜在当时比较昂贵，每当有重大事件发生，贵族都会铸造鼎、簋之类的青铜器以作纪念。铸造时又在器身上刻铸一定的铭文以记其事。

《不其簋》铭文最早见于国家博物馆收藏的一件《不其簋》簋盖。

这个簋盖是什么时候入藏博物馆的呢？现在已经难以搞清楚了。

《不其簋》铭文全文为：唯九月初吉戊申。白氏曰："不其，驭（朔）方狁（猃狁），广伐西俞（俞），王令我羞追于西。余来归献禽（擒），余命女（汝）御追于（洛）。女以我车宕伐狁（猃狁）于高陵，女禽折首执讯。戎大同从追女，女及戎大敦女休弗，以我车函（陷）于艰。女多禽折首执讯。"白氏曰："不其，女小子女肇诲（敏）于戎工，锡（赐）女弓一，矢束，臣五家，田十田，用从乃事。"不其拜稽手。休，用作朕皇祖公白（伯）孟姬尊簋，用匄（丐）多福，眉寿无疆，永屯（纯）灵冬（终），子子孙孙其永宝用享。

《不其簋》铭文的全文解读大略为：九月初戊申之吉日。白氏说："不其，朔方的猃狁再次作乱，大肆侵犯我们的西部边疆地区，天子命令我督师讨伐猃狁于西地。我班师回朝时必须献上擒获的俘虏，我命令你驾驭战车追击敌人到黄河的西部源头（洛）。你就以我的战车讨伐猃狁于高陵（今皋兰山）。由于你斩杀俘获的敌人很多，所以戎人集结大队报复性地追赶你。你又与戎人展开了大规模搏杀，并及时安全地撤退，避免我军陷入困难的处境。你斩杀俘虏实在太多了。"白氏说："不其，你将肇起发达于对戎人作战的战功中。现在赏赐给你弓一张、箭一束；赐给田地十亩，家臣五户，做你的用人听从你的调遣。"不其作揖拜谢。休兵之后，让人制作了（纪念）我先祖公伯、孟姬的尊簋。祈愿从此多福多喜，长寿无疆。子子孙孙永远盛放肉食在祖先灵前，永远以此为宝器（让祖先）享用。

由于《史记·十二诸侯年表》记载："秦庄公名其。"而先秦行文中"不"字常用作无义助词，仅表语气，即簋铭中的"不其"，指的就是文献中的秦庄公。

另外，簋铭后面提到的"公白（伯）"与"孟姬"，《史记·秦本纪》也提到秦庄公祖父为"公伯"，而"孟姬"为公伯夫人，乃姬姓长女。

所以，"不其"的的确确指的就是秦庄公。《不其簋》铭文讲的就是秦庄公破西戎的战役。

从铭文可以看出，秦庄公在伐戎之战中一波三折，充分表现出了秦人敢杀敢拼的进取精神。

补充一下，《不其簋》的簋盖被长期收藏于国家博物馆，但《不其簋》的簋身直到1980年才出土。

那年三月的一天，山东省滕县后荆沟村的一位村民正在村北边的"居龙腰"高岗上取土，偶然发现了一座古墓。经上报，当地文物管理所在该处发掘出了一座西周大墓，从墓中清理出了《不其簋》的簋身，它的底部也铭刻着一篇与《不其簋》簋盖铭文相同的铭文。

经专家考证，簋盖和簋身原属一套完整的青铜器。

二者为何会出现分离，且《不其簋》的簋身为何会出现在山东，就无从考究了。

实际上，让专家觉得更加头痛的是，《不其簋》铭文中的主要人物"白氏"到底是谁，至今仍无定论。

联系《不其簋》铭文的上下文看，这个"白氏"应该是这次伐戎行动的统帅，他上对周王负责，下可指挥不其，并且代周王封赏不其。

有史家认为，"白"其实是"伯"，即"白氏"应该是"伯氏"。

所以，有人认为这"伯氏"，指的就是伯益之后。

但按照这种说法，"伯氏"既为伯益之后，而秦庄公也是伯益之后，那么，他们两人的关系应该是秦庄公为尊，伯氏为卑。这明显不符合铭文表达的意境。

为了让伯氏为尊，秦庄公为卑，史学家李学勤说这个"伯氏"是秦庄公之兄，他的依据是先秦有对伯父和同辈长兄均称为"伯"的亲称习惯。

可惜的是，《史记·秦本纪》交代得清清楚楚："仲立二十三年，死于戎。有子五人，其长者曰庄公。"即秦仲的 5 个儿子中，其年长者就是秦庄公。

古文字学家陈梦家干脆把"伯氏"和"不其"的身份掉过来，说"伯氏"指的是秦庄公，"不其"是庄公的幼弟。

但秦庄公的幼弟是梁康伯（公子康）又名嬴庆，其余三弟，老二名嬴福，老三嬴禄，老四嬴寿，根本对不上号。

于是，又有史学家认为，铭中的"伯氏"不是秦庄公的兄长，而是秦庄公的伯父。

他们的依据是：秦庄公的父亲秦仲的"仲"字，是以排行命名，那他必须还有个长兄（或庶长兄）名叫秦伯。

但有人反对说，就算秦仲有兄名叫秦伯，但秦伯之名，既然史不见载，就说明他只是一个小人物，这样一个小人物是不可能充当王室重臣的。那个受周宣王之命带领 7000 人马去秦地作战的统帅"伯氏"，应该是鲁国开国元君伯禽。

但同样没有任何文献记载有伯禽讨伐西戎的事迹。

于是，有人想到了"虢季子白"。

"虢季子白"，又省作"子白""白"，是周王室同姓（姬姓）诸侯虢国国君。清道光年间出土于陕西省宝鸡市虢川司的"虢季子白盘"，上面有铭文记载了西周宣王十二年（公元前 816 年）王命虢季子白率军御敌受赏的史实。

虢季子白盘铭文为：佳（唯）十又二年正月初吉丁亥，虢季子白乍（作）宝盘。"不（丕）显子白，壮武于戎工，经维四方。搏伐猃狁，于洛之阳。折首五百，执讯五十，是以先行。桓桓子白，献馘于王。王孔加（嘉）子白义（仪）。"王各（格）周庙，宣榭爰飨。王曰："白父，孔白又（有）光。"王赐乘马，是用左（佐）王；赐用弓，彤矢其央；赐用戊（钺），用政（征）蛮方。子子孙孙，万年无疆。

全文解读大略为：周天王十二年正月丁亥吉日，虢季子白乍让人制作了宝盘（以作纪念）。（天王代表宣读说）："显赫的子白，你壮我军威于对戎人作战的军功之中，经营四方。搏杀猃狁，抵达洛水之北。斩了500个敌人的首级，抓获了50人，从而成为全军的先驱。威武的子白，你割下敌人的首级归来献给天王。天王非常赞赏你子白的威仪。"天王来到周室的太庙，在宣榭宴赏群臣。天王说："子白真丈夫，大大有荣光！"天王赐配有四马的车一辆，以此来辅佐天王。赐给弓箭，红色箭镞十分鲜亮。赐大钺，以用来征伐边远地区。希望子白的子子孙孙能够千秋万代传留和使用下去。

由虢季子白盘铭文可知：虢季子白统领过军队与戎人作战！

郭沫若因此认为，《不其簋》铭文里面的"伯氏"，指的就是虢季子白。

但有史家认为，《不其簋》铭文与"虢季子白盘"铭文所记尽管同为伐戎，但并不是同一回事。如果同为一事，"虢季子白盘"铭文中"折首五百，执讯五十"的重大战果，何以不出现在《不其簋》铭文中？

由于我国的第一部诗歌总集《诗经》中的《采薇》《出车》也记载了同猃狁的战争，有史家通过考评，认为《不其簋》铭文所记载伐戎之事与《采薇》《出车》所记载的伐戎之事是相吻合的，从而断定，《不其簋》铭文中的"伯氏"就是《出车》中屡屡提到的南仲。

不妨来比较一下吧。

《不其簋》铭文共记载了3次战斗：一次是伯氏伐猃狁于西，一次是不其伐猃狁于高陶，还有一次是不其遭遇西戎追击并与之交战。

《出车》第三章称："赫赫南仲，猃狁于襄。"第五章云："赫赫南仲，薄伐西戎。"第六章又说："赫赫南仲，猃狁于夷。"也是记载了3次战役，与铭文所言相合。

还有，在《不其簋》铭文中，伯氏自言伐猃狁是奉王命行事；而《出车》也说"王命南仲，往城于方"。

还有，蔡邕《谏伐鲜卑议》中提到的"周宣王命南仲、吉甫攘猃狁"也可以作为旁证。

因此，他们认为《不其簋》铭文中的"伯氏"就是《出车》中的南仲。

那么，这个南仲是什么人呢？为什么会在《不其簋》铭文中被称为"伯氏"呢？

南仲此人，除了见于《出车》外，还见于无惠鼎和驹父盨的铭文。

对于无惠鼎和驹父盨，陈梦家和马承源均断定其为周宣王时的器物，则南仲也因此属周宣王时代的人。

另外，《汉书·古今人表》又将南仲列于厉王之时。即南仲是由厉王朝入宣王朝的老臣。

王国维提出过这样一种说法："伯爵之称伯氏，犹侯爵之称侯氏。"即称某人为"伯氏"，并不代表他的名字中必须有"伯"字，而是用来表示尊卑的爵称。

所以，《不其簋》的簋铭中的"伯氏"应该就是指南仲。

可惜的是，这种说法仍然没得到史学界的普遍认可，《不其簋》的簋铭中的"伯氏"到底是谁，至今仍争论不息。

《吕氏春秋》的一则寓言被当成了史实

话说，武王建立了周王朝后，抛弃了"帝"的称谓，改称"王"，又尊称"天王"，以别于旧时代，彰显一个伟大的新时代的开始。

补充一句，后世太平天国虽然袭用了很多西周制度，但洪秀全称天王而不称帝，是因为他觉得"皇上帝乃是帝也，虽世间之主称王足矣。岂容一毫僭越于其间哉"！这一点，他的"天王"之号和周天子的"天王"尊称还是有区别的。

为了对国家实施有效的管理，周武王利用了宗法上尊祖敬宗的观念和血缘亲戚的关系进行分封，以首都镐京为中心，沿渭水下游和黄河中游，划出一块广大的土地，称为"王畿"，归国王直接管理，而将王畿以外的所有土地进行分封，封成几十个面积很小的封国，让他们像群星捧月一样拱卫着王畿，以实现自己在宗法上为天下之大宗、政治上为天下之共主的地位。

不得不说，在很长一段时间内，这一管理制度还是很有成效的。

比如说，东夷叛乱，成王一声令下，鲁公伯禽就率领三族军队，屁颠屁颠地前去讨伐。

又比如说，齐国太公姜尚，多次奉周王之令征讨不服从周朝统治的侯伯小国，全心全意辅佐周室。

但是，随着时间的推移，这种宗法统治秩序就出现了松动。

如康王的儿子昭王率军征讨楚国等南方各部族和国家时，在汉水边上遭到了当地各族的围攻，昭王本人淹死于汉水，周朝的军队全军覆没。

昭王之子穆王曾挥师攻打犬戎，出现了"荒服者不至"的现象。

即在昭、穆时期，周王室的统治已经偶露窘态。

但是，周王对分封的诸侯还保持有绝对指挥、调动、统治的权力。

如周穆王以后传了四代，到了周夷王时期，齐国国君齐哀公既荒于田猎酒色，又不尊礼制。周夷王二话不说，将齐哀公召到国都，烹煮杀死。

西周历史的巨大转折，出现在周厉王时期。

周厉王施行暴政，国内出现了"厉王止谤"，"道路以目"的情况。

《史记·周本纪》记："王行暴虐侈傲，国人谤王。"最终，忍无可忍的人民将周厉王驱逐出了镐京。

西周进入了共伯和主持国事的"共和行政"时代。

厉王被逐，意味着自命为天子的周王从此入了凡间。

厉王之子宣王即位，汲取了厉王行暴政而被逐的教训，克勤克俭，重修"文、武、成、康"之制，还利于民，平定四方，收服诸侯。西周出现了短暂的中兴。

没有人会想到，宣王的儿子幽王继位之后，一下子就把这中兴之火掐灭了，甚至把强盛的西周王朝给玩死了。

史家对周幽王的评价非常低。

东汉人王逸在《正部论》里将周幽王、周厉王并列在一起进行批评，说："幽、厉礼乐崩坏，诸侯力政，转相吞灭，德不能怀，威不能制。"

司马迁的《史记》的指责更加严厉，说："幽厉昏乱，既丧酆镐。"

按照《史记》的记载，周幽王的最大罪过就是"烽火戏诸侯"。

关于"烽火戏诸侯"故事的全过程，《史记·周本纪》是这样说的："幽王嬖爱褒姒。褒姒生子伯服，幽王欲废太子。太子母申侯女，而为后。后幽王得褒姒，爱之，欲废申后，并去太子宜臼，以褒姒为后，以伯服为太子。""褒姒不好笑，幽王欲其笑万方，故不笑。幽王为烽燧大鼓，有寇至则举烽火。诸侯悉至，至而无寇，褒姒乃大笑。幽王说之，为数举烽火。其后不信，诸侯益亦不至。""幽王以虢石父为卿，用事，国人皆怨。石父为人佞巧善谀好利，王用之。又废申后，去太子也。申侯怒，与缯、西夷犬戎攻幽王。幽王举烽火征兵，兵莫至。遂杀幽王骊山下，虏褒姒，尽取周赂而去。"

即周幽王专宠褒姒。褒姒生有一子名伯服。周幽王打算废黜太子。太子的母亲是申国申侯之女，为王后。周幽王自从得到了褒姒，宠爱不已，打算废黜申王后，并废除太子宜臼，改立褒姒为王后，册封伯服为太子。褒姒不爱笑，幽王为取悦她，便大举烽火召集诸侯。诸侯全都赶来了，却发现并无寇匪侵犯，只好狼狈退走。褒姒哈哈大笑。这之后，周幽王为了取悦她，多次举烽火玩弄诸侯，最终透支了自己的信用。周幽王又宠信佞臣虢石父，废掉了申王后和太子宜臼。申后之父申侯大怒，联络缯侯及犬戎入侵。周幽王举烽火示警，诸侯都不来救应，致使幽王被弑于骊山脚下，褒姒亦被劫掳。

这故事和《狼来了》故事的内涵是完全一样的。

《狼来了》故事是假的，这则故事也可能是假的。

但西周的灭亡，肯定与褒姒有关。

《诗经》里有很多诗篇都有斥责褒姒乱政、干政，以至于灭国之句。

如《瞻卬》中说："乱匪降自天，生自妇人。"《小雅·正月》中说："赫赫宗周，褒姒灭之！"另外，《节南山》《正月》《十月之交》也都提到幽王不恤政务、宠幸褒姒，听信女子之言，但并无一语提到"烽火戏诸侯"之事。

《国语·周语》和《国语·郑语》借太史伯阳之口总结西周灭亡的教训，说周幽王重用虢石父和宠幸褒姒，为立伯服为太子而欲杀宜臼，导致申侯与缯侯、犬戎勾结等，也没有"烽火戏诸侯"情节。

实际上，现代学者通过考证，没有发现能证明西汉以前有"烽火"的实例。即"烽火"这一报警系统应该是西汉为防御匈奴人而制作出来的。

在司马迁之前的文献中，只有《吕氏春秋》一书记载有周幽王戏诸侯的故事，但不是点燃烽火，而是让人击鼓。

《吕氏春秋·慎行论·疑似》写道："戎寇当至，幽王击鼓，诸侯之兵皆至，褒姒大说，喜之。幽王欲褒姒之笑也，因数击鼓，诸侯之兵数至而无寇。至于后戎寇真至，幽王击鼓，诸侯兵不至，幽王之身乃死于骊山之下，为天下笑。"

无论是"击鼓"还是"举烽火"，只能应用于城市之间近距离的示警，退一万步说，就算能应用于远距离传递信息，则众诸侯国征发士兵、集结士兵、准备粮秣、整训、出发也是需要时间的，短则半个月，长则三五个月，根本不可能出现那种"召之即来，挥之即去"的喜剧效果。而且，各地诸侯远近有别，他们的军队只能是陆续地抵达，分批次而至，怎么会出现司马迁说的"诸侯悉至"的理想状态呢？

史学大家钱穆因此在《国史大纲》笑批："此委巷小人之谈。诸侯并不能见烽同至，至而闻无寇，亦必休兵信宿而去，此有何可笑？举烽传警，乃汉人备匈奴事耳。骊山一役，由幽王举兵讨申，更无须举烽。"

我们知道，《吕氏春秋》最大的成就之一，就是创造出了许多寓言故事。像我们所熟知的刻舟求剑、循表夜涉、引婴投江、掩耳盗铃等，都出自此书。

显而易见，《吕氏春秋》是把周幽王戏诸侯的故事当作寓言故事来讲的。

司马迁不察，以为是真事，仅以"烽火"来代替"鼓声"，一本正经地当成了史实来叙述，后人读史，不可不察。

从《史记·周本纪》的叙述来看，周幽王的最大罪过就是不应该违背西周建立的宗法制度，废太子宜臼而改立伯服。

要知道，封建制度最重要的问题是权力的继承。周王朝对这个问题的解决方法是宗法制度。宗法制度的最重要一项是"嫡子继承制度"，即只有嫡长子才是唯一有权继承国王或爵位的人。

从名字来看，褒姒的儿子伯服名字中有"伯"字，他很可能是周幽王的长子。

但这并不重要。

褒姒只是周幽王的一个妃子，不是正妻。只有正妻生的儿子才能成为嫡子，褒姒生的儿子只能是庶子。那么，在正妻生有儿子的前提下，褒姒所生的庶子是没有王位继承权的。

周幽王的正妻申王后，是申国申侯的女儿，生下了太子宜臼。

周幽王废掉了申王后和太子宜臼，激怒了申后之父申侯。

申侯联络缯侯及犬戎入侵，杀了周幽王，劫掳了褒姒。

《史记·周本纪》行文至此，笔锋急转，写"于是诸侯乃即申侯而共立故幽王太子宜臼，是为平王，以奉周祀。平王立，东迁于雒邑，辟戎寇"，将西周灭亡、平王东迁的经过一笔带过，漏掉了一个重大历史事件：周朝的"二王并立"。

关于西周灭亡、平王东迁的历史转折，《竹书纪年》记述有一个清晰的脉络：

三年，王嬖褒姒；

五年，王太子宜臼出奔申；

八年，王立褒姒之子曰伯服，为太子；

九年，申侯聘西戎及缯；

十年春，王及诸侯盟于太室。秋九月，桃杏实。王师伐申；

十一年春正月，日晕。申人、缯人及犬戎入宗周，弑王及郑桓公。犬戎杀太子伯服。执褒姒以归。申侯、鲁侯、许男、郑子立宜臼于申，虢公翰立王子余臣于携。

……

对照《史记·周本纪》来看，《竹书纪年》在这里的记载显然多了好几个情节。

一、周幽王是在周幽王十一年（公元前773年）正月被乱臣弑杀的，但太子宜臼早在周幽王三年（公元前779年）就逃到了外公申侯的家里了。

二、周幽王曾于十年大会诸侯，并于该年秋九月出师征伐过申国。

三、申国与缯国、犬戎联兵击退了王师，并且反攻到镐京，在镐京城里弑杀了周幽王。被杀的还有郑桓公和太子伯服。

四、申侯、鲁侯、许男、郑子在申国立宜臼为周王时，周王室的近亲之国虢国的虢公翰也在携地（今陕西渭南）拥立周幽王之弟余臣为周王，是为周携王。

也就是说，与周平王同时被推举为王的，还有一个周携王！

《史记·周本纪》没有提到周携王，不是司马迁要隐瞒什么，而是周携王与周平王相争失败，已被周朝的史官刻意从史册上抹去了。

那么，周携王与周平王"二王并立"时，谁是正统、谁是僭越呢？

我们看，无论是《史记·周本纪》还是《竹书纪年》都已经明确说明，周平王已经被周幽王废黜了，从法理上说，他已经丧失了继承王位的资格了。

再有，宜臼并不是在周国由周室臣民拥立，而是在申国由申国国君扶上王位的，这就属于来路不正了。

最糟糕的是，扶立宜臼的申侯，是联合缯国及犬戎进攻镐京、杀死了周幽王、劫掠和火烧了镐京的周室罪人，即申国和申侯，属于周室的敌国和敌人。

那么，周平王的王位明显属于僭越。

周平王，是一个名副其实的伪主。

反观周携王，他是周地百姓及周室王公贵族所拥立的，应属正统。

周携王与周平王"二王并立"的局面维持了多久呢？

《竹书纪年》记："二十一年，携王为晋文公（当作文侯）所杀。"即周携王是在周平王二十一年被晋文侯杀掉的，这个局面维持了21年。

不用说，这21年时间里，各地诸侯纷纷"站队"，其中的晋文侯站在了周平王这一边。

实际上，除了晋国的晋文侯，秦国的秦襄公也站在周平王这一边。

周平王属于勾结犬戎杀害父兄的乱臣贼子，得位不正，而且，根据史料记载，他后来东迁洛邑后，天下诸侯在长达9年的时间内不肯入朝觐见，这说明，他在一开始是得不到绝大多数诸侯承认的。

那么，他是怎么获得晋文侯、秦襄公等人的支持的？

结合各方面的史实推断，他是在外祖父申侯积极的出谋划策下甘愿丧权卖国，通过各种手段，拉拢到了晋文侯、秦襄公。

对于晋文侯，周平王作了一篇通篇充满溢美之词的《文侯之命》，准许他在汾水流域扩张。

对于秦襄公，周平王与他盟誓，封给他爵位，许诺说："戎无道，侵夺我岐、丰之地，秦能攻逐戎，即有其地。"

秦襄公因此得以建立诸侯国，成了秦国开国之君。

秦国也从此享有与齐、晋、郑等国同等的地位，"与诸侯通使聘享之礼"。

在正式立国之初，秦襄公大张旗鼓地用骝驹、黄牛、羝羊各三头的太牢大礼，在西畤祭祀白帝。

那一段时间，《史记·秦本纪》记："秦襄公将兵救周，战甚力，有功。"

不管秦襄公如何有功，功劳都没晋文侯大。

公元前750年，晋文侯偷袭周携王得手，周携王死了。

二王并立的局面宣告结束，拥戴周携王的传统大国虢国、虞国等走向衰落。

一枝独大的周平王在晋文侯的引导下，离开了申国，回到了周都镐京。

不过，由于周平王杀父篡位，引外族洗劫镐京，得不到镐京人的拥护，而且，镐京也已经残破。

为此，他提出东迁至雒邑。

秦襄公自告奋勇，"以兵送周平王"。

周平王东迁，等于主动放弃了关中，使得周王室失去了一半王畿领地，实力大减，从此失去了统领诸侯的能力。

而周平王向秦襄公许以关中西部的地方，鼓励晋文侯沿汾水流域扩张等种种做法，等于是支持诸侯国互相兼并，允许诸侯国自行扩张，明显是对周王国秩序的破坏。

由此，大混乱开始，孔子所哀叹的"礼乐崩坏"的时代来临，诸侯国的力量日益强盛，郑、齐、宋、晋、秦、楚、吴、越等国家相继称霸于中原，其中的秦国笑到了最后。

也许，在周平王把周王朝的龙兴之地岐、丰让给秦襄公时，秦襄公就有了秦国由此兴起，最后统一天下的畅想。

司马迁在《史记·六国年表》中就说："周东徙洛邑，秦襄公始封为诸侯，作西畤用事上帝，僭端见矣。"

秦公簋的器主是谁？

大名鼎鼎的"秦公簋"出土于甘肃省天水市秦岭乡梨树坡村与陇南市礼县红河乡北边交界处。

其浮现在人世的过程颇富传奇色彩。

据天水著名学者冯国瑞考证，最先发现它的是一个放羊娃，时间是1919年。

放羊娃有眼不识宝，把它当成破铜烂铁卖给了收破烂的小贩。

在小贩的倒卖之后，宝物到了天水人杨衣官之手。

杨衣官把它当给了横河（今红河）聚源当。

一个陕西姓张的古董商从聚源当里买走，将它带到了兰州。

时任甘肃督军的合肥人张广建爱好收藏，以高价购得带至北京。

王国维于1923年有缘得见，异常激动，根据器上铭文开首的"秦公"二字，将之命名为"秦公簋"，并撰写了一篇《秦公簋跋》。

宝物因此名声大噪，成了考古界和学术界追捧的神器。

著名学者商承祚于1931年瞻仰了宝物，经过一番研究，也写了一篇《秦公簋跋》。

1933年，泰斗级人物郭沫若也见到了这件秦公簋，撰写了《秦公簋韵读》。

这之后，马叙伦的《石鼓为秦文公时物考》、刘文炳的《秦公簋及秦公钟两铭为韵文说》等文章相继问世，都对秦公簋推崇备至。

1935 年，张广建的后人以 2000 多大洋之价将秦公簋卖给当时以收藏著称的冯恕。

嗣后，冯恕将簋捐献给北京故宫博物院。

求学于清华文学院王国维、梁启超门下的冯国瑞，受王国维所作《秦公簋跋》的影响，决心对秦公簋进入大力考证研究。

1943 年，冯国瑞将自己在天水西南收集到的周秦青铜器绘图著文，以及此前从中央图书馆张氏墨拓本勾摹的秦公簋器图形及铭文，整理成《天水出土秦器汇考》一书，刊印发行。

该书除了有冯国瑞自己的论文 3 篇，还收录了王国维、郭沫若、商承祚、刘文炳、吴其昌等论文 7 篇，为后人研究天水西部的先秦文化奠定了理论基础。

1959 年，秦公簋被移交到新建成的中国历史博物馆展出。因此，又引发了新的一波"秦公簋"热潮，众多名家都投入其中，撰文立说。

粗略统计，自 1919 年秦公簋出土到现在，时历百年，对秦公簋做过研究的学者有柯昌济、王国维、商承祚、罗振玉、于省吾、杨树达、郭沫若、马叙伦、吴其昌、刘文炳、冯国瑞、伍仕谦、翦伯赞、马衡、康殷、李学勤、唐兰、马承源、韩伟、黄灼耀、李零、李思孝、陈昭容、祝中熹、王辉、张天恩、容庚、丁楠、雍际春、康世荣、郭宝均、李朝远、戴春阳、马汉江、赵文汇、陈泽、贾利民、赵琪伟、曹鹏雁、魏建军、田佐、张中定、赵居平、田有前等，有 40 多位。

但是，对于秦公簋的主人是谁，这 40 多位专家的看法和结论并不一致。

这主要是，秦公簋上虽然有铭文，但上面并没有标明年代，让后人难以考证。

秦公簋高 19.8 厘米，口径 18.5 厘米，足径 19.5 厘米，腹径 23 厘米。弇口，母口深盖，盖 54 字，器身 51 字，器、盖联铭，合在一起，是一篇完整的祭祀文章，共计105字。

全文为：秦公曰："丕显朕皇且，受天命，鼏宅禹迹，十又二公，在帝之坯。严恭夤天命，保业厥秦，虩事蛮夏。余虽小子穆穆，帅秉明德，烈烈桓桓，迈民是敕。咸畜胤士，盍盍文武，镇静不廷，虔敬朕祀。作吻宗彝，以昭皇且，其严御各，以受屯卤。多厘眉寿无疆，畯疐在天，高弘有廖，竈有四方。宜。"

此段铭文大意是：秦公说："我显赫辉煌的祖上，受上天之命，追寻着大禹王的足迹，奉祀的十二位祖先，在白帝的犬丘城之地。我严父谨守周天王之命，保卫着秦地不失，在蛮族与诸夏之间纵横捭阖。小子我庄严肃穆，秉承先祖美德，壮烈强悍，以万民需求为政纲。我广聚人才，文臣武将济济一堂，国家安定，虔祀宗庙。铸作宝器紧挨祖宗牌位，以此颂扬祖先。请严父驾车回庙，享受祭品。祈愿我大秦多福、万寿无疆，事业如日中天，在中原召开庆典，奄有天下四方。一切合宜皆顺。"

由于秦公簋器铭文有"十又二公"，与北宋内府收藏的秦公钟铭文中也有"十又二公"之字相同的，很多学者认为，这秦公簋的主人和秦公钟的主人同为一人。

但是，秦公钟的主人到底是谁，也同样是一个谜。

秦公钟出土于何地，史不见载。只知道它是北宋名臣叶清臣出驻长安（今西安）时所得，后来进献给了仁宗皇帝，于皇祐元年（公元1049年）自内府降出，使考正乐律官宦图其状，模其文以赐公卿。名相晏殊的外孙杨南仲得其图，为图刻石，流传于世。

秦公钟铭开头几句是：秦公曰："丕显朕皇祖受天命，竈有下国。十又二公不坠在上，严龚夤天命，保业厥秦，虩事蛮夏。"

当时，人们为了考究秦公钟的主人，主要是从"十又二公"这五字入手。

根据《史记》的《秦本纪》及《秦始皇本纪》卷末所附"序列秦之先君立年及葬处"，可排列出《春秋秦公世系表》如下：非子—秦侯—公伯—秦仲—庄公—襄公—文公—静公—宪公—出子、武公、德公—宣公、成公—穆公—康公—共公—桓公—景公—哀公—夷公—惠公—悼杨南仲提出："秦自周孝王始邑非子于秦为附庸，平王始封襄公为诸侯，则非子至宣公为十二世；襄公至桓公为十二世。"

杨南仲因此认为秦公钟的主人不是秦成公就是秦景公。

实际上，按照《春秋秦公世系表》可知，无论是从非子至宣公，还是从襄公到桓公，都应该是十三世。杨南仲说成十二世，要么就是因为静公早卒未立不算入内，要么就是因为出子幼年被杀不称公之故，二者中只计其一人内。

曾奉帝命书《石经》并撰有《南唐书》的北宋人胡恢却认为，除去出子被杀不算，这十二世是从秦侯至成公，即秦公钟的主人为秦穆公。

大史学家、大文豪欧阳修则说："如果按《史记·秦本纪》自非子邑秦的说法算起，十二世是指从非子至宣公，即秦成公是秦公钟的主人；如果按《史记·秦本纪》由秦仲始为大夫、《诸侯年表》以秦仲为始的说法算起，十二世是从秦仲至康公，秦共公为秦公钟的主人；如果按《史记·秦本纪》襄公始列为诸侯的说法算起，十二世是自襄公始至桓公，则秦公钟主人为秦景公。"

……

这之后，赵明诚、董逌、黄伯思等先贤均有不同见解。

秦国的"十又二公"到底都指谁，这是十二世从秦襄公封侯算起还是从非子始邑或庄公称公算起，其中未享国的静公与幼年被杀的出子算不算入内，等等问题，致使秦公钟的主人有"襄公说""文公说""德公说""成公说""穆公说""共公说""桓公说""景公说"等说法。

如果认为秦公簋的主人和秦公钟的主人同为一人，那么，秦公簋的主人也应该有同样的问题。

时至今天，尽管众多名家加入讨论，仍是众说纷纭，莫衷一是。

其中，容庚认为，《史记·秦本纪》把第一个封侯的秦襄公定为秦国始国之君，但始国之君是可以追称其父为公的。司马迁写秦史，就是从庄公开始称秦君为公的，这样"十有二公"当从庄公算起，十二公之后为桓公。

容庚的说法，得到了柯昌济、翦伯赞、祝中熹等人的支持。

但影响最大的还是郭沫若的说法。

郭沫若从器型入手，他在《两周金文辞大系》中说："余今得一坚确之证据，知作器者实是秦景公，盖器与齐之叔夷镈，花纹形制，如出一范，叔夷镈作于齐灵公中年，秦景公于灵公六年即位，年代正相同，知所谓十又二公实自襄公始。"从而将秦景公隶定秦公簋的主人。

郭老在考古学上的成就有目共睹，他的说法最为权威，理由也最为充分。

他的说法得到了唐兰、张政烺、于省吾、杨树达、冯国瑞、马承源、陈昭容、王辉、张天恩、李朝远、戴春阳、丁楠等人的支持。

特别要说明的是，1978年陕西宝鸡太公庙村出土了秦公编镈，其上面第一段铭文为："秦公曰：我先祖受天命，赏宅受国，烈烈昭文公、静公、宪公，不坠于上，昭合皇天，以虩事蛮方。"

在这里，明确提到了文公、静公、宪公这三代祖先，故可以推知这个编镈为出子、武公、德公这哥仁中的某一位在位时所铸。

也从文公、静公、宪公这三代世系、公谱的排序来看，秦静公虽然没有即位，但也被列入了"十二公"体系内，即从秦襄公算起，除去出子不算，到秦桓公刚好十二世，即秦景公就是秦公钟、秦公簋的主人。

应该说，郭沫若的"景公说"是学术界的主流。

 秦国早期两位可怜的国君

从周孝王于公元前905年因秦非子养马有功封之为天子附庸算起，到公元前207年刘邦逼迫在位仅46天的子婴出降结束，秦国的历史差不多有700年。

这漫长的700年时间里，秦国最初只是一个封地不过50里的附庸小国，却一点一点做大，一点一点崛起，最终由秦始皇"振长策而御宇内，吞二周而亡诸侯，履至尊而制六合，执敲扑而鞭笞天下，威振四海"，可谓壮哉。

这其中所经历过的磨难，所穿越过的生死考验，可想而知。

话说，非子虽然获得封地，成了秦国始封君，但他只是依附于天子的"附庸"，既不是诸侯，也算不上卿和大夫。

不但非子不是上卿和大夫，他的儿子秦侯、孙子公伯也都不是。

最先被封为大夫的，是秦非子的曾孙秦仲。

秦仲在位期间，由于周厉王无道，有诸侯起兵反叛，西戎族趁乱灭了犬丘大骆的全族。

周宣王即位后，励精图治，为了平灭西戎，封秦仲为大夫，让其玩命跟西戎干。

秦仲的身份蓦然升高，他果然像打了鸡血似的，率领自己那点少得可怜的兵力反复与西戎展开生死搏杀。

但这种搏杀的效果并不明显，双方互有胜负，死人无数，很多地方都是得而复失。

到了公元前 822 年，秦仲不幸战死于西戎人之手。

秦仲有 5 个儿子，其长子继位，是为秦庄公。

周宣王心情沉重地召见了庄公兄弟 5 人，交给他们 7000 兵卒，命令他们讨伐西戎。

公元前 821 年，秦庄公出兵击败西戎，收复了犬丘。

周宣王于是又把秦仲的子孙集中起来，郑重地把土地赏赐给他们，包括他们祖先大骆的封地犬丘在内全部归他们所有，并任命他们为西垂大夫。

受封之日，秦庄公铸作了传世名器不其簋，上有铭文，详细记载了 3 次与西戎交兵的过程。

秦国也从此开始，兼有了两个封邑，一在秦（天水），一在犬丘（咸阳兴平）。

秦庄公在位 44 年，主要居住在他们的故地西犬丘（天水）。

公元前 778 年，秦庄公死了，他有 3 个儿子，长子世父很有志气，说："戎杀我大父仲，我非杀戎王则不敢入邑。"他率兵去攻打西戎，而把继承人的位置让给了弟弟秦襄公。

秦襄公是秦国发展史上一个里程碑式的人物。

公元前771年，周幽王废黜太子宜臼而改立宠妃褒姒所生的儿子伯服，引起宜臼的外公申侯不满。申侯勾结西戎、缯国，合入镐京，弑杀了周幽王，从而出现了周平王和周携王"二王并立"的局面。

秦襄公在"二王并立"中站在了周平王这一边，"将兵救周，战甚力，有功"，并且在周平王东迁雒邑时，自告奋勇，"以兵送周平王"。

周平王因此封襄公为诸侯，赐之岐以西之地，说："戎无道，侵夺我岐、丰之地，秦能攻逐戎，即有其地。"

至此，秦国正式成为诸侯国（伯爵国），可以跟其他诸侯国互通使节，互致聘问献纳之礼。

秦襄公在位仅12年，公元前766年，他病死于征讨西戎的路上。

秦襄公的儿子继位，是为秦文公。

公元前765年，秦文公移居西垂宫，说："昔周邑我先秦嬴于此，后卒获为诸侯。"发誓一定要收取岐山之地，率兵继续同西戎作战，拼死争夺地盘。

公元前750年，秦文公打败了西戎，"遂收周余民有之，地至岐"，实现了当年的夙愿。

秦文公在世时，是立有太子的。

但他在位时间太久了，有50年之久。

以至于这个太子都没能熬到继位，就在公元前718年咽气了，赐谥为"静公"。

没办法，秦文公另立秦静公的儿子为太子。

公元前716年，秦文公去世，新太子继位当上了国君，是为秦宪公。

秦宪公继位时，年仅8岁，主少国疑，大权旁落到了大庶长（官名）弗忌（人名）、威垒（官名）三父（人名）之手。

还好，三父等人还是尽心尽责辅政的，他们辅佐幼主把都城东迁到平阳，对外开展了一连串的军事行动：与亳战，使得亳王奔戎打，夺取了陕西西安、咸阳一带；攻芮，俘获了芮国国君芮伯万；伐西戎小国荡氏，一战取之。

但在公元前 704 年，秦宪公离奇死亡，在位 11 年。

秦宪公去世时虽然只有 20 岁，但却留下了 3 个儿子：老大嬴说、老二嬴嘉、老三嬴曼。

并且，秦宪公生前已经立了老大嬴说为太子。

但是，三父等人却废黜了老大嬴说的太子之位，另外拥立了老三嬴曼继位。

该年，老三嬴曼只有 5 岁，史称"秦出子"。

如果说，三父等人废长立幼的目的，是出于幼小的出子易于控制，这比较好理解。但是，他们让出子当了六年傀儡国君后，却又于公元前 698 年派人把出子杀了，回头重新拥立了老大嬴说为国君，即秦武公。

这让人觉得不可理喻。

那么，秦武公会因此而感激三父他们吗？

不可能！

因为，他本来就是秦宪公册立的太子，本来在六年前就应该继承王位的了。

即位这一年，秦武公已经十五六岁了，对形势有清醒的认识和判断：三父等人的权势已经尾大不掉，再不设法剪除，秦国就国将不国了。

秦武公不动声色，以讨伐戎族彭戏氏为由，带兵到华山脚下修建了平阳宫，积极操练兵马，培植和稳固自己的势力。

过了 3 年，秦武公班师回朝，突然发难，一举诛杀了三父等人。

至此，秦武公收归军政大权，东西征战，亲自带兵灭掉了邽戎、冀戎，将之设为秦国的邽县、冀县；再灭虢国、彭戏氏，将秦国的势力推进到关中渭水流域一带。

秦武公在位 20 年，于公元前 678 年去世，时年才三十五六岁，正值人生盛年，惜哉。

秦武公最受后人诟病的地方，是他首次开启了秦国活人殉葬制度，"从死者六十六人"。

秦武公有一个儿子，叫白，封于平阳。王位没有传给白，而传给了秦武公的同母弟嬴嘉，即秦德公。

　　公子白有一个威名赫赫的后代——战神白起。

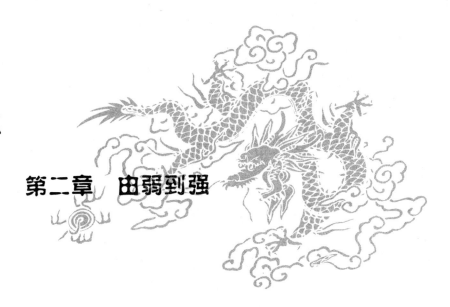

第二章 由弱到强

 秦穆公该不该列入"五霸"之内？

"春秋五霸"之说，最先始自战国末期赵国思想家荀况所著的《荀子·王霸》。

原文说道："齐桓、晋文、楚庄、吴阖闾、越勾践，是皆僻陋之国也，威动天下，强殆中国，无它故焉，略信也，是所谓信立而霸也。"

荀况认为齐桓公、晋文公、楚庄王、吴王阖闾、越王勾践这五个国君"威动天下，强殆中国"，建立了霸业，王霸天下，称之为霸主，后世遂有"春秋五霸"的提法。

西汉辞赋家王褒作《四子讲德论》，也提到了七位"威震诸夏""折冲万里"的君主，分别是齐桓、晋文、秦穆、楚庄、勾践、魏文、燕昭。去掉后面两位出现在战国时期的君主不计，春秋时期的君主恰恰也是五位，可见"春秋五霸"的提法已深入人心。

不过，也由此可知，"春秋五霸"的提法虽成定论，但具体的"五霸"是谁，却有争议。

事实也正是如此。

如班固在《汉书注·诸侯王表》中，将"五霸"定为：齐桓公、晋文公、秦穆公、宋襄公、吴王夫差。

而与《汉书》同时代的《白虎通义》又将"五霸"列为：齐桓公、晋文公、秦穆公、楚庄王、吴王阖闾。

唐朝人司马贞所著的《史记索隐》，另将"五霸"说成：齐桓公、晋文公、秦穆公、楚庄王、宋襄公。

由于《史记索隐》经常被人们与《史记》捆绑在一起阅读，故影响力最大，即其"五霸"的说法被最多人接受。

近代人朱起凤撰《辞通》时，却在《史记索隐》说法的基础上将"五霸"组合进行了小调整，用郑庄公替换了宋襄公，是为：齐桓公、晋文公、秦穆公、楚庄王、郑庄公。

朱起凤大概是认为宋襄公好虚名而不务实，一心想继承齐桓公的霸业，在与楚国争霸中，兵败身死而为后人笑。郑庄公两次击败周天子组织的诸国联军，"秉国之均，四方是维"，比宋襄公强多了。

但是，郑庄公的郑国实在太小，实力有限，其仅仅形成"小霸"局面，实难入"五霸"之列。

以郑庄公作为参考，秦穆公只是独霸西戎，吴王阖闾仅纵横江淮，越王勾践不过称雄于东南一隅。吴王夫差虽然与晋争霸获胜，但转眼就国亡被擒，霸业成空。

即郑庄公、秦穆公、吴王阖闾、越王勾践、吴王夫差等人的功业实难与齐桓公、晋文公建立的霸业并肩。

另外，楚国长期被排除在华夏文化之外，即楚庄王虽有中原霸主之气象，却不容易得到一些人的认同。

为此，清朝人全祖望在《鲒埼亭集外编》中，把"春秋五霸"排列为：齐桓公、晋文公、晋襄公、晋景公、晋悼公。

齐桓公九合诸侯，一匡天下；晋文公践土会盟，亲受周天子册封为

"侯伯"（诸侯之长）。这两个人无论在哪一个"春秋五霸"版本中均位列其中。

晋襄公为晋文公之子，于崤山大败秦军，举贤任能，为政宽仁，垂拱而治。

晋景公在绕角之役、伐蔡攻楚破沈之战中终结楚国霸业，在晋齐鞌之战中降服齐国，续霸中原。

晋悼公尊天子而令诸侯、和戎狄以征四方，独霸中原。

从这个角度上说，对于全祖望的这个排列，我本人是比较认可的。

不过，话又说回来，不说别的，单论名气，秦穆公、楚庄王、郑庄公、吴王阖闾、越王勾践、吴王夫差这些人可比晋襄公、晋景公、晋悼公这三位大多了。

尤其是秦穆公。

贾谊在《过秦论》说："自缪公以来，至于秦王二十余君，常为诸侯雄。"即秦国的强大，始于秦穆公。

秦穆公得继君位有些侥幸。

秦穆公的父亲是秦德公。

秦德公是秦武公的弟弟，本来是没有资格继承国君之位的。

秦武公病故时只有35岁，他的儿子年纪都很小，最大的儿子公子白只有十几岁。所以，群臣没有拥立秦武公的儿子为君，转立了33岁的秦德公。

秦德公在位仅两年，就死了。

君位传给了长子秦宣公。

秦宣公在位12年，生了9个儿子，但年龄太小。群臣于是拥立了他的弟弟成公。

秦成公在位4年去世，生了7个儿子，但年龄太小。群臣于是拥立了他的弟弟任好，即秦穆公。

秦穆公一生虚怀若谷，求贤若渴，从善如流，宽仁待人。

他继位后重用百里奚、蹇叔、公孙支等人，"三置晋君"，先后扶持晋惠公、晋怀公、晋文公登位。

晋惠公、晋怀公都是养不熟的白眼狼。

其中的晋惠公在秦穆公护送回国前，信誓旦旦地称："若成功夺位，必回赠秦五城。"

但事成后他并未兑现诺言。

秦穆公恨得牙根痒痒。

改年，晋国遇上了旱灾，举国闹饥荒。

晋惠公厚着脸皮派人来向秦穆公劝捐。

大臣丕豹劝秦穆公千万不要捐粮给他，并建议趁其之危，出兵教育他怎么做人。另一个大臣公孙支却摇头说："饥穰更事耳，不可不与。"

当然，还是百里奚说的话最有分量，他说："夷吾得罪于君，其百姓何罪？"

于是，秦穆公放下了对晋惠公的个人成见，慷慨送粮接济，"以船漕车转，自雍相望至绛"。

但是，秦穆公这样一片好心却换来了晋惠公的驴肝肺。

第二年，秦国闹灾荒了，秦穆公向晋惠公买粮以渡难关，晋惠公幸灾乐祸，一粒粮食也不肯卖。

这还不算，晋惠公还与群臣阴谋算计秦国。

晋大臣虢射眉飞色舞地说："因其饥伐之，可有大功。"

晋惠公笑而从之，兴兵攻秦。

秦穆公气得直吐血，亲率孟明视等大将往前迎战，生擒了晋惠公，夺取了先前他所许诺的5座城池，把疆域扩展到黄河西岸。

由于晋国是老牌大国，秦穆公一来受时代背景所限制，二来他也没有这么大的胃口对晋国实施吞并，三来他的夫人是晋惠公的姐姐，看在夫人面上，他放回了晋惠公。

晋惠公为表诚意，让自己的儿子太子圉在秦国为人质。

为了秦晋能够和平友好相处，携手共同发展，秦穆公将女儿怀嬴许配给了太子圉。

没两年，晋惠公就死了。

太子圉偷溜回国，是为晋怀公。

晋怀公翻脸不认人，与秦国交恶，用他的冷屁股来迎接秦穆公的热脸。

秦穆公气得全身发抖，将包括自己的女儿文嬴在内的 5 个女子一并嫁给晋怀公的伯伯重耳，助重耳回国当了国君，是为晋文公。

晋文公当上了国君后，犹如潜龙升天，他在狐偃、先轸、赵衰、贾佗、魏犨等一批能臣的辅助下，通商宽农，整饬军事，使晋国国力大增，先是联合了秦国和齐国伐曹攻卫、救宋服郑，平定周室子带之乱；后来又在城濮之战中大败楚军，召集齐、宋等国于践土会盟，晋文公是继齐桓公之后的第二位霸主，风头完全盖住了秦穆公。

幸好，晋文公即位时已经 61 岁了，仅仅当了 8 年国君，于公元前 628 年去世了。

说来也巧，郑国的郑文公也是在这一年去世的。

秦穆公此时的年纪也很大了，为了在有生之年成就霸业，他遣孟明视、西乞术、白乙丙奔袭郑国，想借此进据中原。

但是，秦军袭郑，得由秦都雍（今陕西凤翔县）至郑都（今河南新郑市），历程 1500 余里，要穿过晋地和周地的桃林、崤函、镮辕、虎牢等数道雄关险塞，所谓孤军远征，风险系数奇高。

百里奚、蹇叔苦劝秦穆公放弃这种自杀式的军事行动，蹇叔说："劳师以袭远，非所闻也。师劳力竭，远主备之，无乃不可乎？师之所为，郑必知之，勤而无所，必有悖心。且行千里，其谁不知？"

但秦穆公觉得时不我待，而且秦晋缔结起来的联盟还在，晋国从旁边捅刀子的可能性不大，一意孤行，命令百里奚之子孟明视，蹇叔之子西乞术及白乙丙三个人率兵东进。

事情的发展正如百里奚和蹇叔所料，秦军行抵滑国（今河南偃师县之缑氏镇）时，在当地做生意的郑国人弦高以郑国国君的名义献牛犒劳秦军，同时派人急回国内报告。

如此一来，孟明视、西乞术、白乙丙认为偷袭的意义已经失去，但又不甘空手而归，于是顺手袭灭滑国，满载战利品而还。

但这并不是这次劳师远征的最后结局。

新继位的晋襄公哪容别人分享晋国的霸权？为了遏制秦人东进的势头，他亲率先轸等人于崤山（今河南洛宁县西北）埋伏，袭击秦军。

秦军全军覆没，孟明视、西乞术、白乙丙三帅被俘。

不过，晋文公虽死，秦穆公的女儿文嬴还在。

文嬴向晋襄公说情，孟明视、西乞术、白乙丙三帅得以释放。

秦穆公遭此奇耻大辱，先后两次伐晋，一败一胜。

败，那是空耗国力，白白葬送了士卒的性命；胜，也不过是在晋国边境耀武扬威一番而已，又没能吞并晋国一城一地。

事实证明，有强晋存在，秦穆公就没法向东发展。

没有其他办法，他只好听从了百里奚的劝告，掉头向西发展，灭掉西方戎人所建立的十几个国家，开地千里。

对于秦穆公西拓的胜利，周天子特加祝贺，并赐金鼓。

可以说，秦穆公称霸西戎，事业达到了巅峰。

不过，饶是秦穆公能力超群，见识卓越，却始终被晋国牢牢困住东进之路，霸业仅仅局限于西戎，可惜了。

公元前 621 年秦穆公去世，葬于雍城（今陕西宝鸡凤翔东南），殉葬的人数达 177 人，其中包括奄息、仲行、针虎 3 个良臣。

司马迁在《史记·秦本纪》中，借当时有识之士之口，认为秦穆公虽然"广地益国，东服彊晋，西霸戎夷"，但"不为诸侯盟主"，即不能像齐桓公、晋文公那样为诸侯盟主，所以算不上"侯伯"，不能称之为诸侯中的霸主。

 ## 秦穆公的谥号是"穆"还是"缪"？

春秋时期的秦国，只有两位杰出的君主：一个是护周平王东迁因而得以建国的秦襄公；另一个是独霸西陲的秦穆公。

但是，关于秦穆公的记载，有些史书把他写为"秦穆公"，如《左氏传》和《国语》。

有些史书把他写为"秦缪公"，如《公羊传》《穀梁传》。

有些史书干脆混用，时而用"秦穆公"，时而用"秦缪公"，如《史记》。

让人有些无所适从，困惑不已。

他到底是"秦穆公"呢，还是"秦缪公"？

这事儿还真得好好捋一捋。

有人说，他既是"秦穆公"，也是"秦缪公"。其中的"穆公"是庙号，"缪公"是谥号，"秦穆公"和"秦缪公"都是同一个人。

庙号是什么呢？

《辞海》的解释是："帝王死后，在太庙立室奉祀，并追尊某祖某宗的名号，称庙号。始于殷代，其后历代封建帝王，都有庙号。"

对于谥号，《辞海》的解释是："帝王、贵族、大臣、士大夫死后，依其生前事迹给予的称号。"

不难看出，庙号仅仅指宗庙、神主的排位；或是在祭祀时，子孙按照昭穆排列顺序进行行礼，仅仅只是一种左右长幼顺序的排列，不涉及功绩大小、名声好坏。

而谥号是有严格规定的，是根据这个人的事迹所给予的称号，有美谥，也有恶谥。

《逸周书·谥法解》里面说了，"布德执义曰穆""名与实爽曰缪"。

即"穆"是好字眼，用作谥号，是美谥。

"缪"是个坏字眼，用作谥号，是恶谥。

"秦穆公""秦缪公"，这二者间的美、恶差别巨大，作为谥号，史学家不大可能弄错，而导致混用，并且还用在了同一个人身上。

那么，"秦穆公"与"秦缪公"二者之间，只能一个是庙号，另一个是谥号。

之所以认为"穆公"是庙号，"缪公"是谥号，那是因为《史记·蒙恬列传》中，蒙毅曾对胡亥的使者说过"昔者秦穆公杀三良而死，罪百里奚而非其罪也，故立号曰'缪'"之类的话。

不难看出，秦穆公之所以"立号曰'缪'"，是因为他做过"杀三良而死，罪百里奚而非其罪"这两件不光彩的事。这是根据个人事迹评定出来的称号，当然属于谥号。

而且，"秦穆公杀三良而死，罪百里奚而非其罪"这两件事，都是秦穆公的污点。即秦穆公因为有了这两个污点，"故立号曰'缪'"。可见，"缪公"是个恶谥。

秦穆公既然有了"缪公"的恶谥，就不应该再拥有"穆公"的美谥。

《礼记》中称："夫祭有昭穆，昭穆者，所以别父子、远近、长幼、亲疏之序而无乱也。"

在从西周传下来的古代宗法制度中，"父曰昭，子曰穆；左为昭，右为穆"。即"昭穆"关系仅仅是指宗庙、神主的排位。秦穆公为秦德公之子，其上有兄长秦宣公、秦成公，按照宗庙的排位，称"穆"并无不妥。

但是，庙号的使用是在汉朝灭亡后才在帝王中泛滥开来的。在先秦时期，按照"祖有功而宗有德"的标准，一般是开国君主称"祖"；继嗣君主中，唯有治国才能杰出者才能拥有。

遍考史书，先秦时期拥有庙号的人只有商、周几个帝王，如商中宗太戊，商高宗武丁，等等。

即使在汉朝，庙号的追尊也非常严格，仅仅追尊了几位功业卓著者，如汉高祖刘邦、汉世祖刘秀。

也就是说，春秋战国时期的秦国，根本没有立庙号的权利。

退一万步说，就算秦国不顾西周宗法制度，偷偷给自己的君主上庙号，那秦穆公即使拥有了"穆"的庙号，也只能叫"秦穆宗"，而不是叫"秦穆公"。

因此，"秦穆公"不可能是庙号，而只能是谥号。

问题又回到了最初。

"秦穆公"和"秦缪公"如果都是谥号，那就只能二选一，不能兼而有之。

不过，有人认为，谥号又分为两种，一种是"生谥"，一种是"死谥"。

没有特别说明，通常的谥号都属于"死谥"，即帝王、贵族、大臣、士大夫死后，别人依据其生前事迹给予他的称号。

这个相对公平、公正。

而"生谥"，是帝王、贵族、大臣、士大夫在生前就得到的称号。

这种情况，历史上有没有呢？

有。

比如楚太子弑父，谥父为"灵"。但其父尚未闭眼，口虽不能言，却眨巴着眼睛似有所指。死者为大，太子赶紧改谥为"成"，他这才瞑目。这位楚王即史书上记载的楚成王。

又比如，卫灵公因卫国内乱仓皇出逃，后来北宫喜与析朱钼帮他平乱，并迎他归国。卫灵公欣喜之下，立赐北宫喜谥为"贞"、析朱钼为"成"。

还有，魏明帝曹叡死前两年，就早早钦定了自己的谥号为"明"。

不难看出，像魏明帝曹叡这样的"生谥"，根本就属于自称，必须是好称、美称。

实际上，据王国维等学者考证，中国古代最早应用谥法的时代，并非《逸周书·谥法解》说的"维周公旦、太公望，开嗣王业，建功于牧之野，终将葬，乃制谥"，而是出现在西周末期。

但商、周两代帝王，在名字以外都有号，如文、武、成、康、昭、穆等，这些都是帝王生前的别号或称号。起初只有商王、周王有号，后来公卿纷纷效仿，自取其号，如齐桓公、晋文公、宋襄公等，莫不如此。

那么，秦穆公的"穆"字，很可能是他生前自取的尊号和美称，也可以说是"生谥"。

可惜的是，查遍与秦穆公有关的史料，都从没出现过他自称或他人尊称他为"穆公"的记载。

只能说，"秦穆公"只能是"死谥"。

到底是"秦穆公"还是"秦缪公"？

《逸周书·谥法解》里面说"胜敌志强曰庄""经纬天地曰文""绥柔士民曰德""威强敌德曰武""安民立政曰成""安乐抚民曰康""布

义行刚曰景""辟土兼国曰桓""爱民好与曰惠"。

根据这些说法，可知秦国诸公中秦庄公、秦文公、秦德公、秦武公、秦成公、秦康公、秦景公、秦桓公、秦惠公这些人全都是美谥，但这些人的功绩远远不如秦穆公，论理，秦穆公得到的就应该是美谥"穆公"而非恶谥"缪公"。

尽管《史记·蒙恬列传》提到了秦穆公有"杀三良而死，罪百里奚而非其罪也"这两个污点，但这不过是些小污点。

要知道，秦国的人殉制度在秦武公时期就开始了，在出土的秦景公一号大墓中也出现了大量殉人，而秦武公、秦景公得到的都是美谥。

秦国诸公中，获恶谥的，也就是"杀戮无辜曰厉"的秦厉公和"好变动民曰躁"的秦躁公两人而已。

把雄才大略的秦穆公和秦厉公、秦躁公这两个庸主相提并论，根本说不通。

合理的解释就是：秦穆公的谥号是美谥"秦穆公"。"秦缪公"是后人混用和误写的。

《史记·秦本纪》收录有秦孝公的《招贤令》，其中有说："昔我缪公自岐雍之间，修德行武，东平晋乱，以河为界，西霸戎翟，广地千里，天子致伯，诸侯毕贺，为后世开业，甚光美。"

秦孝公这是在极力赞美秦穆公功德，但却用了"缪公"的称呼，如果说"缪公"是一个恶称，根本不合情理。

《诗经·黄鸟》在指责和唾骂秦穆公杀三良一事，里面却写："交交黄鸟，止于棘。谁从穆公？子车奄息。维此奄息，百夫之特。"论理，既然你要唾骂一个人，而他有一个恶称为"缪公"，你没有采用，却采用了他的美称，同样不合逻辑。

显然，原因只有一个，在当时，"缪"通"穆"。

能说明"缪"与"穆"相通的，还有一个铁证。

即《尚书·周书·金縢》篇里面有记载："既克商二年，王有疾，弗豫。二公曰：'我其为王穆卜。'"

这里说的是周武王克商之后过了两年，患疾病，太公、召公这二公准备为他举行庄严肃穆的占卜活动。

司马迁在《史记·鲁世家》中记载了这件事，写成了："武王有疾，不豫，群臣惧，太公、召公乃缪卜。"

可见，"缪"就是"穆"，"穆"就是"缪"。

另外，马王堆汉墓出土的《黄帝四经》中，把现在人们熟知的"穆穆天刑，非德必顷"写成了"缪缪天刑，非德必顷"。

这也再次证明，在先秦时期，"缪"与"穆"是画等号的。

与把"秦穆公"混淆为"秦缪公"相类似的，还有宋庄公的父亲宋穆公，《春秋》写成了"宋穆公"，而《公羊传》《穀梁传》均写成了"宋缪公"。

最后，这里出现了一个问题：《逸周书·谥法解》里面明明提到"布德执义曰穆""名与实爽曰缪"，为什么司马迁等人却视而不见，而把"缪"与"穆"混用呢？

原因只有一个，《逸周书》文字多误脱，间杂了很多后人羼补、更动之作，即"名与实爽曰缪"这一句极有可能是汉朝之后的人加上去的。

这里有一个很明显的例子。《逸周书·时训》以雨水为正月中气，惊蛰为二月节气，根本不是先秦时历法，明显是汉朝人加上去的。

可见，尽信书不如无书。

秦桓公差点把秦穆公建立的基业败光

秦穆公治理下的秦国，在春秋期间拥有了一段高光时刻。

秦穆公有雄心壮志，为了染指中原，他先是与晋国联姻，结成秦晋之好，后来又连续拥立了晋惠公、晋文公，以为可以借此获得一条东进之路。

可哪知，晋惠公是一头白眼狼不说，那晋文公借助秦国之力一飞冲天，独霸中原，不但风头盖过秦穆公，还彻底阻断了秦国东进之路。

好不容易熬到了晋文公死，秦穆公兴冲冲地兴师伐郑，秦军却被晋襄公派出的晋军在崤之战中打得死伤殆尽。

没办法，秦穆公只好挥泪掉头，将战略目标定在西戎的游牧部族。

秦穆公虽然也建立起了自己的霸业，但仅仅是称霸西陲而已。

秦穆公的儿子秦康公、孙子秦共公承秦穆公之余烈，积极与楚国交好，不断挤压和夹击晋国。而晋襄公之子晋灵公荒淫，不行君道，晋国霸权摇摇欲坠。如果这种局势能保持下去，秦国势必会压住晋国，但公元前607年晋灵公被赵盾的兄弟赵穿袭杀；公元前604年，秦共公薨，秦桓公立，形势又为之一变。

首先，晋襄公的弟弟、晋灵公的叔叔晋成公继位之后，与郑国结盟，多次派兵援救郑国；又联合白狄打败了秦军，重振了声威。甚至，在公元前600年，他还召集了宋文公、卫成公、郑襄公、曹文公在扈邑集会，准备与楚庄王争夺霸权。

也就是说，晋国的局面已经出现了好转。

而秦桓公继位后，不恤国政，把国内搞得天怒人怨，还强行出兵与晋国开战，自然一战即败。

不过，晋成公在扈邑会见宋文公、卫成公、郑襄公、曹文公之后不久就死了。

公元前597年，楚庄王包围了晋国的盟友郑国。晋成公的儿子晋景公派大军前往救援，也不知晋国的动作太慢，还是郑国投降得太快，晋军来到黄河边时，郑军已经投降了楚军，并且，他们还和楚军联合了起来，大败晋军。

晋军经此一败，元气大伤，晋国的霸业已衰。

秦桓公趁此机会，出兵攻晋。

但在辅氏（今陕西省大荔县）一战，秦军铩羽而归。

由此可见，在秦桓公之时，秦军衰弱到了何种地步。

公元前595年，晋景公为了报复郑国援助楚国之仇，出兵讨伐郑国，但在黄河边，又被楚庄王带来的楚军挫败。

在这种情况下，不服气的秦桓公再次派兵攻打晋国。

秦晋两军在辅氏再次交手，秦将杜回被晋将魏颗擒捉，秦军再次大败而还。

公元前593年，晋景公派随会灭亡了赤狄。

这说明，晋国在晋景公的治理下又重新雄起。

公元前591年，执掌了晋国国家政权的郤克因为上一年出使齐国时遭到齐顷公母亲的讥笑，于是发兵讨伐齐国，逼得齐国派太子强到晋国做人质才罢手。

由于霸主楚庄王于公元前591年辞世，晋景公意欲复霸中原，借公元前589年齐国讨伐鲁国之机，联合了鲁国、卫国共同讨伐齐国，将齐国打服打趴。

哪料楚庄王之子楚共王在晋国罢兵之后，兴全楚国之师，并联合郑、蔡、许等盟国攻打鲁、卫为齐国复仇。

在鲁、卫服软之后，楚共王遍邀鲁、蔡、许、秦、宋、陈、卫、郑、齐、曹、邾、薛和缯共计14个诸侯在蜀（山东泰安东南）会盟。

晋景公不甘示弱，向天子献上齐国俘虏。

不过，晋景公命不好，公元前581年，有巫师给他算命，说他将吃不到这一年的新麦了。

晋景公郁郁寡欢，不久病倒。

但晋景公还有求生的欲望，他听说秦国有一个有名的神医，名叫缓，便派人到秦国找秦桓公要。

秦桓公慑于晋国的强大，派医缓前去诊治。

医缓对晋景公进行了全面诊断，非常遗憾地对晋景公说："您已是病入膏肓，无法医治了。"

晋景公回想起巫师的话，认为医缓是良医，便赠以厚礼护送他回国。

不过，晋景公还是熬到了新麦收成时节。

他非常高兴，让人将献上的新麦煮熟，准备美美地吃上一餐，然后派人把睁眼说瞎话的巫师杀掉。

煮熟的新麦端上来了，晋景公还没有开吃就感到腹胀，只好急匆匆地去上厕所。

结果，晋景公竟然掉到粪坑里被淹死了，真的一口新麦也没吃上。

晋景公的儿子晋厉公继位，他为了缓和晋国四面受敌的局面，同时也是想感谢秦国派医缓救人的恩德，派使者携厚礼去拜见秦桓公，约秦桓公在令狐（今山西省临猗县西）会盟，想跟秦国订立友好关系。

这本来是好事，秦桓公却犹豫不决。

在大臣们的好歹劝说下，他才答应赴约会盟。

公元前580年冬，晋厉公先一步到达令狐恭候秦桓公大驾。

这时的黄河水已经结冰，不存在渡河困难的问题。

秦桓公却不肯渡过黄河，以各种理由拖延不见。

在晋厉公的一再敦促下，秦桓公最后派出大臣史颗带着文书过河，他表示，自己会留在河西的王城等待晋国派大使过来签约的。

没办法，晋厉公只好派大夫郤犨过河与秦国结盟。

这次结盟，两国国君并未会面，只是隔河相望，故史称“夹河之盟”。

结盟的过程让秦桓公的尾巴就翘起来了。他认为晋厉公胆小怕事、软弱可欺，就想，晋国新君上位，政权不稳，自己这时候出兵，肯定能报当年的两次辅氏大败之仇。

这么想着，他决定背弃令狐之盟，秘密联络楚国和狄人图谋伐晋。

狄国是遭受晋国欺负过的，一听说是要打晋国，马上答应了。

楚国却有所顾虑。

晋国的耳目灵通，听到了秦桓公准备伐晋的风声。

晋厉公气得鼻子都歪了。

晋厉公虽然年轻，却不莽撞，他没有冒冒失失地发兵攻秦，而是以老霸主的身份联合鲁、齐、宋、卫等10个诸侯国，发动了声势浩大的声讨行动。

不用说，诸侯都对秦桓公背信弃义的行为表示了极大愤慨，一边倒地倒向晋国。

公元前578年，晋厉公率军前往周都王城（今河南省洛阳市王城公园附近），与齐、宋、卫、鲁、郑、曹、邾、滕八国国君所率军队会师，筹划攻秦事宜。

周简王也派大夫刘康公、成肃公率军助战。

同年四月，晋厉公写了一封《绝秦书》，派遣大夫魏相赴秦，历数秦穆公、秦康公、秦共公三代君主背信弃义的行为，宣布开战。

秦桓公仓皇应战，发兵进军至泾河以东阻击诸侯联军。

公元前578年，双方在麻隧（今陕西省泾阳县北）展开激战，秦军大败，秦将成差及秦桓公的车右不更（爵名）女父被俘。

联军乘胜追击，一直追击到侯丽（今陕西省礼泉县境内）才收兵。

此战，联军深入秦境达150公里，离秦雍都仅100公里之遥，可谓扬眉吐气。

秦军军心尽丧，士气尽沮。

秦国由此开始走下坡路。

秦桓公本人于次年暴亡，其子秦景公立。

秦景公即位，加强了联楚攻晋的决心。

可惜的是，晋国随之走入晋悼公时代，国力大增，复霸中原，诸侯莫能与之抗衡。

最终，在公元前546年晋楚弭兵会盟后，秦景公改善了与晋国的外交关系，与晋国重修秦晋之好。

秦惠文王称王

原本，"皇"和"帝"是神话中主宰宇宙万物的神，是最高的天神，即天帝。

后来，"皇"和"帝"的称号被兼摄到人间，演变出了半真实、半神话的三皇五帝。

夏、商、周三代不称帝，都称王，以示自己的功德不足以与上古帝王媲美。

秦始皇吞并六国，统一天下后，认为自己的功业亘古未有，甚至连三皇五帝也比不上，如果不改变"王"的称号，就"无以称成功，传后世"，于是，在"德兼三皇，功盖五帝"的思想指导下，兼采"皇"

"帝"之号，将这两个称呼结合起来称为"皇帝"。

三代属于半信史时代，距今年代久远，它的许多文化制度已经湮灭不可究。

但在孔子看来，三代是最美好的时代。三代中的绝大多数君王，尤其是夏禹、商汤、周文王、周武王、周成王以及周公等人，个个都懂得承天之道，讲究"天命循回，礼乐天下，建德而兴，败德而亡"。也正是这样，"殷受夏，周受殷，有改制之名，无易道之实"。

孔子参加鲁国的腊祭大典（腊月猎禽兽岁终祭先祖的活动），祭祀仪式结束，学生言偃看见老师在宗庙外面高大的建筑物下垂泪叹息，大感奇怪，上前询问，孔子说："大道之行也，与三代之英，丘未之逮也，而有志焉。"

受生产力发展的限制，周代没法实行高度统一的中央集权制。周武王在夺取天下后，将伐纣功臣、上古圣贤人物的后代，以及自己的同族宗亲，按"公、侯、伯、子、男"五等诸侯实施分封，让他们各自建国，拱卫周朝都城镐京。自己则称"王"、称"天子"，说是"应神受命，为天所子"，也称"周天王"或"周天子"。

孔子敬仰万分地说："天子之德，感天地，洞八方，是以功合神者称皇，德合天地称帝，仁义和者称王。"

然而，靠精神控制来维持的权威是不可能长久的，周天王的统治秩序，最终必定会被实力强大的诸侯国打破。

公元前841年的"国人暴动"标志着周王朝开始衰败。

又因周宣王违反嫡长子继承制，还干涉鲁国内政，引起诸侯不满，"自是后诸侯多畔王命"。

孔子哀叹的"礼崩乐坏"时代来了。

周平王东迁之后，霸道代替了王道，礼乐征伐自诸侯出。各诸侯国各行其是，不再把周王放在眼里，甚至有与周王平起平坐之想法。

最先公开要与周天子一样并称为王的，是楚国国君熊通。

楚国本是北方一支部族，在商朝时，受到商人驱逐，迁移到了南方。

在周朝代殷的过程中，楚部落首领鬻熊充当周王的火师，肩负祭祀祈祷重任。

但周朝建立后，鬻熊却没有得到应有的封赏。直到周成王时期，鬻熊的曾孙熊绎才得到封爵，但也只是最低等的子爵。

爵位既低，楚国所处的南方在当时又被视为蛮荒之地，因此受到了中原诸侯的蔑视，被斥为蛮夷之国，不配和中原众诸侯会盟。

楚国人化屈辱为力量，埋头发展国力，抬头开疆拓土，不断吞并周边小国。

公元前706年，楚国国君熊通不满自己国大爵小，发兵攻打姬姓诸侯随国。

熊通此举的目的，就是要让身为周朝宗亲的随国国君面见周天子，代为请求提升楚国爵位。

一开始，随国国君莫名其妙，非常无辜地说："我无罪。"

楚国国君熊通恶狠狠地说："我蛮夷也。"

随国国君后来弄清楚了事情原委，面见了周天子，转达了熊通的意思。

周天子的答复自然是否定的。

熊通恼羞成怒地说："吾先鬻熊，文王之师也，蚤终。成王举我先公，乃以子男田令居楚，蛮夷皆率服，而王不加位，我自尊耳。"

熊通不管不顾，悍然称王，要与周王分庭抗礼。

楚国国君自此代代称王。

与楚国同处在中原地区以南偏僻之地的吴、越两国，紧随其后，相继称王。

吴国国君是很有来历的。

话说，周文王的爷爷古公亶父的正妃太姜是个非常贤德的女人，她一共生了太伯、仲雍和季历3个儿子。

季历的正妻太任也是个非常贤德的女人，她在生儿子姬昌时，"有圣瑞"，即出现了圣人降生的瑞兆。

古公亶父惊喜坏了，连说："我世当有兴者，其在昌乎？"

长子太伯、次子仲雍一听这话，听出了弦外之音，知道老头子想要传位给昌，为了不让老头子为难，他们离家出走，主动让位给季历，好让昌从季历那儿接位。

哥俩到了荆蛮之地，定居于梅里（今江苏无锡的梅村），和当地人融合在一起，文身剪发，自创基业，建立了勾吴古国。

武王伐纣胜利，寻找太伯、仲雍的后代，找到了仲雍的重孙周章，郑重封爵，不过，也只是封了子爵。

公元前585年，吴国国君姬寿梦称王。

越国国君是夏朝君主少康的后裔，在周初也是得封为子爵。公元前496年，越国国君姒勾践称王。

至此，"南蛮"三诸侯均称王。

不过，这"南蛮三王"都得不到中原诸侯承认，中原诸侯认为它们是不尊周礼的边远之国，将它们排斥出争霸的游戏圈子。后来吴王夫差在黄池会诸侯，想要与晋国争当霸主，晋国提出吴不得称王，夫差只得去掉了王号而以"公"的名号签盟。

一句话，虽然楚、吴、越在春秋时就开始称王，但对当时的政治格局影响并不大。

时间过了300多年，中原诸侯才开始陆续登台称王。

第一个跳出来称王的是魏公子䓨。

魏国经过魏文侯、魏武侯数十年的苦心经营，赫然成了一大强国。

公子䓨继位后，以诸侯方伯自居，萌生了称王之心。

秦孝公变法过程中，为了缓解魏、秦两国之间的矛盾，投其所好，派商鞅出使魏国，尊请魏君行王者衣冠。

心动不如行动。

公元前344年，魏䓨在逢泽（今河南开封市东南）以朝见周天子为名，召集诸侯，宣布自己称王，是为魏惠王。

这次前来参加会盟的共有12个诸侯国，除淮泗一带的小国外，还有赵肃侯和秦公子少官参加。

魏惠王此举引起了其同盟国韩国的强烈不满。

齐国也是抵制逢泽之盟的，韩国于是和齐国亲近了起来。

公元前341年，孙膑指挥齐军在马陵（河北大名东南）大败魏军，歼灭魏军10万，逼魏军主帅庞涓自杀，俘魏太子申。

紧接着，齐国又联结起秦、赵两国，从三面夹攻魏国。

魏国惨遭打击，元气大伤，迅速丧失了霸主地位。

齐国的上升势头迅猛，国力强盛，如日中天，俨然成了新一代霸主。

为了化解齐、秦在东西方的夹击，魏惠王采纳了相国惠施"折节事齐"的建议，尊齐侯为王，希冀以此挑起齐国和楚国、秦国的矛盾，坐收渔翁之利。

公元前334年，魏惠王前往徐州（今山东滕州南）朝见齐侯，尊其为王，是为齐威王。

齐威王心情大畅，也尊魏惠王为王。

这就是战国史上著名的魏、齐"徐州相王"事件。

这是一件划时代的大事。

周天子无力反对，只好接受了既成事实。

已经成了秦国国君的秦孝公之子秦惠文君嬴驷因此坐不住了。

公元前325年，秦惠文君在秦相张仪的鼎力支持下，自称为王，是为秦惠文王。

魏国不满秦惠文君称王，联络列国共谋击秦。

该年，魏惠王于巫沙会见韩侯，尊韩侯为王，此即后来的韩宣惠王。

接着，魏、韩共同拉拢赵国，鼓动赵国称王，但赵侯以实力不够拒绝。

魏国的这些小动作很快被秦国觉察。

作为警告，公元前324年，秦惠文王派张仪领军攻魏之陕地。

魏国在震怖之下加快了合纵攻秦的进度，连续两年会见齐威王。

张仪则奔走于齐、楚两国之间，于公元前323年与齐、楚的大臣在啮桑（今江苏省沛县东南）相会，以连横之术反制魏国。

由秦入魏的公孙衍拉拢韩、赵、燕、中山四国，发起了历史上著名的"五国相王"事件。

所谓的"五国相王"，就是这五国一起互相承认对方称王。

由于魏国和韩国已经称王，这就等于抬高了另外三国的君主身份，达到合纵的目的。

不用说，"五国相王"的做法遭到了齐、楚、秦的反对。

齐国借口中山国小，不具备称王的资格，联合赵、魏共同废中山王号。

赵、魏没有上当，坚定支持中山称王。

齐国于是关闭同中山国往来的通道，并以割地为代价，勾结燕、赵和自己一起出兵攻中山。

燕、赵没有中计。

相对于齐国，楚国的反应比较直接，发兵攻打魏国，占领了魏国的8个城邑。

魏国遇险，其他四国并不能来救。

这就说明了公孙衍的"五国相王"合纵意图未能成功。

这种情况下，魏襄王不再信任公孙衍，反而倒向秦国，改任张仪为魏国宰相。

张仪因此身兼秦、魏两国宰相，得以从魏、韩两国借道，发秦军进攻齐国。

不难想象，如果秦军得胜，其东出之路就算打通了。

但张仪失败了。

魏国于是把张仪逐到秦国，重新起用公孙衍为魏相。

公孙衍再次推行合纵策略，联合起魏、赵、韩、燕、楚五国，出兵攻打秦国。

各国君主心怀鬼胎，各打各的小算盘。

最终，出兵参战的只有韩、赵、魏三国。

秦惠文王派庶长樗里疾率军出函谷关进行反击，大败联军，斩首8.2万。

魏国损失巨大，被迫向秦国告饶求和。

秦国放过了魏国，猛攻赵国。

齐国也趁火打劫，从东边进攻赵国。

赵国很快被打趴，损兵 8 万多人。

"五国伐秦"行动宣告失败，公孙衍遭到了魏国大臣田需的责难，狼狈不堪地离开了魏国。

不过，公孙衍先前拉拢到了位于秦国西方的小国义渠。

义渠是匈奴的一个分支，它在秦国出动大军攻打韩国时，从西面对秦国发起了进攻。

秦国只得暂时放弃了对韩国的攻击。

公元前 316 年，秦惠文王用司马错之策攻蜀，破蜀军于葭萌关，灭蜀。

公元前 315 年，秦伐取义渠 25 城，占有了西北大片地区。

公元前 313 年，秦惠文王遣张仪入楚国实施反间计，破坏了楚、齐之间的联盟，然后指挥秦军在丹阳（指今陕西、河南二省间丹江以北地区）大败楚军，取得楚地汉中，从而把关中、汉中、巴蜀连成了一片。

这个时候的秦国，已对东方六国构成了居高临下的压迫态势。

可惜的是，公元前 311 年，秦惠文王崩，时年仅 45 岁。

秦武王举鼎

西楚霸王项羽是一个悲剧英雄。

现在谈论起项羽，大家都会不由自主地想起垓下之围时四面楚歌的凄怆与悲壮。

也都会情不自禁地吟诵起这位大英雄在穷途末路时信口编写出的绝命诗："力拔山兮气盖世，时不利兮骓不逝，骓不逝兮可奈何？虞兮虞兮奈若何？"

老实说，这首绝命诗都不能算是"诗"。

可堪玩味的只有第一句，其余的都是在呓语呻吟。

全诗的意思就是：我项羽的力量可以把山拔起，气势足以盖压世间一切，可惜运气不好呀马儿不肯跑。马儿不肯跑呀我能怎么办？我的虞姬呀你说我能怎么办？

很悲情的状态下，很有气势地吼出了第一句"力拔山兮气盖世"，但第二句一出，气势迅速减弱，听了第三第四句，一点气氛都没有了，让人想笑。

再说回第一句"力拔山兮气盖世"，这一句豪气冲天，气势是够了。但大家也知道，拔山，那是绝对不可能的。鲁智深拔棵垂杨柳，就已经是天神级别的表现了。

项羽不能拔山，也没拔过垂杨柳，但千年以降，大家都认为他天生神力，称赞说："羽之神勇，千古无二！"

那么，项羽的神力之说从何而来呢？

《史记·项羽本纪》写："籍长八尺余，力能扛鼎，才气过人。"

这"力能扛鼎"就不同凡响。

《史记集解》解释说："扛，举也。"

"力能扛鼎"，就是把鼎举起来。

不过，这"力能扛鼎"，只是形容词，表示力量大，并不能准确量度出这力量到底有多大。

因为，鼎可以有多种形制，规格不同，大小不一。

根据现在考古发现，迄今出土的所有鼎中最大最重的是现藏于中国国家博物馆的后母戊鼎，其通高 133 厘米、重 832.84 公斤；迄今出土最小最轻的鼎是现藏于凤翔县博物馆的八首带盖小鼎，大小不超过 10 厘米，重不足 5 斤。

项羽举的鼎，肯定不会是八首带盖小鼎，否则就笑死人了。

当然，也不应该是后母戊鼎。

要知道，现代男子举重比赛中 105 公斤以上级的最好成绩是：抓举 220 公斤，挺举 263 公斤。

那么，项羽举的，应该是重量为 200 多公斤的大鼎。

事实上，这种级别的大鼎还是比较多的，如西周大克鼎重 201.5 公斤、西周淳化大鼎重 226 公斤、秦始皇陵墓中发现的秦鼎重 212 公斤。

举 200 多公斤的大鼎，是不是只有项羽一个人能做得到呢？

绝不是。

刘邦的小儿子刘长也是个"力能扛鼎"的人物，他在汉初第一代淮南王英布败亡后，接任了淮南王，因在汉文帝时图谋叛乱，被拘，死于谪徙途中，谥号为"厉"。《史记·淮南衡山列传》记："厉王有材力，力能扛鼎。"

汉武帝第四子刘胥不但力能扛鼎，还能空手和猛兽搏斗，《汉书》记载："胥壮大，好倡乐逸游，力扛鼎，空手搏熊羆猛兽。"刘胥此人有觊觎帝位之心，曾使女巫诅咒汉昭帝。汉宣帝即位后，又复诅咒宣帝，事泄，自杀，封国被废除，谥号也是"厉"。

北齐神武帝高欢的第七子高涣，《北齐书·上党刚肃王高涣传》记载他"及长，力能扛鼎，材武绝伦"，也是个力能扛鼎的猛人，但被其二哥齐文宣帝高洋杀害了。

可惜，项羽、刘长、刘胥、高涣这些"力能扛鼎"的人下场都不怎么好。

为什么会这样呢？

事情得从另一个力能扛鼎者——秦武王说起。

秦武王魄力宏大，重武好战，继位后不断出兵讨伐义渠、丹、犁等地，爱干实事，讨厌空谈，非常鄙视张仪这种好嘴弄舌之徒。

张仪很识趣，与魏国人魏章东投魏国去了。

当时的诸侯国都设有相国一职，秦武王耻与其他六国同列，将秦国的相国改设为丞相，设左、右丞相各一人，以甘茂为左丞相，樗里疾为右丞相。

秦武王有荡平天下之志，想攻取韩国的宜阳，以打通出兵中原的路线，问左、右丞相如何才能做到。

他幽幽地说："寡人欲容车通三川，窥周室，死不恨矣。"

樗里疾是秦孝公的庶子、秦惠文王的异母弟，足智多谋，有"智囊"之称，曾于公元前330年率兵攻打魏国的曲沃，尽取曲沃之地；又于公元前313年率军攻赵，俘赵将赵豹，夺取了蔺邑（今山西离石西）；并于次年助魏章大败楚军于丹阳（今豫西丹水北），俘其将屈匄，斩首8万，夺取了汉中。

为了满足秦武王的愿望，他不得不积极想办法。

由于他的母亲是韩国人，他想出了一计：自告奋勇，前往韩国做内应。

甘茂也是个不可多得的奇才，在魏章取汉中时，他也是立有大功的，并且还受秦武王的委派，亲自领兵平定了蜀地。

他考虑到攻打宜阳路途遥远，一旦遭到赵、魏的袭击，后果不堪设想，于是自请入魏，对秦武王说："请之魏，约以伐韩行。"表示自己不但要阻止魏国偷袭秦国，还要与魏国结盟，共同攻打韩国。

两年之后，时机成熟，秦武王大举起兵，斩首 6 万，拔宜阳。

韩襄王吓得赶紧使公仲侈入谢，让出了三川之地。

三川之地既得，秦军东出再也没有了障碍，秦武王兴冲冲地带领着手下一批大力士如任鄙、乌获、孟说等，"窥周室"去也。

秦武王是怎么"窥周室"的呢？

《史记·封禅书》里说："禹收九牧之金，铸九鼎。皆尝亨鬺上帝鬼神。遭圣则兴，鼎迁于夏商。周德衰，宋之社亡，鼎乃沦没。"即大禹曾划天下为九州，州设州牧，他收取了九州牧贡献来的青铜，铸造了九鼎，供奉上帝鬼神。这九鼎遇圣则兴，由夏入商，再由商入周，当周室倾覆，这九鼎就消失了。后世以"九鼎"借指国柄。

《墨子·耕柱》也就提到"九鼎既成，迁于三国"，这三国指的就是夏、商、周。

按照《左传》的记载，九鼎是三代传国之宝：夏亡之后，鼎迁于商；商亡之后，鼎迁于周。周成王正式将鼎定放于郏（今河南洛阳境内）。

后世又以"定鼎"来指代天命之所归。

《史记·周本纪》又记："定王元年，楚庄王伐陆浑之戎，次洛，使人问九鼎。王使王孙满应设以辞，楚兵乃去。"即在周定王当政的春秋时期，春秋五霸之一的楚庄王曾兴兵攻击陆浑之戎，逼近雒邑的郊外，向周定王派来的使臣王孙满问九鼎的大小轻重，流露出了他要灭周的野心。后人也因此将争夺政权称为"问鼎"。

秦武王"窥周室"的具体表现就是"问鼎"来了。

明人冯梦龙在《东周列国志》的第九十二回《赛举鼎秦武王绝脬，莽赴会楚怀王陷秦》中以小说笔法将这一过程写得非常生动形象。说秦武王到了周室太庙，见九座宝鼎一字排列，整整齐齐，犹如九座小铁山，不知重多少斤两。他俯身细察，发现每只鼎腹各有荆、梁、雍、豫、徐、扬、青、兖、冀字样，于是单指"雍"字鼎说："此雍州，乃秦鼎也！寡人当携归咸阳耳。"然后与大力士孟贲比赛举鼎，结果，大鼎离地才半尺，力尽失手，鼎坠于地，压碎了右足胫骨，当夜暴薨。

小说家言，不可尽信。如该回书写大力士孟贲之神力，"水行不避蛟龙，陆行不避虎狼，发怒吐气，声响动天"，又写他野外见两牛相斗，以手分之，一牛伏地，一牛犹触不止，他在一怒之下，用右手拔其角，最终，角出牛死。如此乱力怪神，纯属胡编乱造。

但秦武王举鼎力尽而死这一段，与《史记》所写大致相同。

《史记》有三个地方提到了这一情节：

一、《史记·秦本纪第五》载："王与孟说举鼎，绝膑，八月，武王死。"注意，秦武王并非被鼎砸到当晚死的，而是回秦国后才死的。

二、《史记·赵世家》载："十八年，秦武王与孟说举龙文赤鼎，绝膑而死。"在这里，特意点明了秦武王所举为九鼎中的龙文赤鼎。

三、《史记·甘茂传》载："武王至周而卒于周。盖举鼎者，举九鼎也。"在这里，九鼎似乎不是九个大鼎，而是一个名叫"九鼎"的大鼎。

不管如何，我们看到，不论是楚庄王的"问鼎"还是秦武王的"举鼎"，都是其政治野心毕露的表现。

后世项羽的政治野心也不用多说，他看到秦始皇出游的排场，就脱口叫道："彼可取代也。"

刘长、刘胥也都是觊觎帝位之人。

高涣虽然没有流露出类似的野心，但他"力能扛鼎"这一特点，也足以让当政者警惕，非要除之而后快了。

所以说，后世能举鼎的人应该不在少数，但举鼎已经成了觊觎帝位的一种表现，谁还以身试法，去举鼎而给自己招致杀身之祸？

话说回来，秦武王死后获谥号为"武"，说明他在秦国的发展过程中所做的贡献是不容小觑的，毕竟，"刚强直理曰武，威强敌德曰武，克定祸乱曰武，刑民克服曰武，夸志多穷曰武"。

贾谊在《过秦论》中，把秦武王和惠文王、昭襄的功业并列在一起称："孝公既没，惠文、武、昭襄蒙故业，因遗策，南取汉中，西举巴、蜀，东割膏腴之地，北收要害之郡。"

秦武王在位仅 4 年，平蜀乱，设丞相，更修田律，修改封疆，拔宜阳，置三川，欲据九鼎，可惜举鼎丧命，年仅 22 岁。

 两名秦国士兵的家书

1974 年春，陕西省临潼县西杨村村民在打井时无意中挖出一个陶制武士头。

鉴于该处距秦始皇陵园东侧仅有一千多米，国家文物部门对此高度重视。

随后，组织了考古工作者进行保护性的发掘。

由此，被称为"世界第八大奇迹"的秦陵兵马俑得以重见天日。

秦兵马俑皆仿真人、真马制成。

陶俑身高 1.75 ~ 1.95 米，按秦军将士的形象塑造，体格魁伟，体态匀称。

陶马高 1.5 米，长 2 米，体形健硕，肌肉丰满。

武器有青铜剑、青铜矛和弩。

这众多的兵、马、将、武器、战车、御者等，排列整齐有序，场面宏大，威风凛凛，气壮山河。

最让人拍案叫绝的是，陶俑完全是以写实手法进行塑造。武士的发式、髭须、披戴、相貌绝无相同，偏偏又共同具备秦川一带人物的相貌特征。

人们被这支威武雄壮的仿真军队所震撼的同时，都会注意到这样一个现象：大多数武士俑都身着短褐，腿扎裹腿，线履系带，而且，免盔束发，不戴头盔。

为什么？为什么这几千个陶俑士兵中，不但衣甲简单，而且大多没戴头盔呢？

西北大学历史系教授、秦汉史专家徐卫民给出的解释是：秦国是个崇尚武力的国度，不戴头盔可以在战场上显出英勇的气势，无惧生死，压倒敌人。而且，从负重角度来说，不戴头盔，轻装上阵，动作迅捷，更容易杀敌，也更容易获胜。

是吗？真是这样吗？

在兵马俑发掘后的第二年，湖北云梦县睡虎地四号墓出土有两件木牍。

这两件木牍上的文字，似乎是在给专家重重的耳光。

考古学家在进行考古发掘时，发现这两件木牍放置在墓地陪葬器物箱子里的中部位置，旁边有石砚、墨等文房用具。

这两件木牍，专家分别标记为6号木牍和11号木牍。

经过研究，专家最后证实，它们是世界上最早的家书。

通信的双方，是在秦国军队当兵的弟弟"惊""黑夫"和在秦南郡安陆（今湖北云梦县）家里侍奉父母亲和操持整个家的哥哥"衷"。

6号木牍的下部已经残缺，现长16厘米，宽2.8厘米，厚0.3厘米。正面的墨书秦隶五行虽历时千载，字迹仍清晰可辨，大意为：

"惊"就问问哥哥"衷"，母亲大人的身体还好吧？家里家外要公平待人……哥哥"衷"呀，母亲大人的身体真的还安好吧？母亲前不久随军，跟"黑夫"弟弟在一起，身体一直很好……钱和衣服的事，希望母亲再托人送五六百钱来，好布至少要二丈五尺……我借人家垣柏的钱都花完了，家里再不送钱过来我就要饿死了，急急急。"惊"又多问一句，"惊"的新媳妇和儿子"婴"也都还好吧？转告她尽力照顾好二老……

背面也有墨书秦隶五行，大意为：

"惊"在外面，"婴"就拜托哥哥"衷"代为管教了，不要让他去太远的地方打柴，哥哥"衷"一定要把他管好……"新"这个地方被我们攻了下来，城里的人大都逃空了。这些原敌国的老百姓普遍不遵守大秦的律令……请为我多烧香拜菩萨吧，如果得到的是下下签，那就是因为我身在叛逆之城的缘故，别想多了。姐姐和她刚生的儿子"彦"还好吧……"新"这个地方盗贼多，哥哥"衷"千万不要来啊，切记切记。

11号木牍保存完好，长23.4厘米，宽3.7厘米，厚0.25厘米，正面同样是墨书秦隶五行，内容与6号木牍所述承接。大意是：

二月辛巳，弟弟"黑夫"和"惊"再次写信问候家里。母亲大人安好否？"黑夫"和"惊"现在一切安好。前几天"黑夫"和"惊"分头执行任务，今天又得相会了。"黑夫"补写这封信，是要黑夫的生活费，母亲要抓紧做夏天的衣服。收到信后，母亲看一下安陆丝布贵不贵，不贵的话就做整套夏衣，让人把衣服和钱一起带过来。如果丝布太贵，那就送多点钱来就行了，"黑夫"在这里买布做衣服。"黑夫"要随军攻打淮阳了，可能要打很久，伤亡难以预料，希望母亲给"黑夫"的钱不要太少。收到信一定要回复，"惊"和"黑夫"给家里挣下的爵位到底颁发了没有？发了的话，就告诉我们是什么样的。如果没送到也跟我说一声。大王说只要……

背面的墨书秦隶六行有一处被墨染黑，文字模糊不清，从残存文字来看，大意是：（接正面）……有文件就不会耽搁。人家送文书来你们别忘了说声谢谢。衣服和钱一定要送到南军……千万不要搞错……替我们问候姑姑、姐姐，特别是长姑姑……再帮我们问候"季须"，还有"婴记季"，我们跟他说的事定下来没有？住"夕阳里"的吕婴和住"匾里"的阎诤丈人，也帮我们问候啊……"惊"牵挂新媳妇，她和"妀"应该还好吧？告诉她要尽力照顾老丈人，千万不要跟人家置气……尽力就好了……

这两封家书中，询问家中情况，向父母亲大人请安，汇报自己在前线打仗情况等，都让人动容。但最揪人心的是，两封信都因自己在前线缺衣少钱，向家里求救告急，让人睹此不免心酸落泪。

一句话，秦国士兵没有专家们想象中那样伟大，他们去前线打仗，为国家卖命，更多是被迫的，甚至打仗所需的衣物用度，都要靠家里提供。

想想看，这些可怜的士兵身处乱世，远离家人，每天都要直面战争，直面死亡，但在军营中，衣食没有着落，要填饱肚子，还要远隔千里向家里告求，说什么他们不戴头盔不穿衣甲是无惧生死，要从气势上压倒敌人，可能吗？他们分明是没有能力购买这样昂贵的战争装备啊。

附：

6号木牍正面原文："惊敢大心问衷，母得毋恙也？家室外内同……以衷，母力毋恙也？与从军，与黑夫居，皆毋恙也……钱衣，愿母幸遣钱五、六百，布谨善者毋下二丈五尺……用垣柏钱矣，室弗遣，即死矣。急急急。惊多问新负，娿皆得毋恙也？新负勉力视瞻二老……"

6号木牍背面原文："惊远家故，衷教诏娿，令毋敢远就取新，衷令……闻新地城多空不实者，且令故民有不从令者实……为惊祠祀，若大发毁，以惊居反城中故。惊敢大心问姑秭，姑子产得毋恙……新地人盗，衷唯毋方行新地，急急急。"

11号木牍正面原文："二月辛巳，黑夫、惊敢再拜问中，母毋恙也？黑夫、惊毋恙也。前日黑夫与惊别，今复会矣。黑夫寄益就书曰：遗黑夫钱，母操夏衣来。今书即到，母视安陆丝布贱，可以为禅裙襦者，母必为之，令与钱偕来。其丝布贵，徒操钱来，黑夫自以布此。黑夫等直佐淮阳，攻反城久，伤未可知也，愿母遗黑夫用勿少。书到皆为报，报必言相家爵来未来，告黑夫其未来状。闻王得苟得。"

11号木牍背面原文："毋恙也？辞相家爵不也？书衣之南军毋……不也？为黑夫、惊多问姑姊、康乐孝须（嫂）故尤长姑外内（？）……为黑夫、惊多问东室季须（嫂）苟得毋恙也？为黑夫、惊多问婴记季事可（何）如？定不定？为黑夫、惊多问夕阳吕婴、区里阎诤丈人得毋恙……矣。惊多问新负（妇）、娿（婉）得毋恙也？新负勉力视瞻丈人，毋与……勉力也。"

"郾国"为什么被改名为"燕国"?

谈论中国古代历史，撇开远古时代的神话故事不说，人们大多从夏、商、周三代说起。

很多历史朝代歌也都是从夏、商、周三代编起的。

三代之中，周代延续时间最长，有近800年。

凭着殷墟遗址的甲骨文，可以说，中国的信史开端始于商；但从严格意义上说，是起于司马迁《史记》记载的西周共和元年（即公元前841年）。

西周"共和"执政过后不久，周平王东迁，中国历史进入了东周时代。

东周以三家分晋为界，又分成春秋和战国两部分。

提起春秋和战国，人们最津津乐道的就是"春秋五霸"与"战国七雄"。

关于"春秋五霸"的提法，有十多种，至今尚无统一定论。

对于"战国七雄"，大家都知道，是齐、燕、楚、秦、韩、赵、魏。

初学历史的朋友，可能对这七国会感到有些难记。

但如果从两条线索去记，问题就会变得很简单了。

一是从历史渊源上记，二是从地理方位上记。

这里简单说一下从历史渊源上的记忆法。

即根据七国的诞生先后来记：武王克殷平天下，分封功臣、宗室以及前代圣贤后人，齐国是第一功臣姜太公的封国，最早诞生；燕国第一代国君召公奭为姬姓，算是周室宗亲，在周成王时代诞生；楚国先人鬻熊曾是武王伐纣时的火师，肩负祭祀祈祷重任，但因其远居南方蛮荒之地，没有得到应有的重视，到了鬻熊的曾孙熊绎那一辈，熊绎才获得封爵；秦国的先人秦非子是在西周晚期周孝王时代才获得封赏，但真正建国，还得在秦襄公派兵护送周平王东迁时算起。至于韩、赵、魏三国，是三家灭智氏瓜分晋国得来的，这也标志着战国时代来临了。

第二章　由弱到强

所以，七国的诞生顺序就是：齐、燕、楚、秦、韩、赵、魏。

齐国诞生比燕国早了一些，却出现了"田氏代齐"的现象，即其国君不再是一开始受周王室册封的姜姓了。

从这一角度来说，燕国是战国七雄中享国时间最长、资历最老的一个国家。

但是，燕国享国时间虽然最长，其存世史料却是七国中最少的。

现在的所有史书，关于燕国的记载非常稀缺零碎。

春秋时期 200 多年的时间里，《左传》《史记》所提到的燕国事迹不过两三条。

《史记·燕召公世家》甚至把姞姓南燕和燕国混为一谈。

《世本·王侯谱》根本没有完整的燕国世系，对燕侯的早期世系，只说"燕召公奭初封，周同姓。九世至惠公"。

《史记·燕召公世家》也说"自召公已下九世至惠侯"。

即除了召公和惠公，史籍有关第一代至第八代燕侯的名号和世序全都失载。

究其原因，据说是秦始皇怒燕太子丹派荆轲刺秦之故，在灭燕之后，悉焚其国资料文献。

清人顾炎武因此喟然长叹："六国独燕无后。"

燕国存世文献少，让后世对燕国的历史了解有限。

可喜的是，近代出土了不少燕国的青铜器物，让现代学者对燕国的历史又有了不少新的认识。

其中，最让人感到惊奇的就是，出土的青铜器物，有西周初期的，也有战国末年的，时间跨度接近 800 年。但这 800 年时间里，青铜器物上所表达的燕国或燕王，从不写"燕"字，都是"匽"或"郾"。

郭沫若在《两周金文辞大系图录考释·匽侯旨鼎》一文中就非常奇怪地说："凡北燕'燕'，金文作'匽'若'郾'，无作'燕'者。"

这太奇怪了。

有人说，历史上本来就存在有匽国和郾国，匽国是殷商古国，郾国是建立在郾城附近的西周小国，和燕国根本就不是一个国。这些出土的青铜器物是属于匽国和郾国的，与燕国无关。

在我国最早的文字甲骨文里，如《甲骨续存》里有卜辞为："贞，晏乎取白马氏。"这是商王贞问，向晏国索取晏人从氏族手里争夺过来的白马。

另外，《殷墟书契前编》里又有卜辞为："乙巳卜贞，帚晏……"

帚，就是现在的"妇"字。"帚晏"就是"妇晏"，是对商王后妃的称谓，如妇好、妇妌。妇晏是指晏国嫁到王室的女子。

这些甲骨文表明，殷商时代的确有一个称为"晏"的方国，后来又被写成了匽国。

另外，黄帝之后吉光的后裔姞伯倏在商代中期迁至光城（河南商丘市睢阳区西南），建立了姞姓光国。周武王灭商后，将光国移迁至光山（河南光山县），另将酢城的东北之地（河南延津东北 45 里处）赐封给姞伯倏的部族立国，称匽国。这个匽国，后来被郑国所灭，却被《史记·燕召公世家》一度和燕地的燕国弄混过。

不过，近代出土的这些显示为匽国和郾国的青铜器物，它们上面的铭文所提到的历史人物和历史事件，都和史书上记载的西周至战国时期的重要封国燕国的人物和事件对应得上，显然不是殷商古国匽国和郾城一带的姞姓南燕。

比如，《史记·周本纪》里面记周武王在克殷平天下后："于是封功臣谋士，而师尚父为首封。封尚父于营丘，曰齐。封弟周公旦于曲阜，曰鲁。封召公奭于燕。"这里说的是：周武王封姜太公在营丘，国号齐；封弟弟周公旦在曲阜，国号鲁；封召公在燕国。

《史记·燕召公世家》也有互补呼应说："召公奭与周同姓，姓姬氏。周武王之灭纣，封召公于北燕。"

另外，《史记·周本纪》里面又记载有："成王既迁殷遗民，周公以王命告，作多士、无佚。召公为保，周公为师，东伐淮夷，残奄，迁其君薄姑。"这里说的是：成王把殷商的遗民迁到洛邑后，周公把成王的命令向殷商遗民宣告，作《多士》《无佚》。成王任命召公为太保，周公为太师，向东攻伐淮夷，歼灭奄国，把它的国君迁到薄姑。

太保是西周三公之一的重臣，召公奭并不能亲自到燕地来当燕侯，只能让长子到燕国就封，他本人和太师周公一起在成王身边辅政。

太师周公的情况也一样，他被封于鲁，因为要留在周公身边辅政，只能让其长子伯禽到鲁地就封。

一件被命名为"堇鼎"的青铜器铭文上刻："匽侯令堇饴太保于宗周。庚申大保赏堇贝。用乍大子癸宝。"该铭文说的是：燕侯让堇到宗周去送甜品给太保，庚申日，太保赏赐给堇贝币，堇花费了这些贝币来铸造这件青铜器。

一尊被命名为"匽侯旨鼎"的铭文是："匽侯旨初见事于宗周，王赏旨贝廿朋，作姒宝尊彝。"这里记载的是：匽侯旨初次进京觐见周王，得到周王赏赐的贝币，从而以贝币铸造了宝鼎。

总之，召公奭在周朝室辅佐成王，他的儿子到燕地相继为侯，是历史事实。

1967年，在北票市东官营发现的燕王职戈上面刻有铭文："郾王职作御司马。"

这里的"郾王职"，就是《史记·赵世家》中记载的"王召公子职于韩，立以为燕王"，即赵武灵王立为燕王的"公子职"。

1966年出土有"郾王喜铜矛"，关于这件兵器上刻的"郾王喜"，杨树达在《积微居金文说·郾侯库彝跋》中断言："兵器有郾王喜矛，即燕王喜也。"

即这个"郾王喜"，就是燕国最后的一个国君燕王喜。

"匽"字为什么被改成了"郾"字呢？

原来，汉字中，左"阝"是"阜"字的简略写法，右"阝"是"邑"字的简略写法。

把国名"匽"改为"郾"，是在"匽"字右边加了个"邑"字旁，加强了国土的概念。

这个不难理解。

但为何几乎所有的史书都把"匽"或"郾"写成了"燕"呢？

这就颇让人费解了。

陈梦家认为，"匽""郾"和"偃"相通，而"偃"是"嬴"的"一声之转"。

他说，秦灭燕后，为了避讳，一律改"匽""郾"为"燕"。

刘师培甚至认为，偃姓即嬴姓，他举例说《汉书·地理志》以皋陶后为偃姓，班昭的《列女传注》以伯益为皋陶子，而《史记·秦本纪》又说舜以嬴姓赐伯翳，这个伯翳即伯益，所以，偃是嬴的旧姓。

但即使如此，也解释不了改"郾"为"燕"的原因。

因为，按照陈梦家的说法，就算"偃"和"嬴"是"一声之转"，但"燕"和"嬴"何尝又不是"一声之转"？

所以，为避讳而把"匽""郾"一律改为"燕"的说法，解释不通。

又有人提出，民族学上有一套关于"自称"和"他称"的理论。即一个民族或一个国家的称谓，是先有自称，后有他称的。"匽国"或"郾国"属于自称，"燕国"是他称。

话既然这么说，那么，问题来了，齐、秦、韩、赵、魏等国的称呼，到底是自称还是他称？如果是他称，他们的自称又是啥？

另外，陈梦家在释《美铜器集录》著录传世《陈璋壶》铭文"隹王五年……陈璋内伐匽亳邦之获"时，考订陈璋壶为公元前314年齐田章伐燕所获的燕器，铭文为后来所加，其中"匽亳邦"指的就是《左传》昭公九年里提到的"燕亳"。

他说："燕、亳连称，意即燕京。"

由此可见，"匽"并非燕国人的自称，齐国人也称它为匽。

所以，把"匽""郾"说成自称，"燕"属于他称，也非常牵强。

又有人解释，"燕"字是从"晏""匽""郾"等字发展来的，在古文字中，这些字是相通的。

容庚《金文编》卷十二："匽，经典通作'燕'。匽，召伯所封国。"

又比如《诗经·谷风》中"宴尔新昏"这一句中的"宴尔"，也可写作晏尔、燕尔。

但是，"晏"字为什么可以作为"燕"字解呢？

"晏"的甲骨文有多种写法，无论哪一种，看上去都像是由"女"

和"日"组成的。

《说文解字》因此说:"晏,安也,从女从日。"

有人却认为,"晏"是"母燕喂乳状",乳燕吃饱了即为"安"。

后来在"晏"是加"宀"为"匽",是给乳燕多安了个"窝",从而加强了"安"字的意思。

这么一来,"匽"字既作"安"字解,又作"窝中的乳燕"解,继而引申为成年的家燕。

"宴尔新婚"就是形容新婚夫妇像檐头安窝的家燕那样欢乐恩爱,也写成了"燕尔新婚"。

另外,还有一个问题,燕国的封国在燕山山脉环绕之中,那么,是先有了燕山之名才有燕国之称呢,还是先有燕国之称才有燕山之名呢?又或者,二者之间毫无联系呢?

古代燕山被称为"幽都之山"。

我国最早的地理著作《山海经·海内经》载:"北海之内有山,名曰幽都之山,黑水出焉。其上有玄鸟、玄蛇、玄豹、玄虎、玄狐蓬尾。"

"幽"字从山中之两幺,本义与"幺"字有关。

"幺"字的本义又是什么呢?

《诗经·商颂·玄鸟》中的"天命玄鸟,降而生商"的玄鸟,指的是燕子。

而李宗侗在《中国古代社会新研》中说:"幺即玄鸟之子,幺与玄似。有头有身无翼,像燕初生之形。"

即"幺"字的本义也是燕子。

理解了"幺"字的本义,李宗侗认为,"幽"字是山中藏两"幺","山之得名为幺所居"。

即幽山就是燕山。

最早著录于《汉书·艺文志》的《尔雅》就说:"燕曰幽州。"

邹衡在《关于夏商时期北方地区诸邻境文化的初步探讨》一文中也认为,"燕"字由玄鸟即家燕而来,即燕山之称,早在召公奭受封以前,至少在商代后期就已经存在了。

唐张守节作《史记正义》指出："燕蓟二国俱武王立。因燕山蓟丘为名。"其引《括地志》称："燕山在幽州渔阳县东南六十里。"又引徐才宗《国都城记》称"周武王封召公奭于燕，地在燕山之野，故国取名焉"。

可以想象，如果"燕"字是从"匽""匿""郾"等字发展来的，那么，燕山最早的写法，应该是"匽山""匿山""郾山"。

事实若真如此，即"匿国""郾国""燕国"的表述完全相通，不过是新字和老字写法不同而已，史书把"匿国""郾国"写成"燕国"，不足为奇。

但是，现在暂无史料可以证明燕山曾被写成"匽山""匿山""郾山"。

那么，史家为何要把"匿国""郾国"写成"燕国"，仍需史学家进一步研究。

秦始皇平此蕞尔小国兴兵 50 万耗时 10 年

老实说，两广地区远离中原，在中国古代历史上的地位并不突出。

而随着人类航海事业的发展，广东得沿海港口之便，开风气之先，人才荟萃，遂在近代史上脱颖而出，成为人们瞩目的南方大省。

而被视为广东孪生兄弟的广西，与之相比，稍显"星光暗淡"，但很多人并不知道，在先秦时期，今广西玉林所在可是百越之中最强大的部落国，名叫西瓯国。

这个西瓯国的版图，恰好是贵港市尚未从玉林分出之前玉林市的管辖范围。

郭璞注《山海经》说："瓯在闽海中，郁林郡为西瓯。"其中的"郁林郡"就是玉林的古称。

公元前 221 年，秦始皇先后歼灭了韩、赵、魏、楚、燕、齐等六国，统一了中原，开始着力经营岭南一带。经过充分筹划安排和紧张的物质准备，于公元前 219 年对南方百越民族发起征服战争，即史书上说的

"秦戍五岭"。

说西瓯国"强大"，那是相对于百越地区众部落国而言的；要对秦国来说，不过是蕞尔小国。

司马迁的《史记》记载："西瓯者，百越之首，带甲五万。其王曰译吁宋，亦南面称王。"

当时的西瓯国王名为译吁宋，王城建在现在玉林市兴业县的卖酒镇。

秦朝派出南下大军共 50 万，由主帅尉屠睢统一指挥。

秦军来势凶猛，气吞万里如虎，一下子就平定了东瓯和闽越，设置了闽中郡。

西瓯国王译吁宋知道下一个遭殃的就是自己，赶紧做出战略部署，举国退守南部，延长纵深，迁西瓯王城于丘陵（位于今天玉林南流江与陆川平乐镇交界一带）。同时，将仅有的 5 万兵力分屯于三处：放马坡（今陆川马坡）、旧城（今天兴业卖酒镇）、三罗（今陆川珊罗镇）。

以 5 万兵力对抗 50 万秦军，兵力完全不对等，客观地说，这是一场没有悬念的战斗。

相信秦始皇就是这么想的。

但是结果让人大跌眼镜。

西瓯人充分利用主场作战的优势，将战术与山地密林相结合，机动灵活地从各个地点对秦军及供应线发起袭击和进攻，使庞大的秦军处处挨打，晕头转向。

虽然西瓯国君译吁宋在战场上英勇战死，但西瓯军民并不气馁，又推举另一首领桀骏为将，"夜攻秦人，大破之，杀尉屠睢，伏尸流血数十万"。

西瓯人斩杀秦军统帅尉屠睢的地方叫三罗，即今天陆川的珊罗镇。

主帅被杀，秦军群龙无首，四处逃散。

秦瓯战争，是自秦始皇横扫六国以来，秦军所遭受的最惨烈、最艰苦的战争，战争旷日持久，秦军"三年不解甲驰弩"，陷入胶着状态。

为了与西瓯作战，秦始皇逼迫中原百姓"丁男被甲，丁女转输"，并在今兴安县境内"以卒凿渠，以通粮道"，开凿出历史上著名的人工运河——灵渠来解决后勤供应问题。

　　最后，秦始皇又派遣名将任嚣和赵佗等人指挥秦军对西瓯作战。

　　经过了长达10年的鏖战，在力量对比悬殊和武器优劣差异巨大的情况下，秦军终于征服了西瓯，西瓯也从此正式加入了祖国统一多民族国家的版图，再也没有分开过。

　　为了征服这个蕞尔小国，秦始皇兴兵50万，耗时10年，却始终无怨无悔，将100多万平方公里收入帝国版图，福泽后世。

　　而经过这次战争，西瓯人勇敢顽强的精神也让天下为之震惊。

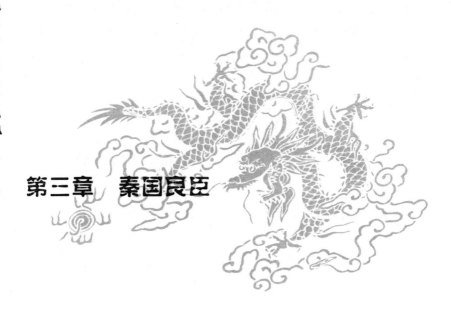

第三章　秦国良臣

大臣表忠誓与君主同生共死，结果弄假成真

秦穆公是秦国历史上的一个里程碑式的人物。其在位时间长达38年，励精图治，重视人才开发，首开秦国任用客卿制度之先河，广纳贤士，以诚待人，不拘一格任用各式各样的人才，包括本国的，也包括别国的，使得秦国国力蒸蒸日上。

流传至今的秦穆公录用九方皋的故事很能说明秦穆公招揽人才的态度。

话说，秦穆公看见伯乐一天天衰老，就关切地问："您是相马的高手，您子孙辈中有谁继承了您的相马本领呢？"

伯乐摇头回答说："大王，遗憾得很，相马之术，七分天注定，三分靠打拼，我的子孙辈都缺乏了相马这根弦。庆幸的是，我的好朋友九方皋却拥有了这种天赋，相马的本领高强，大王如果有需要，他可以为大土效劳。"

穆公若有所思后召来九方皋，请他帮自己去物色一匹千里马。

没几天，九方皋屁颠屁颠地来报告，说："好消息，好消息，经过微臣的艰苦搜索，已为大王物色到了一匹千里好马。"

搜马行动如此神速，穆公大感意外，高兴地问："快说说看，是匹什么颜色的马？"

九方皋眉头一扬、胡子一翘，笑眯眯地答："是匹黄色的母马。"

穆公把买马的钱交付给九方皋，让他把马儿购买回来。

九方皋手脚麻利，没多久，马儿被牵回来了。

穆公不看则可，一看，差点没气晕过去。

这、这、这哪是什么黄色的母马？根本就是一匹黑色的公马！

好吧，就算您是色盲，但您作为一个相马界人士，怎么可以连马的公母也分不清呢？

穆公半天没说话，赏赐了九方皋一些钱物，闷闷不乐地打发他走了。

改日，穆公对伯乐说："你的朋友连马的公母都分不清，还相马呢！"

伯乐一听，哈哈大笑，说："大王您真是聪明一世，糊涂一时，会相马的人，只注重于马内在的灵性。那马的颜色、外貌和雌雄，都是小儿科的东西，九方皋将之忽略有什么好奇怪的？我问您，他牵来的马是不是好马？"

秦穆公被伯乐这一逼问顿时语塞，也才想起还没有试过九方皋牵来的黑色公马，于是让人赶快试骑。

不试不知道，一试，果然是匹天下无双的好马。

从九方皋相马这件事上得到了启发，秦穆公从此不为人才的外表、身份、年龄等所影响，采取"得其精而忘其粗，在其内而忘其外"的相马之法，用 5 张公羊皮赎回来了"五羖大夫"百里奚；通过百里奚录用了蹇叔，拜蹇叔为右相，拜百里奚为左相；又通过蹇叔录用了他的儿子西乞术、白乙丙……一时间，秦穆公网罗了百里奚、蹇叔、由余、丕豹、公孙支，以及后来被称为"三良"的奄息、仲行和针虎等贤臣。

秦穆公在执政的最后几年时间里，向西兼并了西戎二十国，开疆拓土，为400年后秦统一中国奠定了基石，在函谷关以西一带称霸，史称"称霸西戎"。

秦穆公也因此被称为春秋五霸之一。

虽说"称霸西戎"和"春秋五霸"的"霸"字是"伯"的通假字，原意是"老大"的意思，但秦穆公在治国和扩张上的确显示出了一种霸气。

难得的是，凶悍霸道的气场背后秦穆公却又有一种悲天悯人的侠骨仁心。

晋文公重耳遭受晋惠公迫害，流落江湖，惶惶不可终日。秦穆公伸出援助之手，帮他击败晋惠公、重回晋国夺取了王位。

还有，秦穆公最心爱的一匹宝马在岐山脚下吃草，却被当地的农民宰杀，架起柴火烤马肉吃。官吏捉到这些人，准备好好治一治。爱马被杀，秦穆公心口虽然流血，脑子却异常清醒，强忍着笑，说："有德才的人不因为畜生而杀人。我听说吃马肉而不喝酒，就会伤及身体。"他不但不惩罚这些人，反而搬出王宫里的美酒好好款待了这些人一番。

这样的君王，有本事，有能力，还仁人爱物，懂得换位思考，关心别人，谁不乐意为他效劳呢？

秦国因此君臣相济，其乐融融。

可惜，韶华已逝，随着年龄的增加，秦穆公越来越喜欢思考人生，越来越喜欢抒发关于人生的感慨。

某天，在君臣同欢的宴会上，秦穆公多喝了几盅，又开始抒怀了，他醉眼迷离地望着众位大臣，喃喃自语说："眼前的情景虽然美好，但天下没有不散的宴席，唉唉，如果我们君臣永远都能这样，即使死了也能在一起，那多么好哇！"

称为"三良"的奄息、仲行和针虎三人坐得离秦穆公最近，对穆公的话听得最清楚，一时热血上涌，头脑发昏，大着舌头，拍着胸脯说："大王说得极是，我们愿意永远陪着大王，也真诚地希望可以死在一起。"

秦穆公莫名有些感动，眼睛里泛出泪花，滴落杯中，和酒一起喝了。

本来嘛，酒桌上说的都是醉话，当不得真。穆公与奄息、仲行和针虎"三良"在酒醒后也都把那些醉话忘得干干净净了。

但是有一个人没有忘记，这人就是秦国的太史官。当天酒宴上，他就坐在秦穆公身边，将秦穆公说的话，奄息、仲行和针虎"三良"的承诺，都一字一字地记了下来。

公元前621年，秦穆公病死了。

当时的文明程度低，还流行灭绝人性的殉葬制度，穆公的姬妾以及一些聪明能干且长得帅气的奴隶被强行勒令殉葬。

奄息、仲行和针虎像没事人一样在旁边看热闹。

突然，太史官捧出记录本，庄严地宣布：奄息、仲行和针虎应同殉葬。然后翻到记录那场酒宴的地方，指给在场的公证人员看。

没办法，"三良"只好乖乖跳下自己挖下的坑，接受活葬。

《左传》因此记载：秦伯任好卒，以子车氏三奄息、仲行、针虎为殉，皆秦之良也，国人哀之，为之赋《黄鸟》。

秦穆公墓位于凤翔县文化路博物馆院内，在"三良"的陪伴下，穆公应该不会寂寞吧！

"秦国第一名相"百里奚

百里奚为秦国第一名相，千古流芳。

在众多史书中，百里奚的身份是非常混乱的。

百里奚的人物形象，给人们印象最深的，是明人冯梦龙的演义小说《东周列国志》。

该书第二十五回《智荀息假途灭虢，穷百里饲牛拜相》、第二十六回《歌扊扅百里认妻，获陈宝穆公证梦》写：百里奚是虞国人，字井伯，家穷，三十多岁了，始娶妻杜氏，生下一子。百里奚胸藏丘壑，有治国大略，不甘穷困一生，渴望到外面闯荡一番。

妻子杜氏支持他的想法，用"好男子志在四方"的话来勉励他，并杀了家里唯一的老母鸡为他饯行，分手时牵袂而对泣说："富贵勿相忘！"

百里奚先是到了齐国，因为无人引见没有得到录用。

百里奚渐渐陷入困境，最后沦落到了沿街乞讨的地步。

所幸蹇叔悲天悯人，收留了他。

百里奚和蹇叔志趣相投，两人结为兄弟。

百里奚比蹇叔小一岁，呼蹇叔为兄。

不久，齐国的齐襄公被上卿管至父和连称害死了，公子无知为新一代齐国国君。

百里奚认为，一朝天子一朝臣，公子无知接任了国君的位子，势必要招揽大批新人，自己应该有入仕的机会。

的确，公子无知很快就张贴出了招贤榜文，招揽人才。

百里奚跃跃欲试，想去应聘。

蹇叔给他泼了一盆冷水，说："公子无知的口碑很差，虽然篡夺了国君的位子，但一定不能长久，而且，齐襄公有儿子流亡在国外，一定会回来的，去给他打工，脑袋怎么掉的都不知道！"

百里奚被冷水从头浇到脚，赶紧打消了主意。

事情的发展正如蹇叔所料，公子无知很快败亡，百里奚侥幸躲过了一劫。

过了几年，百里奚听人说周襄王的儿子王子颓喜欢养牛，心中暗自思忖：我在乡下养过牛，算是行家里手，不如去周王室打工，看能不能打开局面。

蹇叔告诫他说："大丈夫不要轻易失身于人。你一旦择主而事，就不能中途弃之而去，否则就是不忠；你一旦选择了一个不肖之主而与之同患难，就是不智。你先去看看，再谨慎做决定，我料理好家事，也过去帮你参谋参谋。"

百里奚风尘仆仆地赶到洛邑，不管不顾，冒冒失失地报名成了王子颓手下的一名养牛郎。

百里奚把心思都花在养牛上，牛被养得膘肥体壮、龙精虎猛。

王子颓非常欣赏百里奚，准备把他提拔为自己的家臣。

但是蹇叔来了，他暗地里经过一番考察，对百里奚说："王子颓这个人志大才疏、心怀不轨，他手下多是善于谗谄的小人，成不了大事，跟他，别是羊汤没吃到反惹一身膻。"

百里奚想起了公子无知被杀之事，心中懔懔，听从了蹇叔的劝，心灰意冷，想回虞国老家。

蹇叔突然想起了什么，说："虞有贤臣名叫宫之奇，是我的故旧好友，我和他相别已久，你既然要回虞国，我和你同行，趁机去拜会拜会他。"

蹇叔见到了宫之奇，极力推荐百里奚。

在宫之奇的张罗下，百里奚被虞公拜为中大夫。

百里奚乐坏了。

可是，蹇叔又给他泼冷水了，说："我觉得虞君见识少而刚愎自用，并不是什么有作为的君主，兄弟，还是及时抽身吧。"

这时候，王子颓造反被杀，百里奚因为抽身早又躲过了一劫。

现在听了蹇叔的话，他也很纠结。

犹豫了许久，他下定了决心，对蹇叔说："兄弟我久困风尘，犹如鱼困陆地，有一勺水延续性命就谢天谢地了，管不了那么多了。"

蹇叔黯然，告辞而去。

不得不说，蹇叔的见识实在高出百里奚太多。

百里奚在虞国当大夫还没当几天，虞国就被晋国灭了，百里奚成了晋国的俘虏。

秦国国君秦穆公为了与中原文化接轨，积极与晋国联姻。

晋献公让太史占卜，得出的结论是：与秦国利于姻好，不利于战争。

于是，他同意了这门亲事，嫁女伯姬给秦穆公。

伯姬出嫁时，百里奚成了陪嫁奴隶。

百里奚认为自己空有济世大才，未能遇上明主舒展，年近老迈又成了奴隶，比仆妾都不如，不堪其辱，偷偷开溜。

百里奚逃到了楚国，重操旧业，替楚国国君楚成王养牛。

秦穆公的手下里有一个来自晋国名叫公孙支的谋士，他告诉秦穆公，百里奚是个世间罕有的大贤士，鼓动秦穆公派人去楚国赎取百里奚。

秦国使者拜见楚成王，仅仅用了5张黑公羊皮，就赎取了百里奚。

秦穆公见到了须发俱白的百里奚，有些愣，问："年几何？"

百里奚拈须大笑："才70岁。"

秦穆公捶胸顿足，叹道："惜乎老矣！"

百里奚不服老，夸夸其谈了一通，说什么你想让我逐飞鸟、搏猛兽，我的确是老了点。如果想让我和你坐在一起策论国事，那还年轻着呢。你想想，当年姜太公年已80岁，垂钓于渭水之滨，周文王知贤爱贤，车载以归，拜为尚父，终定周鼎。他现在遇到了你，岂不比吕尚遇上文王更早了10年？

秦穆公壮其言，封百里奚为上卿，任以国政。

人们因此称百里奚为"五羖大夫"。

百里奚郑重地向秦穆公推荐了蹇叔。

蹇叔于是与儿子白乙丙入秦。

关于这个白乙丙，书中特别交代："蹇氏，丙名，字白乙。"

百里奚在秦国干出了政绩，名扬四海，他的妻子杜氏也带着儿子孟明视前来投奔。

孟明视也被拜为大夫，与蹇叔的两个儿子西乞术、白乙丙合称"三帅"，掌管秦国军队。

……

以上所写，活灵活现，但终究只是小说家言，可信度很低。

比如小说中写的："百里奚是虞国人，字井伯，年三十余，娶妻杜氏。"

但《史记·商君列传》中却记："五羖大夫，荆之鄙人也。"而《榖梁传·庄公十年》云："荆者，楚也，何为谓之荆？狄之也。"即荆国就是楚国，百里奚是楚国人。

《水经注》里面交代得更明确，该书卷三十一载："淯水又南，梅溪水注之。水出（宛）县北紫山，南经百里奚故宅。奚，宛人也，于秦为贤大夫，所谓迷虞智秦者也。"

另外，《荆州记》也记："（南阳）郡西七里有梅溪，溪西有百里奚宅。"

《太平御览》亦载："（南阳）郡南七里有梅溪，故考传云城西有百里奚宅。"

现在的南阳市中心城区西，的的确确就有一个百里奚村。

不过，让人生疑的是，《明嘉靖南阳府志校注》记载："在百里奚村东，高约七米，称百里大夫墓。墓前摆放七块巨石，俗呼七星冢。唐开元二十三年郑琏书五大夫碣铭，后佚。"

百里奚死于秦国，而且在秦国有封地百里邑，怎么死后又葬到楚国宛邑去了？

话说回来，《东周列国志》之所以写百里奚是虞国人，也是有根据的。《战国策》称："百里奚，虞之乞人，传卖以立革之皮，穆公相之而朝西戎。"

现在的山西平陆县槐下村也立有"虞贤百里奚墓记"墓碑，碑文记载是北魏太和丙子年（公元前497年）所立。

很多当代书籍如《运城地区志》《凤翔县志》《移民大迁徙》《迁民姓氏寻源》《凤翔史话》《大秦史》等，也都沿袭了《战国策》的记载，把百里奚定位为虞国人。

《东周列国志》里面一口一个"百里奚"，《周史演义》在介绍孟明视时更是说他"复姓百里，名视，字孟明"。但是，这个"百里"，应该是指百里奚到了秦国后得到的百里邑封地。人们尊称他为"百里"，并不是因为他姓百里。

那么，百里奚本来应该姓什么呢？

唐人林宝编撰的《元和姓纂》中记载："虞仲之后，公族有井伯，即百里奚也；生子孟明视，子孙以王父字为氏。"

虞仲是周太王古公亶父的次子仲雍的曾孙。

周康王封其于虞（今山西平陆县北），从而建立虞国。

根据这个说法，百里奚就应该是虞国人，是虞仲之后，属于虞国的公族，名叫井伯。

也就是说，百里奚就和周天子同一个姓，姓姬。

南宋人郑樵撰写的《通志》支持此说，称："姬姓虞仲之后也，有百里奚者，为虞之公族大夫，晋献公灭虞，虏虞公及其大夫百里奚，以媵秦穆姬。"

不过，《百家姓·井》里面却说："据《姓源》所载，周代姜尚（太公望）受封于齐国。其后有出仕虞国者，为大夫，受封于井邑，称为井伯。"

在这儿，百里奚又成了姜太公的后代，姓姜。

当然，最权威的还是先秦典籍《左传》里的说法，该书在"僖公五年"条中说："执虞公及其大夫井伯，以媵秦穆姬。"

百里奚在《史记·秦本纪》的第一次出场，就是出现在"以媵秦穆姬"这个环节中，原文为："五年，晋献公灭虞、虢，虏虞君与其大夫百里奚，以璧马赂于虞故也。既虏百里奚，以为秦缪公夫人媵于秦。"

由此可知，井伯就是百里奚。

也无怪乎《东周列国志》写秦穆公与百里奚一番长谈过后，心悦诚服地说："孤之有井伯，犹齐之得仲父也！"

百里奚在《史记·秦本纪》中出场后，就亡秦走宛，从而被秦穆公以五羖羊皮赎了出来。书中特别写道："百里奚年已七十余。"

《左传》里面从未出现过"百里奚"的名字，只有"百里""孟明""百里孟明视""孟明视"的说法。

秦史学家马非百先生指出，"奚"的本义为隶役。《礼记》有《疏》："有才能曰奚，无才能曰奴。"《周礼·酒人》："奚三百人。"注："犹今官婢。"

即百里奚是一个卖身为奴之人，被秦人称为"奚"。

也就是说，"奚"和"五羖大夫"是一样的，都是一个外号，并不是百里奚原来的名。

马非百先生认为，孟明视和百里奚其实是同一个人。

他的依据是，《左传》里面写的"召孟明、西乞、白乙伐郑""复使孟明为政""犹用孟明，孟明增修国政，重施于民""遂霸西戎，用孟明也"等事迹，与《史记》中写的百里奚相秦，伐郑霸西戎等事迹完全重合。而且，秦国在秦武王置左右丞相之前还没出现过两人同时执政之例，尤其没有以父子同时执政之例，由此可知，百里奚、孟明视就是同一个人。

马非百先生还提到了最有说服力的一点：《左传》中记载有"秦用孟明，遂霸西戎""奚相秦，而西戎八国来朝"。而《战国策》又说"百里奚，虞之乞人，穆公用之而朝西戎""朝西戎""西戎来朝"等，显而易见，都是同一件事。但李斯在《谏逐客书》中说："穆公西取由余于戎，东得百里奚于宛，迎蹇叔于宋，求丕豹、公孙支于晋。此五子者不产于秦，而穆公用之，并国二十，遂霸西戎。"李斯是秦相，自然深谙秦国历史，孟明视既然有"秦用孟明，遂霸西戎"的光辉业绩，李斯在列举秦国前贤时，只提百里奚而不提孟明视，足见百里奚就是孟明视。否则，李斯对"遂霸西戎"的孟明视视而不见，根本说不过去。

另外，《左传》记载秦穆公遂霸西戎之后，周王对秦穆公、孟明视和子桑三人，分别加以赞美。说秦国之所以能称霸西戎，那是因为秦穆公重用孟明视；而孟明视之所以得到重用，又在于子桑能知人而举善。这个子桑就是公孙支。《左传》中并没有公孙支举荐孟明视的记载，而《吕氏春秋》里面有提到公孙支向秦穆公举荐了百里奚。《韩非子·说林下》里面也有"公孙支自刭而尊百里"的文字，可见，百里就是百里奚，百里奚和孟明视就是同一个人。

还有，《史记·商君列传》中说："百里奚相秦六七年而东伐郑，三置晋国之君，一救荆国之祸。"即秦穆公的东进政策是在百里奚的主持下展开的。但《左传》和《史记·秦本纪》都记载攻打郑国的人是孟明视。原因就是司马迁考证错误，把一人误认为是两人了。

马非百先生还指出，秦国伐郑之时，《左传》只记载"公访诸蹇叔"及"蹇叔哭送其子"。同书其他地方，如晋国原轸提到的"秦违蹇叔而以贪勤民"，又如穆公事后检讨的"孤违蹇叔，以辱二三子"，都根本就没有涉及百里奚。《淮南子·道应训》和《史记·十二诸侯年表》也仅有"将伐郑，蹇叔曰不可"之类的记载。《吕氏春秋》和《淮南子·道应训》所记载的劝谏秦穆公及哭送儿子出征的，都只是蹇叔一人。《史记·秦本纪》却强把劝谏秦穆公及哭送儿子出征的人写成"蹇叔与百里奚"，但在《史记·商君列传》的记载中，百里奚本身是支持东进政策的人，是攻伐郑国的主谋，他又怎么会自行谏止呢？《史记·秦本纪》的写法，明显与《史记·商君列传》里的交代不符，可以说是自相矛盾。

《国语》里面又记载：秦穆公九年，晋国内乱，秦穆公曾与群臣商议对策，原文载："乃召大夫子明及公孙曰：'夫晋国之乱，吾谁使先若夫二公子而立之，以为朝夕之急？'大夫子明曰：'君使縶也。'"高诱注："子明，秦大夫百里孟明视也。"

马非百先生分析，按照《史记》的记载，百里奚是在秦穆公五年（公元前655年）入秦的，在秦穆公九年（公元前651年），时间仅仅过了4年，秦穆公对百里奚言听计从，如果说子明就是孟明视，而孟明视又是百里奚的儿子，那么，秦穆公岂有遇上国家大事不先与为政之父相商，反而向他的儿子求教之理？

最后，《左传》记载在崤之战后，秦大夫及左右要求秦穆公杀孟明视以谢败军之罪。秦穆公长叹说："孤实贪以祸夫子，夫子何罪？"马非百先生说，如果孟明视是百里奚的儿子，而这个时候的百里奚还健在，秦穆公怎么可能称呼他的儿子为"夫子"呢？

种种迹象表明，孟明视和百里奚并不是父子，而是同一个人。

即使孟明视和百里奚不是同一个人，百里奚的年龄也让人感到难以置信。

《史记·秦本纪》中记载：秦穆公五年，秦穆公用5张羊皮赎回了百里奚，百里奚当时70余岁。秦穆公三十三年（公元前627年），发生崤之战。这之间已经过了28年。

不管百里奚是不是孟明视，他都还健在。

那么，这一年，他已经将近100岁了。

关于百里奚的结局，《史记·商君列传》中借赵良之口称："五羖大夫之相秦也，劳不坐乘，暑不张盖，行于国中，不从车乘，不操干戈，功名藏于府库，德行施于后世。五羖大夫死，秦国男女流涕，童子不歌谣，舂者不相杵。"

从赵良的说法中猜测，百里奚应该是善终。

但在《史记·蒙恬列传》中，蒙恬又将百里奚与为秦穆公殉葬的"三良"相提并论，说："昔者秦穆公杀三良而死，罪百里奚而非其罪也，故谥名曰缪。"

似乎，百里奚被秦穆公论罪处斩了。

百里奚，真是一个谜一样的人物。

 ## 甘罗十二岁拜相？

甘罗这个人是非常可疑的。

您要说这个人物根本不存在吧，人家司马迁在《史记·卷七十一·樗里子甘茂列传第十一》里又明确提到："甘罗者，甘茂孙也。"

你要说这个人物确实存在过吧，司马迁的《史记·卷七十一·樗里子甘茂列传第十一》又记载得没头没尾，突如其来的强行式插入，又突如其来地凭空消失，既与历史背景对不上号，又消失得了无痕迹，就像从未来过这个世界。

而且，《史记·卷七十一·樗里子甘茂列传第十一》对甘罗故事的描写，犹如小孩子玩过家家一般可笑，与我们印象中战国的风云变幻格格不入。

我们来看看，甘罗的故事是怎么样的。

甘罗的故事是附在甘茂列传之后的。

甘茂其人、其事是不用怀疑的，他原来是秦国的左丞相，声名显赫，故得在《史记》中入列传。列传之后，就引出甘罗，说甘罗是甘茂的孙子，在甘茂死后，文中是这样写的："甘罗年十二，事秦相文信侯吕不韦。"即甘罗12岁就在秦国丞相文信侯吕不韦手下工作了。按照这个说法，甘罗少年就到丞相府任职，自然就是不同凡响之辈了。但吕不韦工作遇上了难题，甘罗出面为他分忧时，吕不韦呵斥甘罗的口气就跟像呵斥普通小屁孩一样："去！我身自请之而不肯，女焉能行之？"这就让人有些难以理解了。

吕不韦遇上的是什么难题呢？

原来，秦国势大，燕赵联合抗秦。秦国为了破坏燕赵联盟，派人去燕国讲赵国的坏话，要燕国跟自己好。燕国答应了，让秦国派个人来自己国家担任丞相，到时一起攻占赵国的河间之地。秦王派张唐前往。张唐却认为自己曾经攻打过赵国，去燕国要经过赵国，到时会被赵国人揍，坚拒不去。吕不韦因此苦恼。

甘罗就在这时候自告奋勇要去说服张唐，结果遭到了吕不韦的呵斥。

但甘罗人小志气高，他反过来训斥吕不韦说："夫项橐生七岁为孔子师。今臣生十二岁于兹矣，君其试臣，何遽叱乎？"气昂昂大踏步地去找张唐，说了一通"您如果抗命不遵就会死得很难看"之类的警告语、恐吓话。张唐赶紧表示："请因孺子行。"令装治行。

这一情节让人难以置信。张唐作为一个成年人，此前居然不知"抗命不遵就会死得很难看"的后果，要等到一个小孩来提醒，才魂飞魄散地准备行装上路。

要说，张唐上路就上路吧，甘罗又抢先入了赵国。

咦？他去赵国干啥？

他去赵国恐吓赵襄王，说现在秦国要和燕国联合搞你了，怕不怕？

赵襄王说怕，但该当如何？

甘罗摇头摆尾地说："你最好割河间五城来讨好秦国，和秦国联合来攻打燕国，到时瓜分燕国，三一分，你三、秦一。"

好，成交！

这么着，甘罗威风凛凛地回到秦国，被秦王封为上卿。

甘罗的故事就此结束。

纵观整个故事，情节简单、匪夷所思，但最令我奇怪的是，赵国和燕国干吗那么傻？傻得像个布娃娃，任人摆布！

好吧，如果说这就是战国时期各国之间激烈博弈的真实情况，我也无话可说。

问题是，甘罗的故事就此结束了，没有下文；其他同时代人的传记也没有与他交汇的点，太诡异了。

现在河南省鄢陵县县城西 10 余里，有一个甘罗村，据说村东头就有一座甘罗墓。

凡是人都会死，有甘罗墓也不奇怪，但甘罗拜上卿后又发生了什么，他是怎么死的，是没有任何史料记载的，只能任由小说家和民间故事大王随便编派了。

《东周列国志》说是被持有天符的紫衣天仙召归天上了；民间故事大王则说是因为调戏皇后娘娘被秦始皇杀了……说法有很多，都是各人经过想象得来的各说各话，没什么意思。

有人根据甘罗故事中出现过的人物，如吕不韦、秦王、燕王喜、燕太子丹、赵悼襄王，结合《史记·秦始皇本纪》《燕召公世家》《赵世家》进行一锅乱炖，得出的结论是：甘罗使赵只能发生在秦王政三年、赵悼襄王元年，也就是公元前 244 年，即甘罗其实只比秦王政小 3 岁，他 12 岁，秦王政 15 岁，有点出乎想象。

 ## 发生在商鞅身上的一系列奇事

我们都知道，秦灭六国，席卷天下，包举宇内，威势赫赫。

但那只是战国时期的秦国，是在秦始皇奋六世之余烈的情况下做出的壮举。

春秋时期的秦国，其实是很弱小的。

春秋时期的秦国，除了在开国国君秦襄公护周平王东迁时露过会儿脸，再有就是秦穆公时有过短暂的高光时刻，其他时间都是国小民弱，在春秋诸侯中没什么话语权。

秦穆公之后，秦康公、秦共公父子两代改变秦晋结好的策略，联楚抗晋，彼时楚国执政的是向来豪横的楚庄王，秦国因此虽有小衄，却无伤国体。

そ

而晋国方面在晋灵公时代一度出现颓势，但随后的晋成公、晋景公、晋厉公三代持续雄起，重振国威。

所谓此消彼长，楚庄王死后，楚共王治理下的楚国已经走下坡路了。

接替了秦共公国君位的秦桓公还想沿着祖、父两代制定的路线走下去，背叛了晋厉公主动促成的友好和议，勾结楚国和狄国攻晋。

秦桓公此举彻底激怒了晋厉公。

在楚国失约不至，而晋国又集结起齐、鲁、宋、卫、郑、曹、邾、滕等诸侯国的情况下，双方在麻隧（今陕西省泾阳县北）开战，结果毫无悬念，秦军大败。

84

晋厉公带领十国联合一直击至泾阳，离秦雍都不过100多公里，耀武扬威，满意而归。

秦桓公经此一败，羞愤交加，于次年病倒离世，其子秦景公赵石继位。

楚国方面，楚共王年幼即位，由重臣子重专政。公元前590年，发生"子重之乱"，大夫申公巫臣逃到晋国，成为晋国谋士，出现了"楚才晋用"的情况。到了公元前584年，巫臣为报灭门之仇，出使吴国（都城在今江苏苏州市），结成吴晋之好，共同对付楚国。

公元前575年，晋国伐郑，楚共王发兵援郑，楚、晋两军在鄢陵（今河南鄢陵西南）交战，楚军大败，楚共王的眼睛甚至被晋将魏锜射瞎。

鄢陵之败后，楚国方面再无大动作。

楚共王崩，楚康王立，由于吴国的羽翼已丰，对楚国构成威胁，楚国疲于应付。

晋国在晋悼公的治理下，国力大增，复霸中原，诸侯莫能与之抗。

这样，在前546年晋楚弭兵之盟后，秦景公改善了与晋国的外交关系，与晋国重修秦晋之好。

由此，秦国向东不能出崤函，争南不能及巴蜀，被压缩在西陲一地，动弹不得。

所幸，晋国六卿轮流执政，政令不能统一，无暇他顾，秦国得以跌跌撞撞地走完了春秋之路。

公元前 453 年，韩、赵、魏三家攻灭智伯，瓜分其地，形成了赵、魏、韩三卿独霸晋国的局面。

公元前 437 年，受尽了窝囊气的晋哀公死了，继位的晋幽公更加窝囊，晋公室的权势已一落千丈，一有什么事，晋幽公非但使不动韩、赵、魏三家，他还得低声下气地去朝见三家之主。晋室只剩下绛（当为今山西新绛）与曲沃（今山西闻喜东北）二邑，其余的晋地全被三家瓜分。

公元前 403 年，看着赵、魏、韩三家势头越来越猛，已完全取代了之前的晋国，周天子威烈王就干脆正式承认韩、赵、魏三家为诸侯，是为"三家分晋"。

三家分晋，打破了西周以来诸侯国的格局，司马光就将公元前 403 年作为《资治通鉴》一书的时间起点。可以说，这是划时代的一年，这一年之后，战国时代揭开了帷幕。

三家分晋，赵氏获利最多，得到了晋国北部的大片土地，并向东越过太行山，占有邯郸、中牟等地。魏、韩位居赵氏南边，魏氏偏西，韩氏偏东。

魏氏集中在晋东南，核心地区是运城谷地，北面是强大的赵国，东边是与自己实力相当的韩国，西面是与自己仅隔一河的秦国，南面越过中条山便是秦、楚、郑拉锯争夺的陕地（今河南三门峡渑池、陕州和灵宝地区），可见魏国所处乃是所谓的"四战之地"。

但是，在战国时代最先完成霸业的是三晋中的魏国。

魏文侯以李悝为相，变法图强。

李悝，可以被称作法家始祖，他在魏国发起的变法开战国时代之先声，他所编撰的《法经》是法学史上的一部里程碑式的作品，他的"尽地力之教"影响了整整一个时代。

李悝变法具有划时代意义。史家认为，它吹响了战国时代各国变法的号角，从而导致奴隶制生产关系的崩溃和封建制生产关系的建立。

魏国经过短短几年的整改，国富民强，军队的战斗力大为提升，所向披靡，威震天下。

李悝得魏文侯重用，引得天下众多贤能之士动心不已，一如百川归海，源源不断地投奔魏国。

其中，名将吴起也投奔到了魏国。

魏文侯任吴起为将。

吴起拔剑四顾，把发展方向定在西边，率军攻打秦国，连战连胜，打得秦国只有招架之功而无还手之力。

公元前409年，吴起攻取秦西河地区的临晋（今陕西大荔东）、元里（今陕西澄城南），夺取了5座城邑。次年，攻秦至郑（今陕西华州），筑洛阴（今陕西大荔南）、合阳（今陕西合阳东南），尽占秦之西河地（今黄河与北洛河南段间地），置西河郡，任西河郡守。

秦简公、秦惠公为了夺回西河之地，屡次攻魏，但都被吴起击败。

公元前389年，秦惠公破釜沉舟，尽起50万与魏军一战。

但是，吴起在阴晋以5万之卒大败秦军。

秦国输惨了，可谓倾家荡产，濒临灭亡。

所幸，三晋中的赵国不满魏国的压制，与魏国反目成仇，三晋联盟瓦解，秦国的压力大减。

公元前385年，流亡于魏国的秦灵公之子师隰回国，在风雨飘摇中即位，是为秦献公。

即位后的秦献公，效仿魏制实施改革，其中包括废止人殉、迁都到地近河西地的栎阳（今陕西西安阎良区武屯镇）、扩大商业活动、编制户籍和推广县制，稳定了秦国局势，并于公元前366年发兵洛阳，打败了威胁周天子显王的韩、魏两军，得到周显王的赞赏，提高了秦国的地位。接着，他又进行了数次收复河西的军事行动。公元前364年，在石门（今山西运城西南）大破魏军，斩首6万，取得了战国时代秦对东方各国的第一次大胜，终止了秦国继续沦落的脚步，为秦孝公时期的商鞅变法奠定了基础。

商鞅是卫国国君的后裔，姬姓，公孙氏，名鞅，称公孙鞅，因由卫入魏，也叫卫鞅，后来入秦，得封秦地，世称商鞅。

商鞅改革主要内容有：

一、制定和颁布法律。商鞅把李悝制定的《法经》在秦国颁布实行，将"法"改为"律"，增加了什伍连坐法，即五家为伍、十家为什，建立相互监督机制，一家有罪则九家相揭发。若不揭发，则十家连坐。检举揭发之功与战场斩敌相同，不检举揭发者，一经查实，处腰斩酷刑。窝藏犯罪嫌疑人与投敌者同罪，即本人斩首，全家罚为刑徒作苦役。客舍收留无官府凭证的旅客住宿，收留者与无官府凭证者同罪。

二、健全军功奖惩制度，禁止私斗。建立二十级等军功爵制，从低到高依次为：一级公士；二级上造；三级簪袅；四级不更；五级大夫；六级官大夫；七级公大夫；八级公乘；九级五大夫；十级左庶长；十一级右庶长；十二级左更；十三级中更；十四级右更；十五级少上造；十六级大上造；十七级驷车庶长；十八级大庶长；十九级关内侯；二十级彻侯。各级爵位都有一定的政治、经济特权，爵位越高享受的待遇、特权越优厚。规定斩敌甲士首级一颗赏爵一级，田一顷，宅九亩，服劳役的"庶子"一人。与李悝变法相比，商鞅更狠，他规定：爵位越高，相应的政治、经济特权越大。官职和待遇的获得一律取决于军功，即使是宗室、贵戚，凡是没有军功的，不能获得爵位，没有贵族特权。

三、重农抑商，奖励耕织、奖励垦荒。商鞅根据秦国地广人稀、荒地多的特点，进一步把李悝"尽地力之教"发扬光大，规定凡是种粮大户和搞纺织业的百姓，免除其本身的徭役；而凡从事工商业和因不事生产而贫困破产的人，全家老小一律充官为奴。

四、建立郡县制，由国君直接派官吏治理。加强中央集权。

商鞅的变法最先触犯了旧贵族的利益，引起他们激烈的反对。甚至太子也跟着指责商鞅，说："新法太过严峻。"

按照商鞅的政策，凡指责新法者，一律重罚。

虽然大刑上不了太子的身，但在秦孝公的大力支持下，商鞅仍可以拿教导太子的两位老师开刀，其中公子虔被割了鼻子，公孙贾脸上被刺了字。

其实，除了旧贵族、宗室和大臣外，老百姓对新法中的酷刑也多感恐惧和苦不堪言，到国都诉说新法弊端的人数以千计，但因太子惨遭处罚，众人噤若寒蝉，集体沉默。

这样，新法得以顺利实施。

因为贵族特权取消了，爵位等级秩序建立了，农耕得到奖励，生产的粮食多也可以当成军功，军功多了，就可以富甲一方，秦国人民的生产积极性大为提高。几年时间，秦国的农业便得到大发展，秦国也由此更加强盛起来。

到了公元前350年，商鞅又实行了第二次变法，变法的主要内容有：

一、废井田，开阡陌。阡陌即田间的大路，商鞅要求把这些宽阔的大路一概铲平，包括以前作为划分田亩疆界用的土堆、荒地、树林、沟地也全部开垦起来，把原来的100步为1亩开拓为340步为1亩，重新设置"阡陌"和"封疆"。国家承认地主和自耕农的土地私有权，在法律上公开允许土地买卖。

二、普遍推行县制。建立县的组织，把秦国划为41个县，在未设县的地方，把许多乡、邑，聚合并成县，共新建31县。由国家设县令、县丞直接管理。这样，中央政权的权力更集中了。

三、迁都咸阳。为了便于向东发展，把国都从原来的栎阳迁移到渭河北面的咸阳（今陕西咸阳市东北）。

四、平衡赋税，统一度量衡。

新法施行了10年，秦国的户籍、法律、军功爵位、土地制度、行政区划、税收、度量衡以及民风民俗等方方面面都得到了完善，百姓的生活水平大幅度提高，道不拾遗，山无盗贼，家家丰衣足食。人们勇于为国而战而怯于私斗，社会秩序良好。周天子打发使者送胙肉（祭祀时供神的肉）来给秦孝公，封他为"方伯"（一方诸侯的霸主），中原的诸侯国也纷纷向秦国道贺。

除了在政治、经济上取得如此成就，商鞅还以统帅的身份成功地收复了西河地区（今山西、陕西两省间黄河南段以西地区）部分失地。他先骗魏军统帅公子印前来结盟，将之捕杀，然后趁魏军群龙无首，一击而溃，因此被封为列侯，受封于商（今陕西省商洛市丹凤县商镇）15个邑，号为商君。

不过，商鞅的下场很惨——被施以严酷的车裂之刑，五马分尸，灭族。

商鞅落此下场的原因很简单：秦孝公死了，太子惠文君即位。

惠文君的两个老师公子虔、公孙贾当年因为指责新法，一个被商鞅割了鼻子，一个被商鞅刺字在脸上，他们告商鞅谋反。

商鞅因此在劫难逃。

不过，关于商鞅死前的最后挣扎，《史记·商君列传》里面写得荒诞离奇，让人难以置信。

我们来看一下原文：后五月而秦孝公卒，太子立。公子虔之徒告商君欲反，发吏捕商君。商君亡至关下，欲舍客舍。客人不知其是商君也，曰："商君之法，舍人无验者坐之。"商君喟然叹曰："嗟乎，为法之敝一至此哉！"去之魏。魏人怨其欺公子卬而破魏师，弗受。商君欲之他国。魏人曰："商君，秦之贼。秦彊而贼入魏，弗归，不可。"遂内秦。商君既复入秦，走商邑，与其徒属发邑兵北出击郑。秦发兵攻商君，杀之于郑黾池。秦惠文王车裂商君以徇，曰："莫如商鞅反者！"遂灭商君之家。

这段记载有点让人摸不着头脑。

为什么这样说呢？

我们看，商鞅在出逃碰壁后，回到了自己的老巢，"与其徒属发邑兵北出击郑"，这说明他还有攻击和侵略外国的能力，那他怎么会在一开始时，就仿若惊弓之鸟一样仓皇出逃呢？

而且，商鞅的出逃经过也同样匪夷所思。

商鞅仓皇出逃，逃到函谷关前，却突然不慌了，想去住旅店。

其实，商鞅并无住旅店的必要。这不，在遭到店主拒绝后，他丝毫没受影响，从容逃入了魏国。

给人的感觉，司马迁写"商鞅投店"的情节，就是想让商鞅说出"嗟乎，为法之敝一至此哉"这句话，以达到类似搬起石头砸自己脚的寓言效果。

但这么一写问题来了。

商鞅出逃时，他的身份还是相国列侯，要捣鼓出一张由自己盖印的通行证，还不是分分钟的事？他怎么会被这种小事难倒呢？根本不可信。

退一万步说，这时候的商鞅肯定不是孤身一人，会有车驾随从，不说住店，他真要霸占这个乡野小店也是轻而易举的事，怎么会灰溜溜地走了呢？

最主要的是，司马迁明明交代"客人不知其是商君也"，即店家并不知道来人是商鞅，那么，"嗟乎，为法之敝一至此哉"这句话是怎么流传下来的呢？

想来想去，结论只能是：这一情节，是司马迁想出来的。

接下来，更为荒唐离奇的事儿出现了：商鞅逃离秦境进入魏国没有问题，但他不应该，也不可能去寻求魏国人收留。

因为他在收取河西部分地区时，用极为拙劣的手段欺骗了公子卬、打败魏军。

最让人费解的是，秦惠文君仅仅是发批文抓捕商鞅，秦国国内的人恐怕都还不知商鞅犯事，而魏国人却已知道他是秦国的敌人。

更加荒唐的是，魏国人对于商鞅这个敌人，既不是杀了报仇雪恨，也不是捉起来交给秦惠文君收取酬金，博取好感，仅仅说了一句"商君，秦之贼。秦彊而贼入魏，弗归，不可"，把商鞅驱逐回秦境就拉倒了。

让人摸不着头脑的是，商鞅经历了这些磨难，毫发无伤，按理说，就算回到了秦境，他还可以再逃，逃到楚国、韩国或赵国去。

但他突然好像想通了什么，竟然跑回了最为危险的商地老巢。

他这是要干啥？

他居然点起自己邑地的兵将，不远千里去攻打郑国！

从秦国出兵去攻打郑国，不是想攻就能攻的。

当年秦穆公就曾让孟明视等远攻郑国，结果在崤山吃了老大一个哑巴亏，许久恢复不过来。

商鞅怎么可能这么糊涂呢？

不管如何，按照司马迁的说法，商鞅就被杀于郑黾池了。

事实上，《战国策》在记载商鞅之死时，情节超简单：商鞅告老回封国，秦惠文君受人挑唆，把商鞅车裂处死。

司马迁设置在商鞅身上的离奇情节，其实在《史记·商君列传》的开头就出现了，并且一直贯彻始终。

按照《史记·商君列传》的说法，商鞅一开始是在魏国相国公叔痤手下打工的。

公叔痤这个人才能是有的，但有一个毛病：嫉贤妒能。

吴起在魏国干得好好的，并把魏国的军事力量搞得如日中天。

公叔痤担心吴起威胁到自己，为了保住相位，他施展出下三烂的功夫挤走了吴起。

由此可知，商鞅在公叔痤手下打工，不可能有出头之日。

但《史记·商君列传》只"公叔痤知其贤，未及进"轻轻一笔带过。

公叔痤年老病危，卧在病榻上，苟延残喘，奄奄一息。

魏惠王探病，询问他："公叔病有如不可讳，将奈社稷何？"

公叔痤这才隆重地推荐了商鞅，说："座之中庶子公孙鞅，年虽少，有奇才，可以担任魏国相国。"随即，他又神秘兮兮地对魏惠王说，"大王如果不任用商鞅，那就一定要杀死他，不能让他逃出国境，千万千万！"

然而，等魏惠王走了，他又把自己对魏惠王说过的话全部告诉了商鞅，告诫说："今天我向大王隆重地推荐了你，想让你接替我，他不大同意。于是我又对大王说了，如果不任用商鞅，就应当杀死他。这一点，大王已经同意了。你赶紧离开魏国，不然就完了。"

一方面劝魏惠王杀商鞅，一方面又劝商鞅快逃，他这是要干什么？

更奇怪的是，商鞅听了公叔痤的话，既不惊讶，也不逃跑，一脸平静地对公叔痤说："大王不能听您的话任用我，又怎能听您的话杀死我呢？"

果然，公叔痤死后，魏惠王既不用商鞅，也不杀商鞅。

不用说，司马迁用诡异的人物对话和诡异的人物心理来写商鞅在魏国的生活，一下子就吸引住了读者。

但这怎么看都像是在写小说，不像是写史。

《史记·商君列传》里面写商鞅三见秦孝公，也极富喜剧色彩。

通过秦孝公所宠爱的弄臣景监引见，商鞅第一次见到秦孝公，就滔滔不绝地谈起了尧舜治国的方略，大论三皇五帝的"帝道"。

但秦孝公却发出了酣睡声。

商鞅第二次见秦孝公，口若悬河地从夏、商、周三代盛世说起，大谈夏禹、商汤、周文王、周武王治国的"王道"。

秦孝公听得心生厌倦，哈欠连连。

商鞅第三次见秦孝公，不再废话了，开门见山，对症下药，从齐桓公、晋文公、秦穆公、楚庄王等人称霸天下的事迹谈起，向秦孝公灌施"霸道"思想。

秦孝公因此"大说之耳"。

这之后，商鞅舌战秦国重臣甘龙、杜挚也写得非常精彩。

实施变法前的"移木建信"更是成了千古佳话。

但是，这些情节怎么看都像是小说家语，不足为信。

"连横"对"合纵"，张仪巧破公孙衍

商鞅死了，但他制定下来的制度和政策却被秦惠文君全部保留了下来，秦国也因此保持着原有的势头继续发展，进而走上了一条以对外扩张为主的快车道。

秦国要扩张，最先要对付的就是魏国。

魏国占去了原属秦国的西河之地，使秦国无法东进，秦国为了染指中原，就围绕着西河进行了一场又一场惨烈的战争。

公元前 333 年，秦国大良造公孙衍率军向魏国发起进攻，掀起了一波对外扩张的狂潮。

魏国被打得一点脾气都没有了，于公元前 332 年正式割阴晋之地求和。

但秦国人并不肯就此收手，他们倚仗军事力量强大，继续欺负魏国，俘获魏国西部方面军主帅龙贾，斩首 8 万余人，进入了魏国用于阻挡秦

国东进的长城。

魏国安置在上郡、西河两郡的兵力损失殆尽，魏惠王只得再割西河郡献给秦国，只求停止战争。

这就陷入了苏洵《六国论》说的怪圈："六国破灭，非兵不利，战不善，弊在赂秦。赂秦而力亏，破灭之道也。"

魏国割地，损己利敌。

秦国得地，实力更强，野心更大。

从公元前330年到公元前329年，公孙衍又率军渡过黄河攻取曲沃、焦（今河南三门峡以西）、汾阴（今山西万荣西南）和皮氏（今山西河津东）四地。

秦国人的攻占杀伐行为引起了一个名叫张仪的魏国人的高度关注。

张仪是一个很有抱负的文士，长于雄辩，曾游历过众诸侯国，寻求属于自己的政治舞台。

但在楚相国昭阳门下，他遭受了一次惨痛的教训。在一次宴会上，其他门客联合起来，诬赖他偷盗了昭阳家的宝玉。张仪因此遭受了严刑逼供，被打得皮开肉绽、血肉模糊。

张仪回家疗伤的时候，正是公孙衍率领秦军大显神通、猛力攻打魏国的时候。

从公孙衍的身上，张仪看到了可以使自己飞黄腾达的良机。

因为，公孙衍本来也是魏国人，在魏国饱受排斥转投秦国，一下子就成了攻城略地、呼风唤雨式的人物。

张仪没有任何犹豫，收拾行囊，向西投奔秦国。

公元前329年，张仪见到了秦惠文君，他告诉秦惠文君，秦国一味沉迷于攻打魏国，虽说取得了一大片一大片土地，但秦国的扩张必定会让其他诸国感到威胁，搞不好就会让它们抱成团来对付秦国。那时，秦国将陷入以一对多的不利局面，后果将不堪设想。所以，秦国目前不宜扩张过快，只能稳扎稳打，一点点增强实力，当自己的实力强大到不再畏惧任何诸侯国结盟时，就可以为所欲为了。

秦惠文君连声称是，当即奉张仪为顾问——客卿。

秦国因此暂停了对魏国的攻打。

魏国也因此没有和其他诸侯国缔结任何联盟。

比较搞笑的是，楚国的楚威王病死了，魏惠王为了把自己与秦国作战时的损失找回来，把账记在楚国身上，向楚国挥起了屠刀。

当然，魏惠王要这么干，也是有他自己的考量的。楚威王死，楚怀王新立，楚国政权新旧交替，肯定存在许多不稳定因素，取胜的机会很大。

就这样，魏惠王就发兵猛攻楚国的陉山（今河南漯河东）。

魏国人的表现，证明了张仪的政治预见能力非凡。

秦惠文君对张仪大加赞叹。

魏国前年已经同意将西河割给秦国，但一直拖欠着不予交付，而等秦国撤军，它就开始赖账了。

趁这个机会，秦惠文君准备向魏惠王索取西河。

张仪阻止，献计返还秦国在皮氏俘虏魏国的士兵和缴获到的军事装备，声援魏国对楚国的战争，让魏国和楚国打得更起劲头，等魏国力气用完了，那时候，再跟魏国索还西河，一来魏国无力抗争，二来也欠了秦国的人情，还怕魏国不乖乖将西河交付给秦国？

秦惠文君拍手称好，让张仪全权去办理此事。

在张仪的操作下，秦国不费一兵一卒，不动一刀一枪，就顺利拿到了西河。

这还不算，公元前328年，张仪又同样软硬兼施地索取到了魏国的上郡。

为了安抚魏国方面的情绪，张仪又说服了秦惠文君，让秦惠文君送儿子公子繇前往魏国做人质。

可叹魏国明明吃了大亏，却偏偏有苦说不出。

不得不说，张仪的外交手段实在太高明了！

秦惠文君欣喜之余，效仿山东诸国，在国内设置相国一职，将张仪任命为秦国的第一任相国。

张仪感激万分，决定投桃报李，将秦惠文君拥立为王。

公元前 327 年，张仪出使魏国，与魏国搞好关系，把两年前由公孙衍攻占来的焦、曲沃及皮氏等魏国原有领土交还给了魏国，让已经在公元前 344 年称王的魏惠王在秦惠文君封王的问题上出一把力。

公元前 326 年，在张仪的倡导下，秦惠文君举办了一次规模空前的"腊祭"，由文武百官轮番上阵，对秦惠文君本人不遗余力地进行歌功颂德，为秦惠文君的封王之举造势。

大会结束，张仪又鼓动秦惠文君到黄河龙门渡口祭神。

秦惠文君所乘大船自黄河龙门渡口溯流而上，于西河郡大会当地的少数民族部落首领。

看看火候差不多了，张仪便让秦惠文君正式宣布明年称王，并发出请帖，遍邀各部首领届时齐聚咸阳参加称王仪式。

因为张仪前面的工作做得好，魏惠王依期而来。

魏惠王不但来了，还带来了三晋之一韩国的韩威侯。

这面子给得真够大。

秦惠文君从此成了秦国的第一任王，史称秦惠文王。

在秦惠文王检阅军队的环节，魏惠王和韩威侯还负责驾车。

通过这次称王活动，秦惠文王的身份不但得到了改变，还极大地巩固了秦国与韩国、魏国的关系。

张仪称这种关系为"连横"。当时，人们将东西走向的直线称为横线，而将南北走向的直线称为纵线。秦国在西方，其他诸侯国在东方，秦国与东方的诸侯相国连接，称"连横"。

张仪认为，只要秦国联结起东方的两三个国，就可以对另外几个国进行兼并了。

但是，因为张仪在秦国得宠，公孙衍内心极度不平衡，他投回了魏国，被魏惠王任命为将。

为了破坏张仪实施的连横政策，公孙衍祭出了合纵之计。

他以赵国的赵肃侯新丧，赵雍继位政权未稳为契机，让魏国与齐国结盟攻打赵国。

公元前 325 年，魏、齐联军俘虏了赵将韩举，攻取了平邑（今河北南乐西北）和新城，使得新即位的赵国国君被迫屈服于魏、齐。

这样，魏、齐、赵结成同盟国了。

战国七雄中，当时最强的是秦、齐、楚三国。

而齐、楚本来是盟友关系。

公孙衍这么一弄，等于是神不知、鬼不觉地把魏国带入了齐国的怀抱，从而形成魏、齐、赵、楚的南北联盟来对付独处西面一隅的秦国了。

没办法，张仪只好亲自领兵杀出函谷关，大肆攻取魏国的陕邑，借此敲打魏国，同时邀请楚相昭鱼、齐相田婴、卫嗣君会于啮桑（今江苏沛县西南），准备在齐、楚、卫这些国家身上实施连横策略。

但是，齐、楚和秦国没法达成协议，会谈谈崩了。

公孙衍作为回应，策划了一个声势浩大的称王活动，鼓动起赵、韩、燕、中山等国国君，让他们一起称王。

公孙衍这么做的目的，就是把这些国家联合在一起，共同对抗强秦。

就这样，公元前 322 年，魏、韩、赵、燕、中山共同举办了隆重的称王大会，相互承认对方王的资格。

秦惠文王很生气，加紧对魏国用兵，一口气攻占了魏国的曲沃和平周（今山西介休西）。

不过，张仪还是不主张过急扩张，反正当前还吞不下魏国，还是想办法先把魏国拉到自己的阵营里来。

看魏国被打得差不多了，他向秦惠文王请缨，愿意以秦国人的身份到魏国任职，表示宁舍弃一条老命不要，也要使秦、魏结成铁杆联盟。

秦惠文王非常感动，用武力护送张仪去魏国任相。

被打得叫苦连天的魏惠王看见秦惠文王有罢兵休战的意思，就接受了秦国的要求，任张仪为魏国相国。

于是，张仪一人兼任秦、魏两国相国。

这么一来，公孙衍在魏国待不下去了，只好外逃了。

张仪不断向魏国君主灌施连横思想，魏惠王死了，就转而灌施给魏哀王。

这么一来二去，魏国就被摆平了。

公元前 318 年，张仪顺利回秦国复命。

但张仪觉得自己还不能闲着，因为齐、楚的合纵相亲盟约还在。

公元前 313 年，张仪辞掉秦相国位，向南投入楚国的"怀抱"，他以秦国出让 600 里土地为诱饵，让楚国结交秦国，疏远齐国。

贪婪的楚怀王中计了，他把楚国的相印授给了张仪，任张仪为相，宣布与齐国断绝关系，废除了盟约。

楚怀王这么做，除了想得到那 600 里土地之外，也想看到秦、齐相争局面，妄想自己可以坐收渔翁之利。

但等楚、齐交恶，已经回到秦国的张仪让使者带口信，矢口否认割让 600 里土地的事，说只能割让 6 里地。

失去理智的楚怀王大怒，命大将军屈匄与偏将军逢侯丑率军猛攻秦国。

张仪对楚怀王的反应已有充分准备，秦军以逸待劳，不但击退了楚军的进攻，通过反攻反而占领了楚国丹阳（今河南西峡丹水以北地区）、汉中等大片土地。

屈匄、逢侯丑和受封有爵位的将领共 70 余人被俘，8 万楚军被歼。

楚怀王不服，继续调动军队进攻秦国。

楚军孤军深入，再败于蓝田。

由此，楚军实力大损，再无还手之力。

先前一直在旁观看的韩、魏两国迅速出手，乘机向南进攻楚国，一直打到邓邑。

楚怀王欲哭无泪，只好割让了两座城池和秦国议和。

打败了楚国，能够与秦国抗衡的就只剩下齐国了。

张仪先是向东去游说新继位的齐宣王，然后又向西游说赵武灵王，再向北到燕国游说燕易王，两片嘴唇上翻为云，下翻为雨，充分利用各国之间的矛盾，或为秦国拉拢盟友，使其归附于秦；或拆散其联盟，使其力量削弱，为秦国的强大和以后统一中国立下了汗马功劳。

可惜的是，公元前 311 年，秦惠文王病逝，继任的是秦武王。

秦武王崇尚武力征服，对张仪那一套耍嘴皮子的功夫不感兴趣。

张仪敏锐地感觉到秦国不能再待下去了，他借助秦国的威势回到了魏国，出任了魏国相国，最终在魏国寿终正寝。

 ## 苏秦搞合纵对抗张仪？为什么搞垮了齐国？

苏秦是比张仪还要出色的纵横家，但因为史料记载混乱，最主要的是司马迁《史记》对苏秦之事记载的混乱，致使后世对苏秦其人其事产生许多误解。其中的"苏秦搞合纵对抗张仪"，便是其中之一。

按照《史记》中的记载，苏秦和张仪都是鬼谷子的学生，但苏秦入世比张仪早，推行合纵策略，得佩六相国印，迫使秦国 15 年不敢轻出函谷关。张仪出道，苏秦在暗中助了一把，最后两人互相斗法，一个推行合纵、一个推行连横，共同上演了一幕幕开阖纵横却又精彩绝伦的历史大戏。

但是，从山东银雀山出土的竹简本《孙子兵法·用间》《吕氏春秋·知度》等书可知，苏秦却是为燕而仕齐，最后导致齐亡而燕兴的风云人物。《荀子·臣道》因此把"齐之苏秦"和"秦之张仪"相提并论，连司马迁在《史记·邹阳传》中也把苏秦称为燕国的忠臣。

但是，齐亡燕兴的时间指的是齐湣王和燕昭王当政之世。

也就是说，苏秦和张仪并非同一时代的人！

按时间推算，苏秦比张仪晚生了二三十年。

所以说，两个人同台对决是不太可能的。

1973 年，在长沙马王堆汉墓出土的帛书本《战国纵横家书》也证实了这一点。

《战国纵横家书》全书共 27 篇，其中有 11 篇是苏秦上燕王或赵王书，不见于《战国策》《史记》等传世的古籍，应该是司马迁所没有见过的，另有两篇其部分内容见于《战国策》。

这 13 篇文字确凿无疑地表明，苏秦是比张仪、公孙衍、陈轸等晚一代的纵横家，曾与孟尝君、李兑、周最等人一起活跃于六国间。他一生的成就和功名与燕昭王、齐湣王捆绑在一起。

这里顺带提一下鬼谷子。

传说，他不仅教出了苏秦、张仪，也教出了庞涓、孙膑，甚至连商鞅、李斯、吕不韦、白起、李牧、王翦、徐福、毛遂、范蠡、甘茂、乐毅、魏昂、茅蒙、要离、范雎、猗顿、田穰苴、蔡泽、邹忌、郦食其、司马错、蒯通、黄石、公孙衍、魏僚、曹刿、荀踝、魏章、西门豹、魏成、王龁、文种、田骈、白圭、计然、吕耕、任座、李冰、赵奢、田单、李悝、匡章、陈轸、许行、石申、甘德、剧辛、邹衍、郭纵等500多位风云一时的人物都是他的弟子。

这种传说，一看就不可信。

话再说回来，苏秦为什么要毁掉齐国呢？

这得从燕、齐两国的恩怨说起。

西周初年周武王分封诸侯，封宗室召公于燕地（今北京、河北北部、辽宁西部一带），即燕召公奭为燕国的开国君主，也由此可见，燕国和鲁国一样，是周王室的宗亲之国。

由于燕国远居华北，与中原各地来往比较少，文化较齐国、晋国等中原大国落后。

春秋初年，山戎入侵燕国，燕国差点灭亡。所幸春秋第一任霸主齐桓公义薄云天，高举"尊王攘夷"大旗，其本人以盟主的身份率军北上，大败山戎，救下了燕国。

齐桓公班师之日，燕庄公心存感激，一路相送，进入齐国境内还不肯回去。

齐桓公认为自己不是天子，燕庄公相送出了燕地就违反了礼制，为了显示自己绝不会对燕国无礼，毅然下令，将燕庄公所经过的地方全部割送燕国。

可以说，那时的燕、齐两国，情谊深似父子兄弟。

但是，到了战国中期，姜齐为田齐所代，齐国已经不是原来意义上的齐国了。

田氏立国，不断做大做强。

齐威王内用邹忌为相，外用田忌、孙膑为将，经济、军事同时抓，大败魏军于桂陵、马陵，取代魏国成了霸主。

齐国当然不会只满足于现状，继续向北扩张，攻侵燕国。

幸好，燕国有三晋的支援，勉力维持着局面。

但到了公元前321年，燕易王卒，儿子哙继位。这个燕王哙是个理想主义者，觉得燕相子之精有治国之才，就想效法神话里尧舜让位的故事实行禅让，把君位让贤给子之。

这样一来，就引起了太子平及其他许多旧贵族的极大不满，国家由此发生了内乱。

齐国趁火打劫，于公元前314年占领了燕都，灭亡了燕国。

齐国的动作过大，破坏了当时诸国间的均衡发展，赵、韩、秦、楚等国纷纷出手伐齐，帮燕国人复国。

在韩国为人质的燕公子职，更得到了一代枭雄赵武灵王的保护，回燕国复国，是为燕昭王。

燕昭王发誓燕、齐两国不共戴天，以越王勾践为榜样，卧薪尝胆、励精图治，并积极网罗人才。

魏人乐毅、齐人邹衍、赵人剧辛，包括现在要说的主角苏秦，都是这个时候投奔燕国的。

苏秦曾在公元前307年到秦国向秦昭王求职（张仪已死于2年前，即公元前309年），秦国掌权的是秦惠文王的第二任王后芈八子以及芈八子的异父长弟魏冉，秦昭王并无话语权。

所以，苏秦碰了一个钉子，转而投入燕国。

燕昭王渴求贤士，苏秦苦觅明君，两人相见，犹如鱼遇到水一般。

苏秦在秦国碰壁，恨透了秦国，站在燕国的立场上大谈合纵抗秦的好处；但燕昭王最想干的事就是灭掉齐国、报仇雪恨，他提出："燕国本来就贫穷弱小，最近又新遭受齐国的打击，先生如果能用合纵相亲的办法使燕国安全无事，我愿倾出国库所有支持合纵抗秦。"

苏秦弄清楚燕昭王的心思后，先利用自己的三寸不烂之舌，游说赵惠文王、韩宣王、魏襄王、齐宣王和楚威王合纵，然后自己打入齐国内部，挑拨齐国灭宋，以引发韩、魏、赵、楚、秦等国的不满，让齐国引火烧身，最终走上自取灭亡的道路。

苏秦的计划非常成功。

齐国的攻宋行为激怒了诸国，尤其是秦国。

秦国人高呼"有齐无秦，有秦无齐，必伐之，必亡之"，发兵猛击齐国的河东（漳河以东，河南省北部地区），连战连捷，一口气夺下9座城池。

韩、赵、魏三国还与秦国结成了同盟，一同伐齐。

齐国的挽歌就此奏响。

当盟军兵临齐都临淄时，齐湣王才意识到这一切都是苏秦搞的鬼，一怒之下，下令将苏秦五马分尸。

不过，苏秦死后没多久，齐湣王也在逃亡的路上被楚国的将军淖齿杀掉了。

撩开中国历史上"最牛老师"的神秘面纱

纵观中国数千年以来，大凡为著名人物立传，都会追溯到他的师承。如果说谁是中国历史上的"最牛老师"，恐怕非鬼谷子莫属。

不错，孔子一直被尊为万世师表，但弟子3000，贤者不过72人，且这72人不过是接过孔子的衣钵，在立言立德方面垂范后世，并没能对历史的发展做出重大贡献。

鬼谷子与孔子周游列国不同，他隐居于深山老林，调教过的学生，公认的有4位：庞涓、孙膑、苏秦、张仪。这4位一出山就呼风唤雨，改变天下格局，成了风云人物。

从这个角度来说，鬼谷子才是当之无愧的"最牛老师"。

来看看这4位学生的光辉事迹。

庞涓初出山林，就大放异彩，帮助魏国问鼎霸业；不久孙膑出任齐国军师，与庞涓斗法，最终把魏国打回了原形；苏秦更不得了，仅凭三寸不烂之舌，就身佩六国相印，玩起了合纵策略，联合六国共抗强秦，使天下形成东西对峙局面，压制住了强秦虎狼之师15年不敢东出函谷关；张仪为秦相后，运用自己高超的智谋和辩术，以连横破合纵，瓦解了苏秦辛辛苦苦构建起来的六国联盟，为秦国统一天下奠定了基础。

鬼谷子，不过一个隐居山林的山夫野老，却洞察世事变化，培养出了4个旷世奇才，实在是牛。后世因此又尊称他是"王禅老祖"，并把许多风云人物挂靠在他名下，说是他的弟子，比如说孙武、商鞅、李斯、毛遂、徐福、甘茂、乐毅、范雎、张良、郦食其，甚至东汉末年的诸葛亮、初唐名将薛仁贵等。

这么说起来，鬼谷子不是凡人而是神仙，寿命得有上千年了。

唐末五代时的道士杜光庭在《录异记》中就说，鬼谷子生于轩辕黄帝时期，曾跟随太上老君西出函谷关，教化西方荒漠地区的群众。东周末年回到内地传道授徒，其弟子达数百人。按照这种说法，鬼谷子可是活了数千岁之久。

明代的冯梦龙在《东周列国志》中对鬼谷子描述得更详细，说："周之阳城，有一处地面，名曰鬼谷。以其山深树密，幽不可测，似非人之所居，故云鬼谷。内中有一隐者，但自号曰鬼谷子，相传姓王名诩，晋平公时人，在云梦山与宋人墨翟，一同采药修道……其人通天彻地，有几家学问，人不能及。那几家学问：'一曰数学，日星象纬，在其掌中，占往察来，言无不验；二曰兵学，六韬三略，变化无穷，布阵行兵，鬼神不测；三曰言学，广记多闻，明理审势，出词吐辩，万口莫当；四曰出世，修真养性，却病延年，服食异引，平地飞升。'"

此外，《金楼子》《太平广记》《道藏目录详注》等书也都把鬼谷子奉为神仙。

这么一来，鬼谷子就接近于一个虚构人物而非历史人物了。

不过，鬼谷子有作品《鬼谷子》传世，而且司马迁的《史记》、扬雄的《法言》、王充的《论衡》、王嘉的《拾遗记》、刘勰的《文心雕龙》、洪迈的《容斋随笔》、洪适的《盘洲文集》，以及明、清的一些典籍中亦有鬼谷子生平的记载，世上似乎是确有鬼谷子其人。

可是，前述典籍除了《史记》外，其余多为志怪小说、札记、随感、评论等，可信程度不高不说，其记载其实大多是以《史记》为蓝本和依据，加以民间传说附会而成的。

实际上，《史记》也并未为鬼谷子立传，只是在《苏秦列传》中提过一句："苏秦者，东周洛阳人也。东事师于齐，而习之于鬼谷先生。"《张仪列传》再提一句："张仪者，魏人也。始尝与苏秦俱事鬼谷先生，学术。苏秦自以不及张仪。"

所以说，《史记》虽属信史，但仅以这泛泛两句话来断定鬼谷子这个人真实存在，显然草率。

 ## 范雎中苏代反间计与白起结怨？

秦国能从一个边陲小国崛起，并在战国七雄中胜出，进而豪取天下，有 6 个人居功至伟。

这 6 个人就是人们常说的"秦国六大名相"：百里奚、商鞅、张仪、范雎、吕不韦、李斯。

百里奚辅佐秦穆公三置晋君、尊王攘夷，提高了秦国的声望和政治地位，最终独霸西陲。

商鞅推行变法，强根固本，极大地增强了秦国国力。

张仪首创连横策略，多次破解关东六国的合纵，并收服巴蜀，为秦国的进一步强大赢得了时间。

范雎强公室，杜私门，巧施远交进攻策略，蚕食诸侯，削弱六国，让秦国一枝独大。

吕不韦带兵攻取周国、赵国、卫国，设三郡，对秦王嬴政兼并六国做好了准备。

李斯配合秦始皇统一天下，并统一了货币、度量衡、文字，促进了民族融合和经济的发展。

"秦国六大名相"中，声誉最高的是商鞅和李斯，最受人诟病的是范雎。

范雎在"秦国六大名相"中声誉不高，主要是《史记·卷七十九·范雎蔡泽列传第十九》对他的刻薄性格描绘得入木三分，让人难有好感。另外，文中还说他"与武安君白起有隙，言而杀之"。即一代战神武安君白起就是死于他的构陷之下。

《史记·卷七十九·范雎蔡泽列传第十九》所记范雎的人生轨迹大致靠谱；但所涉及的复仇故事，多半是司马迁的刻意拼凑。

类似于范雎这样的复仇桥段，《史记》一书中比比皆是，如越王勾践灭吴复仇，伍子胥鞭尸复仇，孙膑雪庞涓的膑骨之恨，张仪报楚相国鞭挞之仇，苏秦挖苦嫂子的辱己之怨，李广杀霸陵尉报仇……这其中，无疑又以范雎的复仇最富戏剧性。

《史记·卷七十九·范雎蔡泽列传第十九》写道：范雎是魏国人，曾周游列国兜售自己的强国主张，但无人问津，只好灰溜溜地返回魏国，在魏国中大夫须贾门下当了一个门客。须贾担任外交大使出使齐国，范雎有幸相随。主仆一行在齐国忙碌了几个月，一事无成。但范雎却得到了齐襄王的垂青，颇受礼遇。须贾认为范雎在暗中与齐襄王达成了某种交易。回国后，把这件事报告给了魏国宰相魏齐。魏齐不问青红皂白，让人拘来范雎，吩咐往死里打。范雎被打得胁折齿断，昏死了过去。这还没有完，丧心病狂的魏齐让人把范雎扔到了茅厕里，带领宴饮的宾客轮流往他身上撒尿。范雎大难不死，被一个名叫郑安平的人救了下来，并结识了来魏访问的秦国使臣王稽。王稽觉得范雎是个人才，把他偷运回国，化名为"张禄"，推荐给了秦昭襄王。张禄得到了秦昭襄王的赏识，在秦国政坛上大展拳脚，成了秦国相国、封应侯。魏王听到秦国即将向东攻打韩、魏两国的消息，派外交大臣须贾出使秦国，企图化解这次争端。须贾并不知道"张禄"就是当年的范雎。范雎牢牢地抓住了这个机会，装扮成身份低贱的下人，引须贾到自己的相府，淋漓尽致地将之羞辱了一番。在驱逐须贾出境时，范雎非常解气地冲着他的背影说："为我告魏王，急持魏齐头来！不然者，我且屠大梁。"

须贾狼狈归国，把情况告诉了魏齐。魏齐吓得六神无主，仓皇出逃，逃到了赵国，躲入了平原君赵胜家里避难。秦昭襄王想替范雎报仇，诱骗平原君入秦，然后以之为人质，威胁赵国国君赵孝成王说："王之弟在秦，范君之仇魏齐在平原君之家。王使人疾持其头来；不然，吾举兵而伐赵，又不出王之弟于关。"赵孝成王只好派人到平原君家逼死了魏齐，将魏齐的脑袋奉送到秦国。

范雎在"睚眦之怨必报"的同时，也"一饭之德必偿"，举荐了自己的恩人郑安平为将军、王稽为河东郡守。

像这样范雎快意恩仇的故事也许在历史上存在，但这样极富戏剧性，肯定是经过了太史公的艺术加工。

至于说范雎"与武安君白起有隙，言而杀之"，这件事根本经不起推敲。

范雎与白起的嫌隙因何而起？

《史记·卷七十三·白起王翦列传第十三》中说：白起在长平之战中坑杀了赵军40万人，赵国大震。白起想一鼓作气灭掉赵国。韩、赵两国在惊恐之余，共推大纵横家苏秦的弟弟苏代到秦国行反间计。苏代厚赂范雎，一见面就说："今赵亡，秦王王，则武安君必为三公，君能为之下乎？"范雎闻之色变，回头劝告秦昭襄王说："秦兵劳，请许韩、赵之割地以和，且休士卒。"秦昭襄王言听计从，接受了韩、赵两国的割地求和，吩咐罢兵休战。结果，"武安君闻之，由是与应侯有隙"。

读来读去，总觉得苏代这一个反间计太幼稚了。

按照《史记·卷七十三·白起王翦列传第十三》里面的说法，范雎本人此前也施行过反间计，让只会"纸上谈兵"的赵括代替了经验老到的廉颇，统率了赵国军队。

那么，范雎作为一个行间老手，怎么会傻乎乎地中苏代之计呢？

而且，苏代的说辞也太没有说服力了。

苏代用以恐吓范雎的说辞，就是：秦国灭亡了赵国，秦王就要君临天下了，白起就会被封为三公了。而你，就将位居白起之下了。

因为这个，范雎就受不了？

因为这个，范雎就不择手段，从中作梗，让白起撤军？

范雎让白起撤军的原因，只是单纯妒忌白起的军功？

范雎让白起撤军的目的，只是单纯要自己独享王恩而掐灭白起即将到手的不世之功？

想想看，范雎作为一个大政治家，他的平生志向，不就是要辅佐秦王扫平六国,君临天下吗?怎么会因为敌国说客的三言两语就擅自改变主张呢?

细考历史,秦国在长平之战后之所以撤军,绝非因苏代的反间计,实际上,这个反间计都不一定存在。

俗话说,杀敌一万,自损八千。

秦国在长平之战歼灭了赵国45万人,但自身也元气大耗。

要知道,长平之战打了3年。而在战国时代,各国实行的是征兵制,兵即是民,民即是兵,所谓"执矛为兵,荷锄为民"。秦赵两国在长平倾力相争,国内的劳动力被抽去,生产歉收是必然的。而以当时的生产力来说,先前积存下来的存粮肯定多不到哪里去,粮食供应是个大问题。

赵国在公元前260年就已经难以支持了,不得不向齐国借粮。

秦国的耕地面积是比赵国多,但粮食上的压力也没比赵国好多少。

原因有三:

一、秦国的供给线是赵国的3倍以上,则输送粮食过程中造成的消耗远高于赵国。

二、秦国投入的兵力远远多于赵国,单纯的军队消耗也远远大于赵国。

三、长平之战前,秦国累年征战,耗损严重,并且四面树敌。在长平之战中,秦国不可能得到其他诸侯国的援助。其他诸侯国慑于秦国的淫威,也不敢明目张胆地救援赵国,但有没有暗中给赵国援助粮食就不好说了。

在长平之战最艰难的那段时间,《史记·卷七十三·白起王翦列传第十三》中载:"秦王闻赵食道绝,王自之河内,赐民爵各一级,发年十五以上悉诣长平,遮绝赵救及粮食。"秦王听说赵国的粮道被堵绝了,为了"遮绝赵救及粮食",不得不拼尽血本"赐民爵各一级,发年十五以上悉诣长平"。

15岁,还未成年,都参加战争去了。请问,秦国手里还能有更好的筹码吗?

长平之战结束,秦昭襄王和范雎接受了赵、韩割地求和的请求,必定是经过审时度势后做出的正确判断，绝不是因为苏代那个可能根本就不存在的反间计。

那么，白起会因为撤军而与范雎结怨吗？

范雎是一个伟大的政治家，白起是一个伟大的军事家，他们对战争的走向都会有自己的预判。

范雎知道，秦军已是强弩之末，虽鲁缟犹不能穿。

白起作为对赵作战的总指挥官，能不懂这个道理吗？

司马迁虽然在《史记·卷七十三·白起王翦列传第十三》中试图勾勒出白起和范雎将相失和的场景，但他在白起后来劝秦王的话里还是露出了破绽。该年九月秋收之后，秦国筹划到了粮食，再次发兵攻打赵国都城邯郸。白起劝阻说："今秦虽破长平军，而秦卒死者过半，国内空。远绝河山而争人国都，赵应其内，诸侯攻其外，破秦军必矣。不可。"

看看，"秦虽破长平军，而秦卒死者过半，国内空"，白起说得够清楚了。

那么，他怎么会因为秦昭襄王和范雎在长平之战后撤军而怨恨范雎呢？根本没道理嘛。

另外，《资治通鉴·卷五·周纪五》中记：赵国求和得到秦国同意后，赵王准备派赵郝赴秦国订立和约，割让6个县。虞卿问赵王："秦国是因为疲倦了自行撤退呢，还是由于钟爱大王而有所保留，不再进兵了呢？"赵王不假思索地说："秦不遗余力矣，必以倦而归也。"

看，就连被打败了的赵国，也明白秦国的撤退是属于"倦而归也"。

白起根本就没有能力再打下去了，对于撤军，还能有什么怨言呢？所以，白起之死跟范雎没关系。

应侯范雎的结局，《史记·卷七十九·范雎蔡泽列传第十九》说：范雎所举荐的大将郑安平在邯郸战败降赵。按照秦国法律，范雎应当连坐，但秦昭王并没有追究。没过两年，范雎所推荐的河东郡守王稽又私通外国，坐法被诛。按照秦国法律，范雎也应当连坐，但秦昭王还是没有怪罪范雎。范雎心不自安，主动隐退，老死于林下。

1975年12月，在湖北省云梦县睡虎地秦墓中出土的秦简上面，赫然记载有"五十二年，王稽，张禄死。"

张禄是范雎在秦国用的名字，即范雎受王稽私通外国所牵连，被诛杀了。

 ## 秦始皇的身世之谜

史学家吕思勉在《先秦史》中说："秦之灭六国，盖始基于魏冉，而后成于吕不韦、李斯。"

似乎，他忽略了范雎的作用。

公元前278年，秦昭襄王举大军伐楚，秦将白起攻破楚郢都（今湖北江陵）。楚迁都于陈。

不久，秦昭襄王分置黔中郡、北地郡。

秦拥有了上郡、陇西、北地之后，开始筑长城以拒戎狄，成了同时代的最强国。

范雎向秦昭襄王进献上"远交近攻"策略。

这个策略，具体来说，就是隐藏自己的战略目标，以地理上的远近为准则，将地理位置比较靠近秦国的韩国、魏国作为秦国兼并的主要目标，同时与地理位置较远的齐、赵、楚、燕等国保持良好关系，这样就可以稳步兼并山东六国，一统宇内。

但是，魏冉趁着五国伐齐的机会，于公元前284年夺取了陶邑（今山东定陶西北）作为自己的封地，尔后，又想要攻打齐国以夺取刚、寿两城，扩大自己在陶邑的封地。

魏冉的做法，与范雎"远交近攻"的策略相违。

在范雎的帮助下，秦昭襄王罢去了魏冉的丞相职务。

宣太后已死，魏冉下台，秦昭襄王再无顾忌，根据范雎的部署，准备大展拳脚，向东扩张势力。

他积极交好齐、赵、楚、燕等国，除了向这些国家输送大量的财物和奢侈品，还主动送上人质。

这些人质全是自己的儿子或孙子，要结交的国家分量越重，送到该国家的王子或王孙的身份和地位就越重要。

秦昭襄王甚至把长子悼太子送到魏国国都大梁充当人质。

秦昭襄王的身体很硬朗，做了40多年君主，仍是精气神十足。

公元前267年，悼太子衰老病死了，秦昭襄王还健在，他让次子安国君接替了悼太子的太子位。

安国君儿子众多，有20余人，很多被派遣到周边盟国充当人质。

异人是安国君众多儿子中毫不起眼的一个，他被送到了赵国的邯郸。

在邯郸的日子里，异人看不到未来，看不到希望，每日醉生梦死、浑浑噩噩。

在笙歌醉酒的日子里，他结识了卫国濮阳（今河南省濮阳县城西南）的大商人吕不韦。

吕不韦知道了异人的身份，认为这是一枚"奇货"，可以囤积居奇，进行长期投资，于是极力结交。

他对异人分析说："秦王老矣，去日无多，汝父安国君得为太子。窃闻安国君宠幸华阳夫人，华阳夫人无子，能立适嗣者，独华阳夫人耳。今子兄弟二十余人，子又居中，不甚见幸，久质诸侯。即大王薨，安国君立为王，则子毋几得与长子及诸子旦暮在前者争为太子矣。"

异人听了，凄然一笑，悲惨无限地说："然。为之奈何？"

吕不韦拈须微笑，给异人指出一条路，说道："子贫，客于此，非有以奉献于亲及结宾客也。不韦虽贫，请以千金为子西游，事安国君及华阳夫人，立子为适嗣。"

异人一听，酒醒了一大半，欣喜万分，将酒杯一掷，趴倒在地，顿首叩拜说："必如君策，请得分秦国与君共之！"

吕不韦哈哈大笑。

吕不韦可不是只在口头上说说，他真的是豪掷千金，倾情投身于这场大赌、豪赌中去的。

他给异人提供了500斤黄金，让他通过这笔钱去结交邯郸城的社会名流，以扩大他秦异人在上层社会的影响和诸侯国间的知名度。

他用另外500斤黄金购买珍奇玩物，亲自运着进入咸阳，进行公关。

当然，他不可能直接见到安国君和华阳夫人。

他先用黄金敲开了华阳夫人的弟弟阳泉君的门，然后通过阳泉君认识了他的另一位姐姐。

在这位姐姐面前，吕不韦大谈特谈异人的聪明贤能，称其所结交的诸侯宾客遍及天下，然后非常煽情地说了一句："异人以夫人为天，日夜泣思安国君及夫人。"

姐姐无比动容。

吕不韦趁热打铁，让姐姐把自己用 500 斤黄金买来的珍奇玩物进献给华阳夫人，并且带话进宫传达自己的意思。

姐姐在宫中推心置腹地对华阳夫人说："吾闻之，以色事人者，色衰而爱弛。今夫人事太子，甚爱而无子，不以此时蚤自结于诸子中贤孝者，举立以为适而子之。夫在则重尊，夫百岁之后，所子者为王，终不失势，此所谓一言而万世之利也。不以繁华时树本，即色衰爱弛后，虽欲开一语，尚可得乎？今异人贤，而自知中男也，次不得为适，其母又不得幸，自附夫人，夫人诚以此时拔以之为适，夫人则竟世有宠于秦矣。"

华阳夫人听了，深以为然。

于是，她频频向安国君吹枕头风，说异人才华横溢，是不世出的治国之才，哭闹着说："妾幸得充后宫，不幸无子，原得异人立以为适嗣，以托妾身。"

安国君经不过华阳夫人再三闹腾，同意了她的要求，并刻下了玉符为凭证。

改日，安国君和华阳夫人都备下了礼物送给异人，并正式下聘书邀请吕不韦为异人的老师。

华阳夫人是楚国人，芈姓，她让吕不韦递话说"吾楚人也而子字之"，让异人改其名为"子楚"。

事情到了这一步，接下来所需要做的就是等。

等秦昭襄王咽气了，又继续再等，等继位的安国君闭眼，由子楚登上王位，这才算功德圆满。

在漫长的等待中，吕不韦每天就和子楚混在一起，沉湎声色，寻欢作乐。

在这里，《史记·吕不韦列传》推出了一个异想天开的情节：吕不韦取邯郸诸姬绝好善舞者与居，知有身。子楚从不韦饮，见而说之，因起为寿，请之。吕不韦怒，念业已破家为子楚，欲以钓奇，乃遂献其姬。姬自匿有身，至大期时，生子政。子楚遂立姬为夫人。

这里说的是，吕不韦物色到了一个姿色过人又长袖善舞的邯郸艳姬，带回家中同居。等这个艳姬有了身孕，故意邀请子楚到自己家里喝酒。子楚不知这个艳姬已有了身孕，被她的美色所吸引，大着胆子向吕不韦索要。吕不韦这么做的目的是"欲以钓奇"，他先佯装发怒，然后作忍痛割爱状，把艳姬送给了子楚。艳姬跟了子楚，"至大期时"，生下了儿子嬴政。子楚因此立艳姬为夫人。

因为这个艳姬是赵国人，史称赵姬。赵姬所生的儿子嬴政就是后来扫平六国、统一宇内的千古一帝秦始皇。

当然，秦始皇继位的过程乏善可陈——秦昭襄王死，安国君继位，时年为公元前250年；但安国君年迈体弱，守孝1年，加冕才3天就驾鹤追寻父亲去了，谥号为孝文王。子楚继位，是为秦庄襄王。秦庄襄王寿数不永，登位仅仅3年，薨，13岁的嬴政登位。

按照司马迁的这段描述，秦始皇就是吕不韦的儿子了。

这不，后来班固编著《汉书》，司马光编著《资治通鉴》，都沿袭了"秦始皇就是吕不韦儿子"的说辞。

其中《汉书·王商传》中记载："臣闻秦丞相吕不韦，见王无子，意欲有秦国，即求好女以为妻，因知其有身，而献之王，产始皇帝。"

《资治通鉴》中记载："吕不韦娶邯郸姬绝美者与居，知其有娠，异人从不韦饮，见而请之，不韦佯怒，既而献之，孕期年而生子政，异人遂以为夫人。"

东汉班固的《上明帝表》里面，赫然有这样八个字："秦之其位，吕政残虐。"

秦始皇是嬴姓赵氏，按照先秦贵族称氏不称姓的习惯，应该叫赵政。

但班固不称"赵政"而称"吕政"，那是一口咬定秦始皇就是吕不韦的儿子。

《史记集解》因此称"吕政者，始皇名政，是吕不韦姬有娠，献庄襄王而生始皇"。

此后，南宋人胡宏在其《皇王大纪》一书中的"吕政穷欲极凶"；朱熹在其《四书或问》一书的"吕政之绍嬴统"；王应麟在其《通鉴答问》的"至吕政而法令益苛"；元人陈栎在其《历代通略》中的"嬴氏之秦已灭于吕政之继也哉"；胡一桂在其《史纂古今通要》中的"吕政嗣位"；明人凌迪知在其《氏族博考》一书中的"吕政受命"；梁潜在其《泊庵集》中的"秦之亡以吕政"；王立道在其《具茨集》一书中的"吕政纵并吞之谋"等，一概把秦始皇呼为"吕政"。

但是，吕不韦将已有身孕的赵姬转交给子楚这件事，属于极其隐秘的事，司马迁是怎么知道的？

只能有两种解释：第一，司马迁取材于道听途说，不足为信；第二，司马迁凭空臆想出来的，不可信。

其实，司马迁这么写的时候，他自己也很不自信，所以，在行文时，他埋下了一处伏笔——"至大期时，生子政"。

这里的"大期"是什么意思呢？

《史记集解》：徐广曰："期，十二月也。"

《史记索隐》：徐广云"十二月也"。谯周云"人十月生，此过二月，故云'大期'"。

但是，所谓"九月怀胎，一朝分娩"。

女子从怀孕到生育的时间最多为280天加13天，即293天是时间的上限，超过了293天，就是过期妊娠。

医学上说，一旦过期妊娠，胎盘就会迅速衰老，既不能向胎儿提供氧气，也不能向胎儿输送营养和排除胎儿的代谢物，则胎儿的死亡率极高。另外，包围保护胎儿的羊水从怀孕第38周以后已经开始逐渐减少，超过了第293天，便荡然无存，胎儿的生存环境恶劣，即在过期妊娠一两天后侥幸生出来的孩子，由于缺少了羊水，浑身都是臭不可闻的粪便。

说赵姬怀了秦始皇十二个月才分娩，这种话，怎么会有这么多人相信?!

明朝人王世贞不相信这种话，他在《读书后》中说："自古至今以术取富贵、秉权势者，无如吕不韦之秽且卑，然亦无有如不韦之巧者也。凡不韦之所筹策，皆凿空至难期，而其应若响。彼固自天幸，亦其术有以摄之。至于御倡而知其孕，必取三月进之子楚，又大期而始生政，于理为难信，毋亦不韦故为之说而泄之秦皇，使知其为真父而长保富贵邪？抑亦其客之感恩者故为是以誉秦皇？而六国之亡人侈张其事，欲使天下之人，谓秦先六国而亡也。不然，不韦不敢言，太后复不敢言，而大期之子，人乌从而知其非嬴出也。"

而司马迁在《史记·秦始皇本纪》里面也老老实实地交代："秦始皇帝者，秦庄襄王子也。"

实际上，《史记·吕不韦列传》在编造"秦始皇就是吕不韦的儿子"的过程中，有两处漏洞：第一，无法确定赵姬怀的是男孩还是女孩；第二，无法确保子楚登位后是否立这个孩子为太子。

最致命的是第二个。

须知，子楚得到赵姬后，一旦得知赵姬并非完璧，而赵姬生育孩子的时间又比自己预期的时间提前了几个月，可以轻易确定这个孩子不是自己的孩子，他登位后不杀吕不韦的头就算好了，怎么还会把王位传给这个孩子呢？

子楚回国后，过了 10 年才继位，这其中容他思考的时间足够长，但他毫不犹豫地立嬴政为太子，那么真相只有一个：嬴政必定是他的儿子。

一句话，司马迁写史，无法辨其真伪，就都收集进去了。

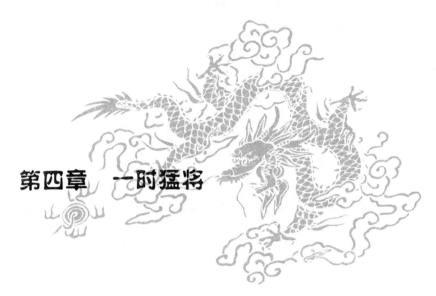

第四章　一时猛将

 廉颇的能力到底有多大？

长平之战是中国古代军事史上最早、规模最大、最彻底的大型歼灭战。

关于此战的评价，传统观点是赵王没有辨清秦强赵弱的形势，错误坚持进攻战略，弃用名将廉颇，改用只会纸上谈兵的赵括，结果中了秦国名将白起诱敌深入之计，惨遭分割包围，最终全面溃败。

此战的结局是赵国 40 万大军被坑杀，元气大伤，无力再与秦国抗衡，秦国也因此加快了统一中国的进程。

可以说，长平之战是战国历史的最后转折点。

对于这场战争，人们谈论最多的就是那 40 万被坑杀掉的赵国冤魂，同时也带出了一个问题：如果赵王能够听从廉颇的意见，没有让赵括代替廉颇出战长平，由廉颇对战白起，名将对名将，巅峰对决，那么，赵国的 40 万大军被坑杀的惨剧还会上演吗？

由于秦赵双方在人数上并没有太大的差距，廉颇善于防守，白起善于围歼，两人的对决是一场坚盾与强弩的对决。因此，主流的看法是：所谓强弩之末犹不能穿鲁缟，秦军远在西部，长途跋涉，不但劳累，而且军需粮草供给困难，并不适合长久作战。廉颇占据地利之便，一旦能扎根固守，拖累秦军，捕捉到合适的战机，反守为攻，大有获胜的可能。

其实，撇开天下纷争日久、大势趋于统一等大局因素不谈，单以廉颇与白起的这两位将领来看，廉颇并无胜算。

廉颇名气很大，但这名气主要来自"将相和"里负荆请罪的故事，当然，还有辛弃疾《念奴娇·京口北固亭怀古》的那一名句："廉颇老矣，尚能饭否？"

但廉颇的统兵作战能力，根本和白起不在同一层级上。

廉颇能成为赵国重臣，官拜上卿，那是先前领兵攻打魏、燕等弱小国家建立下的功劳。

能屡战沙场，又能屡建战功，的确是优秀将领，但要成为"名将"，单单有以强凌弱的战绩是远远不够的，还要看他在强强对决甚至以弱抗强中的表现。

遗憾的是，以弱抗强时，廉颇的战绩乏善可陈。

首先，廉颇缺乏强强对决、以弱抗强的勇气。

《史记·廉颇蔺相如列传》记：秦军征伐韩国，韩人向赵国求救。赵王有意让廉颇领兵赴援，问廉颇："可救不？"廉颇面露难色，答："道远险狭，难救。"赵王只好改问赵奢。赵奢是货真价实的名将，这位名将是这样回答的："其道远险狭，譬之犹两鼠斗于穴中，将勇者胜。"看，狭路相逢勇者胜！这就是名将的风采！赵王命赵奢领兵去救。赵奢不负所望，大破秦军，胜利而回。客观条件"道远险狭"就摆在那儿，在赵奢眼中是取胜的关键，在廉颇眼中却是不能出兵的因素。这就是名将与优秀将领的区别。

长平之战的第一阶段发生在赵孝成王六年，即公元前 260 年。这时候，"赵奢已死，而蔺相如病笃"，尽管廉颇缺乏抗秦的勇气，赵国实在无人可用，还是让他领兵攻秦。

"赵军士卒犯秦斥兵，秦斥兵斩赵裨将茄。六月，陷赵军，取二障四尉。七月，赵筑垒壁而守之。秦又攻其垒，取二尉，败其阵，夺西垒壁。"

廉颇万般无奈，只好"坚壁以待秦，秦数挑战，赵兵不出"。

由此可见，廉颇坚壁防守，并非人们所津津乐道的，是想占据地利之便，扎根固守，以拖累秦军，捕捉战机，反守为攻。而是本能的反应，是无奈的选择。

其实，从战略战术上说，秦军远道而来，师老兵疲，赵军以逸待劳，又占地利之便，最佳应对方式就是趁其立足未稳、部署不定时，予以迎头痛击。

所以，赵王派遣廉颇领兵主动攻秦的想法是正确的，如果能在战争初期重创秦军，长平之战也不会是这个结局了。

可是，廉颇心存畏惧，进攻不坚决，致使初战失利，随后便畏缩不前，消极防御，使得秦军得以从容调整部署，起用白起担任主帅，秦王又亲临一线督战，征发国内15岁以上男丁参战。

等秦国部署停当，将帅已经就位，大军已经集结，粮草充足，这种情况下，即使是孙子、吴起出现也无法改变战局，更遑论一个初出茅庐的军事爱好者赵括！

说到底，长平之战之败，罪不在赵括，廉颇倒是要负一点责任的。

一句话，廉颇并不能拯救赵国，即使没用赵括代替廉颇，长平之战的败局也已经注定。

 廉颇负荆请罪，是真的认识到错误了吗？

廉颇负荆请罪的故事被传为千古佳话，就连大字不识一箩筐的黑旋风李逵，在惹恶了宋江后，为了能保住自己那颗人头，在燕青的指点下，也懂得剥下自己的衣衫，背上几根荆条，不伦不类地在梁山山寨上上演一出黑旋风版的"负荆请罪"，很是让宋江过了一把当蔺相如的瘾。

廉颇在绝大多数人的脑海里，都是一个胡子花白的老将军形象。

毕竟，每提起廉颇，大家都会不由自主地想起辛弃疾《念奴娇·京口北固亭怀古》那一名句："廉颇老矣，尚能饭否？"

事实上，在做"负荆请罪"这一历史壮举的时候，廉颇还是一个青壮年将军。

要知道，负荆请罪之事发生在赵王与秦王渑池会之后不久，而渑池会的举办时间是赵惠文王二十年，即公元前 279 年。

这时候的廉颇曾领军打败齐国，官拜上卿，年纪一定不会太小。但在赵悼襄王元年，即公元前 244 年，廉颇与乐乘发生了矛盾，愤而离开赵国投奔魏国。而到了赵悼襄王五年，即公元前 240 年时，赵国被秦国连下数城，及赵国门户上党岌岌可危，赵王开始怀念廉颇，派人到魏国考察廉颇的身体状况。廉颇在魏国郁郁不得志，也想回国效力，于是在考察人员面前倾情表演：饭斗米，肉十斤，披甲上马，拉强弓。不过，由于廉颇的仇人郭开从中作梗，廉颇终于没能回国。若干年后，他又到了楚国为将，病死于寿春。

想想看，从公元前 279 年到公元前 240 年，时间跨度接近 40 年。如果负荆请罪时的廉颇是一个胡子花白的老将军，那他在楚国为将时，岂不已经上百岁年纪了？还能"饭斗米，肉十斤，披甲上马"？

话说回来，青壮年时代的廉颇做出了负荆请罪的举动，他是真的认识到自己的错误，知道"将相和"的道理，以国家大局为重了吗？

如果完全相信的话，那未必太天真了。

是，青壮年的廉颇火气很盛，像个炮仗，一点火就爆。但三四十年之后呢？作为国家重臣，经过三四十年时间的磨砺和沉淀，六七十岁的廉颇老先生是否变得沉稳、练达一些呢？

没有。

长平之战后，赵王曾起用廉颇，封他为信平君，还让他做代理相国，比以前更加重视他。可是，赵悼襄王继位后，乐乘伐燕有功，赵悼襄王让乐乘代替廉颇做代理相国。廉颇竟然急火攻心，一口气没咽下，带领自己的私人兵马追砍乐乘。《史记·廉颇蔺相如列传》是这样记的："廉颇怒，攻乐乘，乐乘走。"

廉颇自己是将，乐乘是相，廉颇小肚鸡肠，只着眼于自己的官职待遇，稍有变动，就把"将相和"的道理扔一边了，这哪能看出他大度了？

廉颇肯低头向蔺相如负荆请罪，那是他被蔺相如在渑池会上表现出来的霸气给震慑住了。

对于蔺相如、赵奢这类浑身是胆、充满大无畏精神的牛人，胆小的廉颇是心悦诚服的。但要说他认识到自己的错误，则是不准确的。

蔺相如、赵奢这些人不在了，廉颇马上故态复萌，目空一切了。

这不，乐乘才一冒头，廉颇老先生立马受不了，玩命打压。

就因为廉颇老先生这一闹，他成了赵国不受欢迎的人，在赵国混不下去了，"遂奔魏之大梁"，流落到了魏国国都大梁。

魏国当然也不会欢迎这样的人，所以"廉颇居梁久之，魏不能信用"。

楚国后来倒是把廉颇接过去了，但也没重用。

最终，廉颇老先生寂寂无声地客死在了异国他乡。

 ## 白居易是战神白起的后人？

提起战神白起，那绝对是神一般的存在。

据梁启超考证，战国时期，在战场上死亡的将士达到200万人，其中有100万将士的死亡与白起有关。而且，这100万死亡的将士，只计算了白起的敌对方，并没把白起统率的秦军阵亡人数统计入内。

这实在太恐怖了。

白起横空出世，出道就是巅峰，之后是巅峰连巅峰，一直高高在上，让世人仰望。

秦昭襄王十三年（公元前294年），38岁的白起担任左庶长，代替老将向寿攻打韩国重镇新城（今河南伊川县西），一击得手。

韩国人为了阻挡秦军东进，联合魏国，由韩国主帅暴鸢、魏国主帅公孙喜率两国大军扼守崤函古道。

白起避实击虚，迂回到韩魏联军后方，采用了密集如雨的鼓点式进攻，很快击破了联军后方的留守之军，然后展开围困式打法，将联军主力压缩于伊阙（今河南洛阳龙门），尽歼其24万人，俘虏魏军主帅公孙喜，并阵斩魏将犀武。

伊阙之战，白起以寡击众，以弱破强，以10万兵力歼敌24万人，一战成名。

白起接下来的表现，更是惊人。

他乘胜东进，渡黄河豪取韩国安邑以东到乾河的土地，然后扭头攻魏，一举夺取了魏城大小61座，为秦国东出奠定了坚实的基础。

韩、魏两国元气大伤，哀鸣而不能自顾。

楚国此前在丹阳、蓝田两次与秦国交兵均以失败告终，国势走向衰微。

秦军挟伊阙大胜之威，兵锋向南，继续削弱楚国。

楚顷襄王委曲求全，向秦国求和。

但到了秦昭襄王二十五年（公元前282年），楚顷襄王积极利用外交手段，与各诸侯国结成联盟，相约合纵伐秦。

这种情况下，楚国就必须要付出血的代价了。

秦昭襄王二十七年（公元前280年），白起领兵伐楚，大败楚军。

楚顷襄王大惊失色，赶紧割让出上庸、汉水以北土地，卑躬屈膝，向秦请和。

秦国接收了楚国割让出的土地，但进攻的步伐并没有停。

秦昭襄王二十八年（公元前279年），白起连夺楚国鄢、邓等5座城池，然后分三路快速突进楚境，直击楚国的都城郢都（今湖北江陵西北）。

秦昭襄王二十九年（公元前278年），楚国都城郢破，楚王的祖墓夷陵（今湖北宜昌西南）被焚，楚军狼狈不堪地退却到陈（今河南淮阳）。

楚顷襄王将陈作为都城，仍称作郢。

可惜此郢不是彼郢。

楚国从此一蹶不振，再也不能与秦相抗衡了。

第四章　一时猛将

秦昭襄王封白起为武安君，以原楚都郢为南郡。

武安君白起之威名从此震慑天下。各国名将，闻之色变。

秦昭襄王三十四年（公元前273年），白起再次率军攻打救援韩国的赵、魏联军。他率部长途奔袭，日行百里，于华阳（今河南新郑北）突如其来地对联军发起猛攻，迅若电闪雷击，以少胜多，斩联军首级13万，生擒了3名对方大将。魏相芒卯狼狈逃窜。

接着，又大败赵将贾偃，溺毙赵卒2万人，兵锋连指魏都大梁。

华阳之战，出其不意，攻其不备，被称为"古典闪击战"。

秦昭襄王四十三年（公元前264年），白起攻陷韩国5城，斩首5万。

秦昭襄王四十五年（公元前262年），白起攻取了韩国野王（今河南沁阳），将韩国的上党郡与韩国都城的联系隔绝。

按照韩国国君韩桓惠王的意思，准备把上党郡作为礼物献给秦国，以求秦国息兵。

上党郡守冯亭却认为这种做法是强敌弱己，不如举上党归附赵国，把赵国拖下水。届时，韩、赵联合，未必会输给秦国。

赵国平阳君赵豹窥知冯亭的用意，劝赵孝成王不要接受，说这是冯亭的嫁祸之计。

平原君赵胜却说："无故得一郡，受之便。"

赵孝成王利欲熏心，派平原君赵胜前去接收上党的土地，封冯亭为华阳君，另派廉颇率军驻守长平（今山西省高平市西北），以备秦军。

这么一来，震骇千古的长平之战揭开了序幕。

秦昭襄王四十七年（公元前260年），秦国怒赵国接收了上党郡，派大将王龁攻韩，夺取上党，然后攻赵。

廉颇在长平布置了三道防线：第一道是空仓岭防线，第二道是丹河防线，第三道防线是百里石长城。

秦军虽然攻陷了第一道防线，却被阻于第二道防线。

廉颇抓住秦国补给线漫长、后勤供应难以保障的特点，全军收缩在丹河防线，深沟壁垒，固守阵脚，以逸待劳，坚守待变。

这么一来，战争持续了 3 年，秦军损兵折将，仍是不能跨越丹河半步。

可惜的是，秦国后勤供应难以保障不假，但与秦国相比，赵国国小财困，同样不利于打持久战。

经过 3 年的巨额消耗，赵国沉不住气了，决定走马换将，速战速决，一举击败秦军。

这样，在赵王的指派下，只会"纸上谈兵"的赵括替换掉了老将廉颇。

与此同时，秦国也秘密换将，战无不胜的武安君白起被任命为上将军，匆匆前来前线领军。

白起示敌以弱，后退诱敌，一撤再撤，将赵军吸引进秦军主力构筑的袋形埋伏圈。

尔后，从侧翼派出两支奇兵，各 25000 人，长途跋涉，绕到赵军背后，奇袭了赵军的最后一道防线百里石长城。

如此一来，白起不但把 45 万赵军包围在长平，还通过攻占赵军的百里石长城防线切断了赵军的粮道。

赵军被困，多次突围无果，粮绝矢尽，军心动摇。

在第 46 天的突围中，赵括被射杀，赵军全面崩溃，纷纷投降。

白起的战略思想，是歼敌有生力量为主，攻城略地为辅。

面对 40 万赵降卒，他下令将之坑杀，只留下 240 个年纪小的士兵回赵国报信。

长平之战，开创了中国历史上最早、规模最大的包围歼敌战先例，秦军先后斩杀和俘获赵军共 45 万人，极大地削弱了赵国的实力，为秦完成统一创造了有利条件。

不过，诚如司马光在《资治通鉴》中说的："秦虽胜长平，士卒死者过半，国内空。"

秦国因此暂停了对赵国的打击，接受了韩割垣雍、赵割 6 城的求和之请，于秦昭襄王四十九年（公元前 258 年）正月休兵。

细数起来，白起自出道之日起，在 37 年征战生涯中，全面摧垮了

第四章 一时猛将

121

韩、魏、楚、赵四雄，致使山东六国再也没有一个国家能与秦国抗衡。

赵国在秦军退去后，拒绝履行此前的和约，积极备战。

秦昭襄王大怒，于该年九月，以举国之兵攻赵。

邯郸之战打响了。

对于这场攻坚战的艰苦性，白起是有所预料的。

他当时身患重病，苦苦劝谏秦昭襄王说："邯郸实未易攻也。且诸侯救日至，彼诸侯怨秦之口久矣。今秦虽破长平军，而秦卒死者过半，国内空。远绝河山而争人国都，赵应其内，诸侯攻其外，破秦军必矣。不可。"

但秦昭襄王不听。

事态的发展，也如白起所料：秦围攻邯郸，累年不下。楚国派春申君同魏公子信陵君率兵数十万攻秦军，秦军伤亡惨重。

白起叹息说："秦不听臣计，今如何矣！"

秦昭襄王起用白起前去救场。

由于病体不便，白起未能立即启程。

三月后，秦军战败消息不断从邯郸传来。

秦昭襄王怒急攻心，不断催促白起动身。

白起只得带病上路。

秦昭襄王听使者报白起起行时"意尚怏怏不服"，恼羞成怒，干脆派使者赐剑命其自刎。

彼时，白起刚抵达杜邮，得到秦昭襄王赐剑，长叹一声："我何罪于天而至此哉？"

在举剑自裁时，又若有所思地说："我固当死。长平之战，赵卒降者数十万人，我诈而尽阬之，是足以死。"

白起一生杀人太多，虽有"人屠""杀神"等恶名，但自古以来，人们对他的誉多过于毁。

他死而非其罪，秦人深为同情，无论城乡，都建祠祭祀。

西汉司马迁称赞他在军事的操作："料敌合变，出奇无穷，声震天下。"

"起翦颇牧，用军最精"，《千字文》不但将他与廉颇、李牧、王翦并称为战国四大名将，而且将他列为四将之首。

唐开元十九年（公元731年），唐玄宗设置武庙祭祀历代名将，白起赫然位列其中。

唐大诗人白居易追慕前辈英姿，他在为其祖父白锽、祖母薛氏撰写的墓志铭《故巩县令白府君事状》中，详细自述了白氏种姓与世系，尊白起为先祖。

按照白居易的说法，他的种姓源于楚国王族：当初楚平王的嫡子太子建逃亡到了郑国，不幸身死。太子建的儿子胜在伍子胥的带领下，先逃到了吴国，后来回归楚国，被封为白公，世人称之为白公胜。白公胜死于一场政变中，他的儿子逃亡入秦，从白乙丙而下，代为名将，裔孙白起，更是有大功于秦，封武安君。后非其罪，赐死杜邮，秦人怜之，立祠庙于咸阳。始皇帝登位，感念武安君大功，封其子白仲于太原。白仲子孙繁衍不息，白氏从此成了太原望族。

白居易所说的白公胜的事迹大致是正确的。

白公胜为芈姓，熊氏，名胜，他的父亲太子建因遭费无极陷害，携家人逃到了郑国，却遭郑国人杀害。白公胜被迫从郑国逃到吴国。公元前487年，楚国令尹子西召白公胜回楚国，封为巢邑大夫，号"白公"。公元前479年，白公胜发动叛乱，杀死令尹子西和子綦，劫持了楚惠王，自立为王。但叶公率军勤王，与楚国国内的人共同攻打白公胜。白公胜兵败身死，楚惠王恢复王位。

《史记·卷四十·楚世家第十》对这一事件的结局，只简洁地说了一句话："会叶公来救楚，楚惠王之徒与共攻白公，杀之。"并没有提到白公胜之子逃亡秦国一事，说明白公胜没有儿子存活。

所以，白居易所勾勒出这一白氏世系是值得怀疑的。

最早对白居易这一自撰世系表示怀疑的，是白居易的忘年交李商隐。

白居易生于大历七年（公元772年），李商隐生于元和七年（公元812年），两人相差整整40岁。

清道光中钱振伦、钱振常编注的《樊南文集补编》中收录有《与白

第四章　一时猛将

秀才状》《与白秀才第二状》两文。这"白秀才"指的是白居易的养
（嗣）子白景受，也是白居易哥哥白幼文的儿子。

原来，白居易死后，其嗣子白景受认为李商隐既享有才名，又与其
父有深厚交情，故来书请求李商隐为亡父撰写墓志铭。

于是就有了《与白秀才状》《与白秀才第二状》这两篇答状。

在《与白秀才状》中，李商隐自称"大和之初，便获通刺，升堂辱
顾，前席交谈"，即在大和初年，他曾投刺拜谒过白居易，得到了款待，
主客言笑晏宴，相见甚欢。后来"虽迹有合离，时多迁易，永怀高唱，
尝托余晖"，一直保持着友谊。

对于白居易的逝世，李商隐用了"辛酸不胜""伏纸向风，悲愤交
积"等语，以状自己的伤悼之情。

可以想象，李商隐不但会接受白景受的请求，还会饱含深情去完成
这篇墓志铭。

清初冯浩编注的《樊南文集》里面就收录有李商隐为白居易撰写的
这篇墓志铭。

这篇题为《墓碑铭并序》的墓志铭，李商隐没有辜负白景受的委
托，对白居易的生平如实记载，对白居易的文学成就及其对文学的贡献
做了公正的评价。

但是，对于白居易的先祖及世系，他却用了"公之世先，用谈说
闻"八个字。

这说明，他对白居易《故巩县令白府君事状》中关于白氏种姓与世
系的叙述是不信的。

也无怪李商隐不信。白居易为了将家世写得显赫一点，把白公胜、
白乙丙、白起串起来，称"代为名将"。但白公胜死于公元前 479 年，是
秦悼公时期的人，而白乙丙是秦穆公时期的人。

要知道，从秦襄公算起，秦穆公是秦国的第九任国君，而秦悼公是
秦国第十六任国君，这时间明显对不上。

《旧唐书》和《新唐书》的编纂者对白居易《故巩县令白府君事状》
中的世系所述也不信。

他们在为白居易作传时，对于白居易家世的介绍都极为简略，只说他是"太原人，北齐五兵尚书建之仍孙"，绝口不提白氏出自何姓这个问题，而且对白建以上的世系都避而不谈。

不过，白居易从弟白敏中是唐宣宗、唐懿宗朝的宰相，他的墓志铭明显沿用了白居易《故巩县令白府君事状》中的说法："白氏受姓于楚本公子胜，理白邑有大功德，民怀之，推为白公。其后徙居秦，实生武安君，太史公有传，遂为望族。"

《新唐书》的编者欧阳修在撰写《宰相世系表》时，不得不对白氏世系做了一番梳理，说：白氏出自姬姓，是周太王之后。周太王的五世孙虞仲封于虞国。虞国后来为晋国灭亡。虞国的公族井百奚流落到秦国，受邑于百里，号百里奚。百里奚生子视，字孟明，古人习惯于先称字后称名，故称为孟明视。孟明视有两个儿子：一个名叫西乞术，另一个名叫白乙丙。白乙丙的后人以白为姓，其裔孙为武安君白起，被赐死于杜邮，始皇思其功，封其子白仲于太原，故子孙世为太原人。

不用说，《新唐书·宰相世系表》的说法是有问题的。

对中学课文《崤之战》有印象的人都知道，孟明视、西乞术、白乙丙是秦晋崤之战的三位主帅，而《崤之战》摘自《左传·僖公三十三年》。

因此说孟明视是百里奚之子是可以的，但说西乞术和白乙丙是孟明视的儿子绝不可信。因为，西乞术和白乙丙是和孟明视地位并列的"三帅"，他们不应该是父子关系。

南宋人陈振孙在《白文公年谱》中对此做出了辩驳，最后指出《故巩县令白府君事状》说的白氏出于芈姓，《新唐书·宰相世系表》说的白氏出于姬姓，均是于史无证，自相抵牾，并不可信。

此后的学者顾炎武、汪立名、沈炳震、俞樾等都认同陈振孙的说法。

近代人姚薇元、陈寅恪大力钩沉求证，最后给出了白居易先世出自西域龟兹白姓的结论。

即白居易并非白公胜、白乙丙、白起这些人的后人。

实际上，白起出自秦国王族，嬴姓。

话说，当年秦武公即位后，诛弗忌等三族，集大权于王室，然后展开了一连串军事活动，先后征服并吞了绵诸、邽戎、冀戎、义渠戎、翟和貘等戎族，初设县制以管理所得之地，并使秦国势力达到关中渭水流域。

可惜的是，秦武公英年早逝，死时才三十五六岁。他的儿子白年纪太小，王位传给了他的同母弟嬴嘉，即秦德公。

秦德公封白于平阳，其后人以白为姓。

白起即为白的后人。

《战国策》之所以称白起为公孙起，是因为公子、公孙是春秋战国时期对公族子弟们的称呼。

 ## 战神白起真的活埋了40万赵军吗？

1995年5月12号，山西晋城高平市永录乡将军岭下永录村的村民李珠孩与儿子李有金在自己家的果园里面平整土地，打算种植一些作物。

五月的天很蓝，太阳很毒辣。在这种天气下干活特别累，父子俩都想尽快把活干完，一锄头一锄头往下掘。

突然，李珠孩一锄头下去竟然挖出一个骷髅头！

实际上，这片地带是古代长平之战的旧战场，这里的村民在自家田地里面挖出尸骨并不是什么新鲜事。

所以，李珠孩也没多想，只是往地面重重地吐了一口唾沫，说了声："嗨，又挖到古尸骨了！"

可是，以往挖出的尸骨都是零零碎碎的，不多。这次并不同，越往下挖，看到的尸骨越多，这些尸骨堆积在一起，犬牙交错，并且夹杂有许多已经腐朽发黑的箭头，说不尽的诡异、恐怖。

父子俩错愕万分，赶紧上报文物局。

下午，山西省文物专家来到现场，经过细致的挖掘和测量，还有地理位置、尸骨规模的比对，得出结论，这就是2000多年前，战神白起坑杀赵军的现场！

史书记载，战国末期的秦赵长平之战，战神白起一举战胜赵国大军，将40万降卒悉数"坑杀"。

《史记·廉颇蔺相如列传》记："括军败，数十万之众遂降秦，秦悉阮之。赵前后所亡凡四十五万。"

《史记·白起王翦列传》载："括军败，卒四十万人降武安君。武安君计曰：'前秦已拔上党，上党民不乐为秦而归赵。赵卒反覆。非尽杀之，恐为乱。'乃挟诈而尽阮杀之，遗其小者二百四十人归赵。前后斩首虏四十五万人。赵人大震。"

从史书对这事的记载来看，应该不是虚构的，属历史真实事件。

何谓"坑杀"？专家认为是活埋。

但活埋40万人，极不合理。

想想看，在冷兵器时代，军人与平民的区别并不大，随便一根树枝、一块石头，都可以与刀剑周旋和对抗，40万人可不是小数目，就算一个个站定给你绑缚，也要绑缚上好久，而他们知悉自己即将被活埋，岂不拼了命地挣扎、反抗？闹腾起来，你想你还能用绳子把他们绑缚好，并把他们推入坑里，用锹镐一锹一锹往下填土吗？

所以，即使秦军杀40万赵国降卒的事不假，但也不可能是活埋。

周作人在《苦竹杂记》中就说"掘了很大很大的坑，把二十万以至四十万人都推下去，再盖上土，这也不大像吧。正如《镜花缘》的林之洋常说的'坑死俺也'"。

所以，人们常说的"坑杀"的"坑"，可不是挖坑埋人，而应该是"坑蒙拐骗"中"设计陷害"的意思。

而《史记》原文本作"阮"，《辞源》对"阮"的解释："坑陷，杀害。"《玉篇》也说："阮，陷也。"

由"阮"演化成"坑"，徐铉专门指出说："今俗作坑，非是。"

由此可见，长平之战是"挟诈而尽阮杀之"，其实是指使用了欺骗、不光彩的军事手段将降卒杀害。

就因为用了阴招、损招骗杀了40万人，白起心理压力巨大，临死还念叨着说："我固当死。长平之战，赵卒降者数十万，我诈而尽阮之，是足以死。"

白起提到的这个"诈"字，再次说明"阬"并非指"坑杀"。

后人之所以说白起活埋了长平40万赵军，主要是以讹传讹。

从这次考古结果来看，长平之战白起坑杀赵军的现场，很多尸骨并不完整，绝大部分是残缺的，头颅与身体分离，而且四肢不全，很多尸骨上还留下了刀痕、弓箭的箭头，有的尸骨还负有插在其中的刀。

由此可见，当年白起坑杀赵军的过程应该是这样的：先将赵军降卒驱赶到事先挖掘好的大坑之中，随后用弓箭，甚至士兵直接冲杀，将赵军全部杀死或者砍倒之后，再进行集体埋葬。所以，活埋40万赵军的说法是不准确的。

王翦为什么非要动用60万大军出征灭楚呢？

宋潗水先生，负奇气，喜言兵，一生虽未经战阵，却极具战略前瞻眼光。

崇宁年间，泾原经略使邢恕准备建造战车300辆、运输船500艘，袭击西夏的灵武。

此举，得到了好大喜功的宋徽宗的嘉勉。

潗水先生时任熙河转运使，得知此事，大呼不可，上书极力反对，说这无异于玩火自焚。

宋徽宗如梦初醒，赶紧取消了这个计划。

可惜的是，宋徽宗后来还是经不过马植的怂恿，玩了一出更大胆的玩火自焚悲剧：和金人签订了骇人听闻的"海上之盟"，联金灭辽，引发了靖康之祸，北宋被灭，他本人被俘。

潗水先生任秦州知州，秦州被金兵攻破，他惨死于乱兵之中。

潗水先生论兵屡有诗作，其中一首《王翦》广为传诵。

诗云："少李轻兵去不回，荆人胜气鼓如雷。将军料敌元非怯，能使君王促驾来。"

这里讲述了一个重大的历史事件。公元前224年，秦王政筹划平灭楚国。秦国名将王翦在公元前236年出道攻打赵国的阏与开始，就攻无不胜，战无不克。阏与之战，王翦仅仅出动全军1/5的兵力，就一举拿下阏与，并且乘胜攻取了赵国9座城邑。公元前229年，王翦从上郡发兵，下井陉，与赵国名将李牧对峙年余，用反间计除掉李牧，大败赵军，破竹前行，攻下赵国的都城邯郸，俘虏赵王迁，尽定赵地为郡。公元前227年，王翦领军攻燕，易水河边大破燕王喜和代王赵嘉集结起来的联军，长驱直入，攻取了燕都城蓟。公元前225年，王翦之子王贲先败楚兵，然后挥师北上，进攻魏国，水淹大梁城，逼迫魏王假投降，灭魏；然后直抵临淄，灭齐。可以说，东方六国，王翦父子已灭其四。这次灭楚军事行动，秦王政准备继续由名将王翦统军。但王翦提出，灭楚必须要动用60万大军。秦王政有些为难。少年将军李信自信满满，拍着胸膛说："20万人即可。"秦王政因此认为王翦老不堪用，说："王将军老矣，何怯也！李将军果势壮勇，其言是也。"改派李信和蒙恬率兵20万，南下伐楚。王翦黯然称病辞朝，回归频阳故里。不久，李信大军遭到了楚军的反击，7个都尉被斩，大败而还。这是秦灭六国期间罕有的败仗之一。秦王政羞愤交加，乘快车奔往王翦的频阳东乡（今陕西富平县）老家，亲自登门向王翦致歉，答应竭尽所能，凑够60万之数，让老将军平荆灭楚。他说："寡人以不用将军计，李信果辱秦军。今闻荆兵日进而西，将军虽病，独忍弃寡人乎！"王翦推辞说："老臣罢病悖乱，唯大王更择贤将。"秦王政认错说："已矣，将军勿复言！"王翦再次强调："大王必不得已用臣，非六十万人不可。"秦王政："为听将军计耳。"王翦于是领兵启程，上演了擒王灭国的好戏，先斩楚名将项燕于蕲，一年多后又擒捉了楚王负刍，平定了楚国。

白起用兵，经常兵行险着，敢打没把握的仗。

王翦不像白起，用兵稳重老成。

白起心狠手辣，喜欢打歼灭战，以消灭对手有生力量为终极目标，不知斩杀了天下多少生灵。

王翦不以赶尽杀绝为要务，而重于凭借巨大的军事优势对对手予以打击，从而迫使对手就范。

从这一点上说，王翦的用兵之道及性格上更趋完美。

灭楚之战，王翦是在清楚秦国完全有能力提供60万大军的基础上，并对楚国的兵力做了全面的评估和考量才提出这个数字的。

他认为，要灭人之国，单单几万、十万的偏师肯定不行。要像李信说的，20万人吃掉楚国，难度极大。

而且，任何优秀的统帅，用兵都是多多益善。所以王翦要60万兵，一点都不奇怪。

《史记》也指明了这么做的原因——楚王得知王翦增兵而来，就竭尽全国军队来抗拒秦兵。

不得不说，在春秋战国时代，军事思想还没有现代这么成熟，所有灭国之战往往都是在一两场大决战中就完成了。如果楚国不为王翦的60万大军所动，坚持依托有利地形展开袭击战、游击战，楚国就不会这么轻易灭亡了。明人冯梦龙在《东周列国志》中也借王翦的口谈论了一番春秋、战国用兵的差异，进而解释为什么非要动用60万大军出征灭楚的缘由。秦王说："五霸威加诸侯的时代，出兵制国不过千乘，兵员不过十万。将军您却一定要用60万，太多了。"王翦回答说："五霸时代打仗都是君子式的，在指定地方开战，按约定日期厮杀，列阵和交战的步伐都要讲究规则，敌人倒地就不能再打，只分胜负而不侵占地盘，即使是刀剑相交，也要互相礼让，所以呢，帝王用兵，从不用众。齐桓公作内政，胜兵不超过3万人。现在呢，列国兵争，以强凌弱，以众暴寡，逢人就杀，遇地就攻。围城动辄就围好几年。农夫都拿起了武器，孩童也报名参军，打起仗来都不会少于几十万人。况且楚国地大物博，号令一出，百万之兵数日就可完成集结。我要60万，还是保守的呢。"

王翦统领60万大军出发前，还发生了一件让人津津乐道的小插曲。

当时，秦王政亲自送别到灞上。

王翦请求秦王赏赐一大片肥美的田、宅、园、池。秦王政大笑说："将军行矣，何忧贫乎？"

王翦正色答道："为大王将，有功终不得封侯，故及大王之乡臣，臣亦及时以请园池为子孙业耳。"

秦王政笑而应允。

但是，王翦在出函谷关前，又连续5次派人向秦王政索求赏赐美田。

部下觉得他太过分了，说："将军之乞贷，亦已甚矣。"

王翦悠悠说出了此举的深意："不然。夫秦王怚而不信人。今空秦国甲士而专委于我，我不多请田宅为子孙业以自坚，顾令秦王坐而疑我邪？"

可以说，王翦在军事上智而不暴、勇而多谋，在政治上，也善于揣度统治者的心理，明哲保身，得到了善终。

不过，也因为王翦在功成后急流勇退，告老归田，受到了太史公司马迁的批评。

司马迁评价他："不能辅秦建德，固其根本，偷合取容，以至笞身。"

 ## 王离真在巨鹿之战中输给了项羽？

其实，历史上的巨鹿之战应该与项羽没多大关系。

司马迁著史的最大特色，就是在叙史过程中掺入自己的主观情感。

这一特色是文学家的优点而不是史家的优点。

读《史记》明显可以感受得到，以项羽与刘邦相比，太史公厚项而薄刘；以李广与卫霍相比，太史公厚李广而薄卫霍。

为什么会这样，估计跟太史公遭受汉廷的不公正待遇有关。

在太史公的潜意识里，他对刘氏皇族是有着强烈的抵触情绪的。

作为刘氏皇族的"竞争对手"，项羽和李广都是失败者。

司马迁对这些失败者由同情而着力颂扬，从这个角度看，项羽和李广的历史地位都被人为地拔高了，还盛称项羽"位虽不终，近古以来未尝有也"。

后世也因之称"（太史公）叙巨鹿之战，踊跃振动，极羽平生""项羽最得意之战，太史公最得意之文"。

巨鹿之战发生前的大致情况是这样：章邯率70万骊山刑徒出咸阳，驱周文，诛田臧，屠李归，遇神杀神，遇佛杀佛，剑直指陈城，邓说鼠宰，蔡赐横尸，灭陈胜。其后又围魏打援，迫死魏王咎，击杀齐王田儋，几乎全歼齐楚联军，其后又与项梁的楚国大军展开生死决战。定陶一战，项梁死；章邯进取赵国邯郸，邯郸陷。赵王歇遁入了河北坚城巨鹿。这时候，早与蒙恬一同统率边防大军的王离回来了。王离为大秦名将王翦之孙、王贲之子，理所当然地接过了围剿赵王歇的任务。章邯退居二线，在巨鹿以南的棘原组建工程队，修筑甬道，负责运输粮草。被困锁在巨鹿城内的赵王派使者向楚怀王以及各国诸侯求援。楚怀王于秦二世二年（公元前208年）后九月（闰月），分兵两路，一路以卿子冠军宋义为上将军，鲁公项羽为次将，亚父范增为末将，率军6万北上以解巨鹿之困；另一路以刘邦为主帅，进攻关中。宋义率军进至安阳（现在山东曹县东南），想坐等秦赵两败俱伤后再收渔人之利，逗留46天不进。秦二世三年（公元前208年）十一月，项羽按捺不住，杀宋义取兵权，挺进巨鹿。

按照《史记·项羽本纪》的说法，项羽军"皆沉船，破釜甑，烧庐舍"，每人只带3天的干粮，从安阳出发，渡洹水，再渡漳水，没交代怎么突破章邯设置在漳水北岸的防线，一下子就到了巨鹿，"围王离，与秦军遇，九战，绝其甬道，大破之，杀苏角，虏王离"，最神奇的是，俘虏了王离，项羽又匆匆离开了巨鹿，回到了漳水南岸。但当时的战略态势仍是"章邯军棘原，项羽军漳南"，章邯的大军仍然完好无损地占据在棘原！

先不说项羽军是怎么凭着3天口粮从安阳长驱数百公里抵达巨鹿的，也不说其中是怎么来回摆渡通过这两条河的，甚至也不说他们运用了什么隐身术穿越过章邯的防线，就说他们是怎么"围"王离的，王离30万大军，围在巨鹿城外，项羽6万人，怎么围30万人？

实际上，据《史记·秦楚之际月表》记载，项羽"破釜沉舟"是在秦二世三年十一月，而俘虏了王离的时间却是在两个月之后的秦二世三年端月。这说明，王离被俘没项羽什么事。这时的项羽其实还停留在漳水南岸，他"破釜沉舟"，没能冲破章邯设置在漳水北岸的防线，又退了回来。有人会问：舟都沉了，怎么回来的？这得问太史公了，反正他写的就是"章邯军棘原，项羽军漳南"。

从这些记载可知，历史上的巨鹿之战，项羽和章邯都不是主角，而且在项羽和章邯直接交战中，项羽败，章邯胜。

既然是这样，王离就不可能在巨鹿之战中被项羽所俘，他应该是解散军队、归隐林下了。

为什么会这样呢？

这跟王离的心路历程有关。

王离和秦始皇的另一名老臣蒙恬曾经一起参与平定六国，一起北逐匈奴，修筑长城，劳苦功高。

可是，秦二世胡亥听信了赵高的谗言，残忍地处死了蒙恬。

蒙恬死得极其悲惨。

蒙恬身为一代名将，叱咤风云，威震匈奴，手握重兵，完全有能力举兵造反，因为忠于秦室，竟然悄无声息地死在一个小吏的刀下。

所谓兔死狐悲。

蒙骜、蒙武、蒙恬一家三代为将，劳苦功高。

王翦、王贲、王离同样一家三代为将，功高盖世。

蒙恬横遭惨死，王离不可能没有一点想法。

他在却匈奴、出上郡、渡黄河、过井陉、取信都、围巨鹿这一系列军事行动中，一直密切关注着大秦王朝的动静。

秦始皇时代的老臣已经被秦二世胡亥清除得差不多了，朝廷上下，充斥了新贵赵高的党羽。

王离突然有了兔死狗烹的悲凉感，于是他在巨鹿城下放缓了攻打的脚步，围而不打，与众诸侯先对峙着，以观时变。

这也是赵王歇苦守孤城数月不失的原因。

王离在围巨鹿城期间，秦帝国三个最高级别的官吏，右丞相冯去疾、左丞相李斯，和将军冯劫，在没有任何过失的情况下，被同时下狱。

冯去疾和冯劫自杀身亡。

李斯惨遭腰斩，家人被夷灭三族。

这三个人，都是大秦帝国的顶梁柱。

王离对大秦帝国完全绝望，他主动解除对巨鹿城的围困，按照史书的说法，他投降了。

《史记·项羽本纪》为了树立项羽的高大形象，夸大史实，"项羽乃悉引兵渡河，皆沉船，破釜甑，烧庐舍，持三日粮，以示士卒必死，无一还心。于是至则围王离，与秦军遇，九战，绝其甬道，大破之，杀苏角，虏王离"。但没说怎么处置王离。另外在《史记·白起王翦列传》中也只是说"项羽救赵，击秦军，果虏王离，王离军遂降诸侯"。"王离为项羽所虏，不亦宜乎！"

但"王离被俘"之事根本不存在，所以看历史书，包括《史记》，应该用批判的眼光去看。

章邯曾横扫六国，后来为什么打不过刘邦？

说实在话，提到章邯，我总会想起《说唐》里面的靠山王杨林。

最早对文史发生兴趣，就是这些演义小说的熏染。

那时候读《说唐》，最钦佩的并非天下第一等好汉李元霸，而是情有独钟于武力指数仅排第八位的杨林。

尽管杨林属于书中的大反派，但其身上涌现出来的担当和责任感，别具一种吸引人的魅力。

君不见他独撑危局，为即将倾覆的国家奔走操劳，追逐杀戮四方，终于战至最后一刻，血尽而死。

不过，小说家给杨林的角色定位，也许是参考了《封神演义》里的闻仲闻太师，闻仲和杨林都既是皇亲国戚，也是国家的柱石名将、江山社稷的守护神。

今天要谈论的章邯出身远不能与杨林、闻仲相比。

郑逸梅先生曾有语云："世有大年，何必常服补剂？天生名将，不须多读兵书。"

章邯，属于一个没读过什么兵书的名将，天生的。

原本，他只是秦国的一个税务官，打仗，根本轮不到他。

但是，陈胜、吴广在大泽乡发动起义，一夫作而天下乱。

当周文指挥几十万大军犹如巨浪狂潮涌入函谷关时，胡亥君臣震骇莫名，呆若木鸡。

正所谓沧海横流，方显英雄本色。

这时候，在朝中担任少府之职的章邯挺身而出，带领未经战阵的70万骊山刑徒在戏地一举击溃了周文。

这，仅仅只是开始。

"章邯一出，而杀周章（周文，字章）、破陈涉（即陈胜）、降魏咎、毙田儋，兵锋所至，如猎狐兔，皆不劳而定。"

章邯像一柄倚天利剑，东摇西荡，所到之处，义军无不当锋而断，秦廷也因此得以苟延残喘。

但是，天下皆恶暴秦之政，反抗此起彼伏，起义层出不穷，原本已被秦国灭亡的楚、齐、韩、魏、燕等相继复国。

章邯八方追杀，疲于奔命，终究不是长久之策。

由此，章邯想出了一个绝妙无比的办法——围城打援。

中国历史上围城打援的典型，当属唐太宗李世民围洛阳而打虎牢，一举擒两王，光耀千古。

认真比较起来，章邯以围困魏都临济（河南省封丘县东）、锁死魏王咎为策略，引楚、齐、燕等国来援兵马进入自己预设的战场，一路接一路地进行消灭，其气魄之庞大，其用兵之悍勇，其计划之精密，是堪与唐太宗之围洛阳相媲美的。

在这儿，我又想起《说唐》里的杨林。

杨林也是在四面扑火、身心俱疲的情况下，想了一计，开设武科场，吸引天下英雄自投罗网。杨林的计得逞了大半，像李元霸、宇文成都、雄阔海、伍云召、伍天锡、新文礼、尚师徒等一等一的英雄好汉都直接或间接地丧生其中，但杨林自己也在武科场大乱之际，死于白马银枪小罗成的枪下。

与之相比，章邯围魏都打天下援兵之计却是完美收官的，不但迫死了魏王咎，还全歼了齐楚救援大军，击杀了齐王田儋。

毫无疑问，围魏打援乃是章邯军事生涯中的神来之笔。

章邯军事生涯中的另一大军事杰作是夜袭定陶，将楚国名将项梁斩于马下。

章邯的事业和功名因此达到了巅峰。

但是，王离的出现，使章邯作为大秦帝国一枝独秀的局面不复存在。

王离乃是大秦名将王翦之孙、王贲之子。

王离原先与蒙恬一同戍守北方边防，为了平定国内叛乱，领着30万大秦边防军回来了。

王离回来后，立刻成了主角，章邯只能靠边站，替他打下手。

后来，王离投降，他的投降不可避免地影响到章邯。

在王离的影响下，章邯俯下身段，与手下败将项羽结盟（注意，是结盟，不是投降），希望可以成一方诸侯，在乱世中自保。

会盟的结果还不错，章邯军队建制不改变，章邯本人封雍王，位居项羽之上（项羽这时候的身份只是一个上将军）。

但是，人算不如天算。

会盟后的诸侯军杀入秦都咸阳，很快就灭亡了暴秦。

暴秦既亡，项羽随即制造了中国古代历史上一大血案。公元前207年11月的某个深夜，他把大军秘密开至新安（今河南义马市二十里铺村下石河一带），将屯驻于该处的章邯部20余万兵卒全部坑杀。

章邯虽然免却一死，却已如雄鹰折翼、猛虎断爪，锐气全消。

戏亭分封，项羽自称霸王，"霸"其实是"伯"的通假字，在"伯、仲、叔"中，"伯"排老大，所谓霸王，即是众王中的老大。

项羽这位王者中的老大忌惮刘邦，封刘邦为汉王，将之挤对到汉中。回头，让雍王章邯据守关中。

项羽的意思是，章邯的军事能力一流，由他据守关中，刘邦就难以出头。

可惜的是，自新安坑卒那一夜起，章邯已一蹶不振。

公元前206年8月，汉大将军韩信暗度陈仓谷，犹如利剑初出鞘、猛虎初出笼，一下子就闯入了三秦大地。

章邯的雄心、意志已经不在，他心死如灰，应付式地打了几仗，在废丘匆匆地结束了自己的生命。

或者，章邯的灵魂，早就在新安那一夜和那 20 多万兄弟一同死去了，公元前 207 年至公元前 205 年这两年时间里，活在太阳下的，不过是一具行尸走肉罢了。

这，应该就是章邯当将军的时候横扫六国，当秦王（雍王）的时候连刘邦都打不过的根本原因吧。

第五章　秦始皇的身前身后事

 ### 说说秦始皇的姓和氏

叫秦始皇为"嬴政"，其实是个错误的叫法。

在古代，对人的称谓其实是很复杂的。

一个人的称谓，大致包含有姓、氏、名、字、号等。

现在，我们已经把姓和氏合成了一个词——"姓氏"，指的就是姓；同样，也把名和字合成了一个词——"名字"，指的就是名。

原因很简单，氏和字的讲究已经消失了，至于号，大概也只与外号挂钩了。

那么，古代的姓、氏、名、字分别指什么呢？

还是举例子说明下。

举谁好呢？

举几个大家都知道的人物吧——孔子、屈原、吕不韦。

"孔子"二字，是人们对他的尊称，在古代，"子"是对士大夫的通称。《云麓漫钞》云："诸侯之上大夫卿、下大夫、上士、中士、下士凡五等，亦称'子'，若宣子、武子之类是也。"

孔子的姓、氏、名、字分别是什么呢？

他其实是姓子，孔氏，名丘，字仲尼。

姓，是母系社会的产物，主要用来区分血缘，用以制约婚姻，同姓不通婚。

氏是父系社会的产物，用以区分贵贱，通过氏可以了解他的宗族、家庭以及社会地位。

通常，平民有姓无氏，而贵族既有姓，又有氏。

那么，为了彰显自己的尊贵地位，在称谓上就不能称姓，只能称氏。

所以，孔子的正确称谓是"孔丘"，或者"孔仲尼"；称"子丘"或"子仲尼"就会让人错愕不知所以然。

同理，诗人屈原其实是芈姓，屈氏，名平，字原，所以称"屈平"或"屈原"；而不称"芈平"或"芈原"。

吕不韦为姜姓，吕氏，名不韦，称"吕不韦"而不称"姜不韦"。

说完了孔子、屈原及吕不韦，就可以以他们作为参照来说秦始皇了。

秦始皇其实是嬴姓、赵氏，名政。

不难看出，我们不应该叫秦始皇为"嬴政"，而应该叫秦始皇"赵政"。

《通志·氏族略》中说：三代（夏商周）以前，姓氏分而为二，男子称氏，妊人（女子）称姓。氏所以别贵贱，贵者有氏，贱者有名无氏。姓所以别婚姻，故有同姓、异姓、庶姓之别。

尊贵的男子是不称姓的。

不过，同是《通志·氏族略》又载："秦灭六国，子孙该为民庶，或以国为姓，或以姓为氏，或以氏为氏，姓氏之失，由此始……兹姓与氏浑为一者也。"

即秦灭六国之后，姓即氏，氏即姓，姓氏或氏姓成了姓或氏的一种书面用语。而汉代以后的人们多已不懂得上古三代时期的姓氏文化，并且对于秦国赵氏的史实也不了解（两周史书里不称呼各国君主的氏而只称名），简单地按自己的姓名习惯将秦始皇的古姓当成今姓（氏）一样用在名字前面，写成了"嬴政"，谬误至今天。

同样的事也发生在姜子牙身上。

姜子牙为姜姓，吕氏，名望，号飞熊。他的正确叫法为"吕望"而非"姜望"。

最后补一下，姓和氏相比较，姓比较稳定，而氏是可以根据主人的社会地位变化而变化的。

比如商鞅。

商鞅为姬姓，公孙氏，名鞅，先期在卫国，以卫为氏，称"卫鞅"，后入秦得赐商地，即以商为氏，称"商鞅"。

秦始皇是嬴姓，赵氏，那么，他的儿子也应该是嬴姓、赵氏，至于扶苏和胡亥，只是他们的名而已，没有称氏。如果要称呼全，正确的叫法是"赵扶苏"和"赵胡亥"。

《荆轲刺秦王》写的是史实吗？

《荆轲刺秦王》应该是历史事实，即历史上发生过这么个事，有过荆轲这么一个人。但《史记·刺客列传·荆轲传》里所记载的许多细节，实在是经不起推敲。

我来简单说一下《史记·刺客列传·荆轲传》里面那些不合情理的地方吧。

首先，司马迁似乎是为了突出荆轲是一位奇人，写了荆轲与盖聂论剑、与鲁句践下棋两件事。

盖聂一瞪眼睛，荆轲就耷拉下脑袋，灰溜溜地走了。

鲁句践一声呵斥，荆轲就离开棋盘，默默地离开了。

这么写，是别有深意吗？

这么写，只能让人知道荆轲是个怯懦无争的人，仅此而已。

或者，作者是想通过这两个平淡无奇的情节来表现荆轲的深藏不露？

看不出来。

只是感觉荆轲与狗屠喝酒、与高渐离击筑唱歌那一段，有点意思。

再有，刺秦行动是何等大事，但燕太子丹居然在易水边送行，搞得轰轰烈烈，唯恐别人不知。

荆轲刺秦的过程，也非常不合理。

荆轲左手执秦王的衣袖，右手持淬了剧毒的匕首直刺，难度系数接近于零，却居然扑了个空，功败垂成。这就有点违背常识了。

秦始皇一真一假的两枚传国玉玺

《后汉书·徐璆传》引卫宏注记载，秦始皇统一六国后，令良工用蓝田山美玉制成玉玺，据称玺钮雕如龙鱼凤鸟，刻有丞相李斯以大篆书写的"受命于天，既寿永昌"八字，称为"传国玺"。

"传国玺"诞生，从此便成了"皇权神授、正统合法"的信物，无数野心家将之视如一统天下的象征。

公元前206年10月，刘邦率兵先入咸阳，秦亡国之君子婴将"天子玺"献给刘邦。

刘邦建汉登基，将传国玉玺珍藏于长乐宫，号称"汉传国玺"。

西汉末，王莽篡权夺位，逼迫王太后交出玉玺。王太后气恼之下，将玉玺掷到地上，玉玺被摔掉了一角。

王莽登位，命人用黄金将缺角给补上了，从此玉玺留下了瑕痕。

王莽败亡，绿林起义军从王莽尸身上找到传国玉玺，献给了新拥戴起来的更始帝刘玄。

刘玄后来被赤眉军打败，传国玉玺就落到了由赤眉军拥立的小皇帝刘盆子的手里。

赤眉军不过是乌合之众，刘盆子只是个放牛娃，后来他投降了建立东汉的刘秀。

传国玉玺由此重新成了汉朝的玉玺。

东汉末年，天下大乱。何进、袁绍等人诛杀十常侍，汉少帝仓皇出逃，混乱中遗失了传国玉玺。

10余年后，十八路诸侯讨伐董卓。董卓西逃之前，放火焚烧了洛阳宫廷。

率先入洛阳救火的孙坚部下在洛阳城南甄宫井中打捞出一具宫女尸体，从她颈下锦囊中发现"传国玉玺"！

孙坚欣喜若狂，欲将之据为己有。

袁绍哪会让孙坚得逞？扣押孙坚之妻，逼孙坚交出玉玺。

袁绍兄弟虽得玉玺，在曹操眼中不过是"冢中枯骨"，很快被打着汉朝旗号的曹操给打败。

传国玉玺回到了汉献帝的手里，复归汉家所有。

公元220年，曹丕逼汉献帝禅位，收取了传国玉玺，并命人在玉玺左肩部刻下隶字"大魏受汉传国玺"。

三国一统，玉玺归晋。

西晋国祚不长，此后，八王乱起，中原动荡。

永嘉五年（公元311年），匈奴部、前赵刘聪攻陷洛阳，俘获晋怀帝，收缴了玉玺。

东晋咸和四年（公元329年），后赵石勒灭前赵，得玉玺，也模仿曹丕在玉玺右肩部加刻了"天命石氏"字样。

不久，后赵大将冉闵杀石鉴自立，国号"魏"，史称"冉魏"，接管了玉玺。

北方鲜卑慕容氏早有觊觎玉玺之心，于公元352年南下攻魏。

冉闵兵败虽被擒杀，冉魏大将军蒋干等人却拒不肯降，辅佐太子冉智坚守冉魏都城邺城，苦苦支撑，同时向东晋求救。

东晋据江东立国，一直以丢失玉玺为憾，而东晋皇帝也一直被民间讥称为"白版天子"，接到冉魏的求援，东晋方面回答说，出兵援助可以，但要冉魏交还传国玉玺作为出兵条件。

经过一番讨价还价，传国玉玺被送入东晋首都建康，成了晋王朝的囊中之物。

而冉魏虽然交出了玉玺，却没能改变其被灭亡的命运，两个月后，邺城被鲜卑人攻破。

鲜卑人取得了战斗的胜利，却没缴获传国玉玺，大失所望。

鲜卑族的慕容儁为了在政治上压倒东晋，对外声称东晋人得到的是假玉玺，真的玉玺已经到了自己手中。

为了证明自己所言不虚，慕容儁宣布改元"元玺"。

慕容儁既然睁着眼睛说瞎话，公开造假，其他豪强枭雄也用不着再羞答答了，纷纷私刻玉玺，声称自己的才是真玺。

后来西燕慕容永的玉玺、后秦的玉玺等，全是假货。

而真玉玺在建康，随着宋代晋、齐代宋、梁代齐，最后传到了梁武帝萧衍的手里。

萧衍晚年，南梁建康发生了侯景之乱。

侯景攻占了建康，得到了玉玺，但很快被杀。

侯景的手下赵思贤拿了玉玺，趁乱潜逃到了广陵，却又被一个叫郭元建的人抢走了。

郭元建将玉玺献给了北齐的行台辛术，辛术呈给北齐朝廷。

取代了南梁的南陈没了传国玉玺，也只好自己私刻了。

当然，南陈的陈武帝是不可能对外承认自己是私刻的。他说，侯景死后，玉玺其被投到栖霞寺井中。自己手里的玺，就是寺里僧人从井里捞出来的。

再说真玉玺的命运。

建德六年（公元 577 年）正月，北周武帝宇文邕灭北齐，拥有了传国玉玺。

4 年后，外戚杨坚废北周静帝，建立隋朝，传国玉玺即成了隋朝的国宝，改称为"受命玺"，意为隋命天授。

公元 589 年，南陈灭亡，隋朝统一天下，随即将众多私刻的传国玉玺统统没收。

等隋失其鹿，天下共逐，传国玉玺又落入了李唐皇室手中。

唐末朱温篡位，短暂地掌握了玉玺一段时间。

朱温的后梁灭亡，玉玺又被后唐统治者所得。

公元 936 年，后唐河东节度使石敬瑭以割燕云十六州为条件，得契丹军援助，猛攻洛阳。后唐末帝李从珂自知末日已到，怀抱着传国玉玺登上玄武楼自焚。

大火被扑灭后，玉玺却怎么也找不到。

也就从这时起，玉玺再也没有现世。

其后的后晋、后汉、后周、宋、元、明、清皇帝所持玉玺，全是自己私刻的。

其中的宋徽宗曾一口气连刻了 10 方皇帝印玺！

在元成宗铁穆耳时，右丞相张九思曾献上一枚"传国玉玺"，自称就是秦始皇传下的国玺。

明孝宗时，也有人给明孝宗献"传国玉玺"；后金天聪九年（公元 1636 年），皇太极也从察哈尔部林丹汗的遗孀苏泰福晋那里得到过一枚"传国玉玺"……

不过，这些"传国玉玺"都是假的。

因为，那枚历经各朝各代君王之手流传下来的玉玺上所刻，乃是"受命于天，既寿永昌"8 字，而且缺了一角，镶补有黄金，左肩部刻有"大魏受汉传国玺"、右肩刻有"天命石氏"字样等特征，而元成宗铁穆耳等人所持都不具备。

也就是说，玉玺已在后唐末帝李从珂自焚之后彻底人间蒸发了。

但话说回来，后唐末帝李从珂自焚时所抱，其实也不是秦始皇最初刻制的"传国玉玺"。

因为，早在公元前 219 年，秦始皇南巡行至洞庭湖时，由于湖面风浪大起，秦始皇的御舟有被风浪掀翻之险。情急之中，秦始皇把原版传国玉玺抛入湖中，祀神镇浪。

洞庭湖深，且泥沙厚积，传国玉玺入湖已不能再寻。

南巡结束，回到咸阳，秦始皇命人重新刻制了第二枚"传国玉玺"。但为了维护自己的神授大权，秦始皇编造出一段神话，说 8 年后，车驾出巡到华阴平舒道时，有人拿着玉玺站在道中，对秦始皇的侍从说："请将此玺还给祖龙（秦始皇代称）。"言毕不见踪影。传国玉玺于是又回到了秦始皇手中。

由此可见，第一枚传国玉玺自诞生后不久就永沉湖底了，而令 2000 多年来无数野心家牵肠挂肚、争夺不休的传国玉玺，其实都是假货。

 ## 秦二世继位是一个阴谋？

2009 年 1 月 11 日，北京大学接受捐赠，收藏了一批从海外抢救回来的西汉竹简。

这批竹简共有 3346 枚，保存情况良好，表面多呈褐色，质地硬实，字迹清晰，墨色鲜亮。其中，《日书》（类似"皇历"的占卜用书）等书简上保存有朱红色界栏和图画，色泽如新。它是目前所见战国秦汉古书类竹简中数量最大、保存质量最好的一批，是继 20 世纪发现的马王堆帛书、银雀山汉简、郭店楚简、上博楚简，以及 2008 年入藏清华大学的战国竹简之后，问世的又一座出土典籍宝库。

竹简先入藏于北京大学赛克勒博物馆，由博物馆提供专门的文物库房以存放。

3 月 13 日开始，工作人员对竹简进行了清理、剥离、处理，并进行了排版、拍照、记录。

4 月中旬至 5 月底，工作人员对全部有字简和无字简（包括残断无字简）进行编号，编号完成后分别放入容器中，用纯净水浸泡保存。

6 月 8 日，学校正式批准成立"北京大学出土文献研究所"，由朱凤瀚教授任所长，考古文博学院赵化成教授任副所长。

鉴于捐赠方的要求，北京大学出土文献研究所无法透露入藏的这批竹简的任何细节，但北京大学出土文献研究所所长朱凤瀚表示，这批竹简源于南方汉代墓葬，因为，竹简上残留泥土、编绳、丝织品和漆器残片等都足以说明这一点。

实际上，从竹简上出现的"孝景元年"字样，可以明确推出竹简产生于西汉中期。

这批汉简共包含 17 种古书，其中有的古书已亡佚，有的虽未亡佚，却残缺不全，或特色独具。

比如说，17 种古书之一的《赵正书》（赵正即为秦始皇嬴政）就是已亡佚的作品。

《赵正书》共有竹简 50 枚，大多保存完好，总共近 1500 字。大量记录了秦始皇临终前与李斯的对话、李斯被害前的陈词以及子婴的谏言等。

《赵正书》亡而复得，重见于天日，可以解开许多秦末历史疑案。

比如说，太史公《史记》中写，胡亥为秦二世乃是李斯、赵高等篡改诏书所致。

但《赵正书》却记胡亥的继位是秦始皇听从了李斯等人建言后明确认可的。其原文为：

昔者，秦王赵正出游天下，还至柏人而病，病笃，喟然流涕长大息……谓斯曰："吾非疑子也。子，吾忠臣也，其议所立。"丞相臣斯、御史臣去疾昧死顿首言："今道远，而诏期群臣，恐大臣之有谋，请立子胡亥为代后。"王曰："可。"王死而胡亥立，即杀其兄扶苏、中尉（蒙）恬。

负责本卷整理的北京大学考古文博学院教授、北京大学出土文献研究所副所长赵化成说："书中称'秦始皇'为'秦王赵正'，说明作者不奉秦朝为正统，很可能为六国贵族后裔所作。"对于《赵正书》所记的胡亥合法继位，赵化成认为："《赵正书》只是说提供了另外一种可能，值得深入研究。但我们绝不能拿《赵正书》来否定《史记》，毕竟孤证不立。或许将来有更多的出土材料出来，我们才有可能得到答案。"

赵高是太监？还搞出了"沙丘政变"？

凭借"指鹿为马"这一成语，赵高这个名字出现在了诸多专供儿童学习成语的幼儿读物中。

可以说，不管赵高的名声有多臭，他都算得上历史名人。

但是，很多人对赵高的认识，只停留在"沙丘政变""指鹿为马"这两件事上。

《史记·秦始皇本纪》里面记载的"沙丘政变"，却一直遭受后世史家质疑。

一方面，《史记·秦始皇本纪》说："始皇恶言死，群臣莫敢言死事。"这么写的目的，是想告诉读者，秦始皇不肯面对现实，不谈生死之事，还妄想着长生不老，所以不考虑身后的继位问题。

紧接着，下面却又写"上病益甚，乃为玺书赐公子扶苏曰：'与丧会咸阳而葬'"。也就是说，秦始皇的车驾到了平原津（今山东平原南），他似乎想通了，深感自己将不久于人世，于是给长子扶苏写信，要他回咸阳参加自己的葬礼。在这里，秦始皇不但想到了死，还想到了自己的葬礼，可谓思想上有了一个飞跃。然而，这个飞跃又带来了一个问题：您都已经料到等不到与扶苏相见了，扶苏到了咸阳只能参加葬礼，那么，您如果真的想让扶苏继承皇位，就应该明着说了，不能一句"与丧会咸阳而葬"就了事了。

但《史记·秦始皇本纪》里没有交代，下文只是说："书已封，在中车府令赵高行符玺事所，未授使者。"

《史记·李斯列传》里，倒是借赵高之口两次提到此事。一是赵高去找胡亥商量，说："上崩，无诏封王诸子而独赐长子书，长子至，即立为皇帝，而子无尺寸之地，为之奈何？"一是赵高去找李斯商量，说："上崩，赐长子书，与丧会咸阳而立为嗣。书未行，今上崩，未有知者也。所赐长子书及符玺皆在胡亥所，定太子在君侯与高之口耳。事将何如？"

但这只是赵高对"赐书"内容的演绎，原文未必如此。

关于这个"赐书"，《史记·秦始皇本纪》写"乃为玺书赐公子扶苏"，似乎是秦始皇亲自书写、落款、盖印玺；而《史记·李斯列传》却又说是"令赵高为书赐公子扶苏"，即秦始皇命令赵高代为书写的。

不管怎么样，这个"赐书"是落到赵高手里了。

那么，秦始皇在书写，或赵高在书写时，李斯在不在场呢？

应该是不在场的，否则，赵高就用不着跑到他的住处把这些情况一五一十地和盘相告了。

如此一来，问题来了。

既然李斯本来就不知道"赐书"里面的内容，而赵高又一心要干矫诏大事，那就用不着跟李斯提秦始皇立扶苏的事，直接说秦始皇立的就是胡亥，岂不省事?!

要知道，《史记·李斯列传》里面说"斯长男由为三川守，诸男皆尚秦公主，女悉嫁秦诸公子"，李斯和秦始皇是多重儿女亲家！

秦始皇共有20多个儿子和10个女儿，李斯有多少个儿子娶了秦始皇的女儿，又有多少个女儿嫁给了秦始皇的儿子，书中没有说。

鉴于《史记·李斯列传》和《史记·秦始皇本纪》都没有讲胡亥是李斯的女婿，那么可以肯定一点：胡亥不是李斯的女婿。

李斯如果要参与矫诏行动，他未必会支持胡亥，倒是应该为他的女婿争取继承帝位。

而且，李斯是皇亲国戚，官居左丞相，身份、地位都比赵高高得多，在能力方面，更是远高于赵高，他完全可以不听从赵高的摆布。

而从赵高的角度来说，他也应该有所顾忌，不可能找李斯密谋矫诏这种大逆不道的事。

退一万步说，赵高和李斯的这个"密谋"真的存在，也只能出自赵高之口，入于李斯之耳，旁人根本无从得知。

100年后的司马迁写这样的"密谋"，只能是杜撰。

所以，后世很多史学家认为，秦始皇的"赐书"里不提继承人则已，如果提继承人，只能是胡亥，不可能是扶苏。

有人认为，西周建立了嫡长子王位继承制，扶苏是嫡长子，秦帝国的继承人应该是扶苏。

但是，秦国地处西陲，对周礼并不是严格遵从的。

从秦襄公正式建国算起，在秦国600多年的历史中，先后出现过38位太子，这38位太子中，只有3位是长子，所占比例很低。

可以说，秦始皇选择公子扶苏做太子是小概率事件。

扶苏"以数直谏上"，因为多次顶撞秦始皇，被秦始皇贬斥到上郡（今陕西榆林东南）充当蒙恬的监军，早已离开政治中心，明显是个边缘人，很难成为帝位继承人。

有人说，秦始皇这是在培养扶苏的能力，让他到北地"历练"，为以后做太子做准备。

然而，《史记·蒙恬列传》里有"（扶苏与将军蒙恬）暴师于外十余年，居上郡"的记载，《史记·李斯列传》更明确指出"今扶苏与将军蒙恬将师数十万屯边，今十有余年"。

如果是普通的"历练"，也就一两年时间，走走程序就得了。

但这是"十有余年"，直接就是不待见啊。

前面已经说过，北京大学在 2009 年接受捐赠的那批西汉书简中一共包含 17 种古书，其中《赵正书》就明确指出，秦始皇将皇位传给了胡亥。

秦始皇是很宠爱胡亥的。

《史记·秦始皇本纪》载："少子胡亥爱慕请从，上许之。"《史记·李斯列传》载："少子胡亥爱，请从，上许之。余子莫从。"

秦始皇出巡，胡亥要求跟随，马上得到许可。"余子莫从"，其他儿子一律不得相从。

可以说，即使秦始皇不是暴病死亡于沙丘台（今河北邢台广宗县西北的太平台），胡亥被确立为太子的可能性也远远比其他公子要大。

一句话，如果胡亥不是秦始皇亲立，借赵高几个胆，他也不敢矫诏搞政变。

前文说过了，扶苏可不是善类，他是个连秦始皇都敢顶撞的主，他就是因为顶撞了秦始皇才被贬斥到上郡的，而与扶苏搭档的蒙恬也是个忠义刚烈之士。

最可怕的是，他们两人执掌着 30 万重兵，谁敢矫诏啊。

但从《史记·李斯列传》里扶苏和蒙恬接旨后的表现来看，秦始皇的诏书不是假的。

从以下分析可知，赵高很大可能没发动过"沙丘政变"，所谓"沙丘政变"，那是后人栽赃而已。不过，赵高也确实不是什么好人。

《史记·秦始皇本纪》记"赵高故尝教胡亥书及狱律令法事，胡亥私幸之"，即胡亥登上大位后，少不更事，很多政事都仰仗赵高替他决断，秦朝大权就渐渐旁落到了赵高手里。

李斯死后，赵高当上了丞相，不但搞出了一个"指鹿为马"的闹剧，还把秦王朝搞得乌烟瘴气，最终把秦王朝搞垮了。

不过，后世对赵高有一个很大的误会，认为赵高是一个"太监"。

现在所有与赵高有关的影视作品，都把赵高设计成一个下巴无须、说话尖声细气的阉人。

究其原因，是《史记·李斯列传》里面提到赵高是"宦人"，有"宦籍"；而《史记·蒙恬列传》也说"赵高昆弟数人，皆生隐宫"。

后世读者望文生义，认定了赵高就是一个阉人。

实际上，"宦人""宦者"或"宦官"等词，都是汉朝才出现的。

汉代星相家发现，天帝星旁边时时都拱卫有一个名叫"宦者"的星座。由于这个原因，"宦人""宦者"或"宦官"等词就被用来指代侍候皇帝的人，但并不专门指阉人。

把宦官和阉人画等号，是东汉以后的事。

原因是东汉统治者规定宦官全部都得是阉人。

在中国，商代甲骨文中有形为"凸刀"的字，意指"阉割"，可见当时已有将人阉割的恶例，但未见有将阉人作宫廷内侍的记述。

宫廷内侍开始使用阉人，最早的记载出现在《周礼》中，其内赫然有"宫者使守内，以其人道绝也"之语。

于是，阉人就和"宫"字扯上了关系。

不过，在西周时期，阉人只称为"寺人""内竖""阍人"等。

新出土的张家山汉简表明，"宦"，在秦汉时期，只表示在宫中内廷任职的意思。

"宦人"，指的就是任职于宫内之人；"宦籍"，指的就是用来记录出入于宫门者的登记册。

即司马迁写赵高是"宦人"、有"宦籍"，其意并不是说赵高是个阉人，而旨在交代赵高是个任职于宫中的皇帝近臣。

至于《史记·蒙恬列传》说"赵高昆弟数人，皆生隐宫"，秦史专家马非百在对睡虎地秦墓竹简进行研究后指出，这个"隐宫"，根本就是"隐官"的误写。

睡虎地秦墓竹简里面提到的隐官，是官府开设的手工作坊，用来收容赦免后身体有残疾的受刑者。

张家山汉简里也有对"隐官"的解释，它既是指代刑满人员工作的地方，也用来指称刑满人员，与宫刑和阉人完全没有关系。

对于"赵高昆弟数人，皆生隐官"的原因，《史记·蒙恬列传》里也解释了，是因为"其母被刑僇"。

也就是说，赵高的母亲因罪"被刑僇"。注意，不是阉割，赵高的母亲"被刑僇"后，身体有残疾，刑满获赦，在"隐官"打工，和人结婚，生下了赵高几兄弟。

另外，张家山汉简又有"公士、公卒及士五（伍）、司寇、隐官子，皆为士五（伍）"的记载，意思是说，隐官生的儿子，其身份是无爵的士伍（士卒）。

赵高的母亲是受过刑罚的隐官，身份低贱，赵高兄弟的身份是士伍，与普通的庶民相同。

那么，作为一个普通庶民，赵高是怎么走上仕途的呢？

《史记·李斯列传》里，赵高自己说道："高固内官之厮役也，幸得以刀笔之文进入秦宫。"

即赵高走的是学史入仕的途径。

张家山汉简载："史之子学史。"即史官是世袭。由此可推知，赵高的父亲是个低级史官。

史家猜测，赵高的父亲极有可能是隐官中的下级文牍官吏，因此与在隐官工作的赵母婚配，生育了赵高与其兄弟。

赵高跟随父亲学史，不但通晓法律，而且精于书法。

东汉人许慎在《说文解字序》中写道："赵高作《爰历篇》，取史籀大篆，或颇省改。"

北魏人王愔编纂的《古今文字志目》中开列了秦、汉、三国吴三朝书法家共59人，其中就有赵高。

南朝宋人羊欣的《采古来能书人名》称赞赵高"善大篆"。

唐人张怀瓘在《书断·卷上·大篆》中称："赵高善篆。教始皇少子胡亥书。"

显然，赵高并不是阉人，他父亲也不是。

隋朝末年，在瓦岗建立了大魏政权的李密唾骂弑杀了隋炀帝的宇文化及，指责宇文化及是赵高、侯景一样的祸国殃民之辈。

即赵高和侯景一样，都不是阉人。

但受东汉、唐、宋、明、清诸朝发生的阉人祸国现象的影响，很多人都根据司马迁留下的"宦人""宦籍""隐宫"等字眼认定了赵高就是个宦阉。

赵高本来有一个女儿，嫁给了参与"望夷宫之变"的咸阳令阎乐。

明代学者郎瑛在著作《七修类稿》时，想当然地断言：这不过是赵高的养女罢了。

当然，也有人曾为赵高翻过案，但没能推翻赵高的"宦阉"身份。

清代史学家赵翼根据《史记·蒙恬列传》中"赵高者，诸赵疏属也"这句话，在他所著作的《陔余丛考》中，把赵高说成了赵国公子，因赵国被秦国所灭，为报国仇家恨，不惜挥刀自宫，混迹入秦宫，目的是推秦灭秦，最后，终于达到了目的，虽为秦三世子婴所杀，却也含笑九泉。

早在赵翼之前，《皇明四朝成仁录》的作者、有志于反清复明的史学家屈大均曾经写诗赞美过赵高，诗云：

> 可怜百万死秦孤，只有赵高能雪耻。
> 赵高生长赵王家，泪洒长平作血死。
> 报赵尽倾秦县郡，报韩只得博浪沙。

但是，根据秦始皇对赵高的信任程度来看，赵高应当是秦国王室远亲，前面已经说了，按照先秦贵族礼制，男子用氏，女子用姓，赵高其实和秦始皇一样，都姓嬴，赵，是他的氏而已。

所以，"赵高复仇"之说是不成立的。

关于赵高之死，《史记·秦始皇本纪》是这样记载的："子婴遂刺杀高于斋宫，三族高家以徇咸阳。"即赵高死于秦三世子婴之手。

但《赵正书》却记载为："秦王胡亥弗听，遂行其意，杀丞相斯，立高，使行丞相、御史之事。未能终其年，而果杀胡亥。将军章邯入夷其国，杀高。"即赵高死于秦将章邯之手。

不管怎么样，赵高这个祸国殃民的败类都是罪有应得。

"秦三世"子婴是秦始皇的什么人？

虽说秦"二世而亡"，但赵高等人又立了子婴为傀儡皇帝。

子婴这个傀儡皇帝仅仅当了 46 天，当刘邦兵入咸阳后，就匆匆终结了。

但，子婴这个名字却在史册上记载了下来。

西汉的灭亡，也是灭于一个名叫"婴"的傀儡皇帝的身上。

与"秦三世"子婴相比，西汉的亡国之君刘婴的身份是非常明确的。

刘婴是汉宣帝的玄孙、楚孝王刘嚣的曾孙、广戚侯刘显的儿子。

元始五年十二月（公元 6 年），汉平帝刘衎病死。一意篡位夺权的外戚权臣王莽作为政权更替的过渡，借口宣帝的年长后人与平帝都是兄弟辈分，不好做继承人，乐呵呵地从宣帝玄孙中精心挑选了最年幼的刘婴为继承人。刘婴当时才两岁，尚在蹒跚学步、牙牙学语，王莽因此呼之为"孺子"，世称"孺子婴"。

仅仅过了两年，王莽就大大方方地篡夺了政权，改号为"新"，把可怜的孺子婴囚禁了起来。

孺子婴被囚禁了 15 年，六畜不识，话也说不清楚。

更始二年（公元 24 年），更始帝刘玄兵入长安，斩杀王莽。

平陵人方望聚众数千人起兵，拥立孺子婴为天子。

孺子婴茫然无知地在临沂做了几天皇帝，不久便被更始帝刘玄攻入临沂的乱兵斩杀。

粗粗一看，汉孺子婴的命运和"秦三世"子婴的命运是一样的，而且，名字也相同。

所以，有些人在谈论起汉孺子婴和"秦三世"子婴时，总觉得他们的形象是一样的：幼小、懦弱、任人摆布。

但"秦三世"子婴其实是个很有见地的人。

史书对"秦三世"子婴着墨不多，但有一事，令人印象深刻。

此事在《史记》中的《秦始皇本纪》和《李斯列传》中均有记载。

《史记·秦始皇本纪》是这样写的："（赵高）立二世之兄子公子婴为秦王……斋五日，子婴与其子二人谋曰：'丞相高杀二世望夷宫，恐群臣诛之，乃详以义立我。我闻赵高乃与楚约，灭秦宗室而王关中。今使我斋见庙，此欲因庙中杀我。我称病不行，丞相必自来，来则杀之。'"

这件事说的是，赵高立子婴为秦王。子婴斋戒了 5 日，和他的两个儿子密谋说，赵高已经和楚人有约称王汉中，而想拿他当作傀儡，子婴装病不去，赵高一定会亲自前来察看，到时将他击杀。

《李斯列传》则记："高（赵高）自知天弗与，群臣弗许，乃召始皇弟，授之玺。子婴即位，患之，乃称疾不听事，与宦者韩谈及其子谋杀高。高上谒，请病，因召入，令韩谈刺杀之，夷其三族。"

不难看出，两传叙述语句虽然不同，但说的是同一件事。另外，前者比后者详细，也更能看出子婴看人看事准确，且多谋善断，果决敢干，一举夷灭赵高三族。

但是，问题来了。

按照《史记·秦始皇本纪》的说法，是"立二世之兄子公子婴为秦王"，而《史记·李斯列传》说的是"乃召始皇弟，授之玺"，即子婴的身份并不一致。

由此可知，司马迁对子婴的身份也拿捏不准。

而"立二世之兄子公子婴为秦王"这一句，不同的人会有不同的断句。

有人会断成："立二世之兄，子公子婴为秦王"，意思是立秦二世的兄长，公子子婴为秦王。

也有人会断成："立二世之兄子，公子婴为秦王"，意思是立秦二世兄长之子，公子子婴为秦王。

再加上《史记·李斯列传》说的"始皇弟"，那么，子婴可能是秦始皇的弟弟或者秦始皇的儿子，又或者秦始皇的孙子。

到底是兄弟，还是儿子，抑或是孙子呢？

根据以上信息，我觉得是兄弟比较靠谱。

原因如下：

1. 《史记》明确交代胡亥是秦始皇最小的儿子，而胡亥继位后，为清除兄长对自己皇位的威胁，已将之悉数除尽，所以，子婴不可能是"二世之兄"，即不可能为秦始皇之子。

2. 如果说子婴是秦始皇之孙的话，那么，子婴和他的两个儿子密谋要杀赵高，意味着他的两个儿子应当已经成年。而秦始皇死时，仅50岁，试想想，50岁的秦始皇可以四世同堂，并且重孙子已经成年，可能吗？那不得快赶上五世同堂了？50岁的人要有五世同堂的场面出现，必须是10岁就要生育下一代才能达到，不科学啊。所以，子婴不可能是"二世之兄子"，即不可能是秦始皇之孙。

3. 说子婴是"始皇弟"靠谱，还可以参见《史记·蒙恬列传》。文中说，秦二世上位后，准备杀蒙恬、蒙毅兄弟二人。子婴以赵王、燕王、齐王三个亡国之君来劝谏秦二世收手。虽然秦二世没听进去，但看得出，这比较像是长辈对晚辈说的话，而且，秦二世后来也没对子婴怎么着。

所以，子婴应该就是秦始皇的弟弟。

 ## 公子扶苏的骨骸在秦始皇陵东部出现了？

2016年，英国广播公司与国家地理联合制作的纪录片《秦始皇陵的惊天秘密》上线。影片中提到考古工作者在秦始皇陵东部发现了一个贵族男子的头颅遗骨，该颅骨后嵌有一支弩箭。这支弩箭射入的位置非常奇怪，而从弩箭嵌入骨头的深度来看，似乎是从很近的距离发射的，疑似是一种死刑的执行方式，和现代用手枪顶着罪犯的后脑勺执行枪决的手法相类似。

对于这个奇怪的颅骨，中国秦文化考古学家们得出了一个结论：头颅的主人很可能属于秦长子公子扶苏。

为什么这么说呢？

专家们说，埋葬在头颅旁边的，全是皇家随葬品。

而且，除了这个可能属于秦长子公子扶苏的头颅外，墓穴中还有6颗头颅，全部都是被处死的。这与传说中秦始皇死后，诸皇子夺位，秦始皇的小儿子胡亥阴谋赐死扶苏及其他兄弟的情况相吻合。

中国秦始皇陵墓遗址高级考古学家李博士也认同这一推测。

可是，怎么说长公子扶苏也算得上是一个历史名人，关于他的生平以及死亡，史书上都是有明确记载的。

《史记·李斯列传》记：秦始皇有20余子，扶苏是秦始皇的长子，为人机智聪颖、有政治远见，敢于直谏，忤逆到秦始皇，被贬到上郡监蒙恬军。

为什么会忤逆到秦始皇呢？

《史记·秦始皇本纪》记：扶苏为天下苍生请命，反对实行"重法绳之臣"等政策，犯颜数直谏，被贬出秦国都。

那么，扶苏又是怎么被处死的呢？

《史记·秦始皇本纪》记：秦始皇巡行天下，行至沙丘时病重，特发玺书召令扶苏至咸阳主持丧事并继承帝位。但中车府令赵高和丞相李斯等人与秦始皇的小儿子胡亥阴谋篡改始皇帝的遗诏，立胡亥为太子，即皇帝位。同时另书赐蒙恬和扶苏死。

《史记·李斯列传》又记：赵高在伪造的始皇帝的诏书中指责扶苏，说扶苏多次上书直言诽谤皇帝，受到责备后日夜怨望，不忠不孝，特赐宝剑以自裁。扶苏熟读儒家经典及百家言，深受儒家思想的影响，养成了仁懦的习性，奉旨自裁。动手前，他对蒙恬说："父而赐子死，尚安复请！"

从史书的记载来看，扶苏自杀，是用赵高伪托秦始皇的赐剑自裁，并不是被弓弩从脑后射死的。

而且扶苏死后，被葬于上郡。墓在陕西省绥德县城内疏属山巅。墓长30米，宽6米，高8米，立有石碑一座，上刻"扶苏墓"大字，被誉为"天下第一太子墓"。现为陕西省文物重点保护单位。

真搞不清楚为什么会有人把秦始皇陵东发现的这颗颅骨指认为扶苏颅骨，仅仅是因为有皇家随葬品？

 ## 新出土的文字，将改写秦朝历史

2016年6月，湖南龙山县出现了连日强降雨，县城南部、西水左岸堤防出现崩溃，一时间，危情牵动了亿万人的心。

其中，尤让国家相关部门高度重视、全国考古界极其揪心的是，收藏在西水岸边一个名叫里耶的小镇博物馆里的文物。

这批文物，就是被誉为21世纪以来中国考古学上的"最伟大发现之一"的秦代简牍。

秦王朝在中国的历史中仅仅存在了15年，但它却是中国政治经济体制发生质变的关键时期，其所建立起的封建制度一直延续到辛亥革命以前。可是，由于年代久远，历代战乱不息，秦王朝的文献资料和文物少之又少，正史史书关于秦朝的记录不足千字，史学家要触摸那段历史，无疑是一种奢望。

号称"世界八大奇迹之一"的西安秦始皇兵马俑规模宏大，遗憾的是，其中并没有太多文字资料可供研究。

1975年，在云梦县出土的一千余枚秦简，曾令全世界为之瞩目。

人们也得以从中窥探到秦朝律法的真实面目，但对于政治、经济、军事、文化等诸多领域仍是望其门墙而不得入其宫，讳莫如深。

2002年6月，在里耶小镇一口古井里一下子出土了36000余枚秦简，含20余万字，轰动世界，为史学家研究秦史打开了一个全新的窗口。

秦简的整理结果表明，这批埋藏了2200多年的简牍，内容多为官署档案，纪年从秦王政二十五年至秦二世元年，记事详细到月、日，十几年连续不断，是极为重要的百科全书般的日志式实录，也可以说是一部大秦帝国的编年史。它将改写和填补《史记》《汉书》中秦史记载的空白，为研究秦史的史学家提供一个百科全书式的实录。

考古界和史学界宣称，里耶秦简的出土，是继兵马俑以后秦代考古的又一惊世发现，价值可与殷墟甲骨文和敦煌文书等媲美！

一时间，"北有西安兵马俑，南有里耶秦简牍"这句话流传开来。

台湾学者游逸飞在《有了里耶秦简，秦始皇的形象会不一样吗》一文中激动万分地写："在里耶 8 - 461 号'秦更名方'里，我们看到《史记·秦始皇本纪》轻飘飘的'书同文'三字，化为具体执行的政策时是多么具有分量。过去我们只知道异形的六国文字是秦始皇统一文字的目标，现在我们了解异体字、方言乃至不一致的名号称谓，都是秦始皇统一的目标。有谁想得到秦始皇连皇帝的'皇'字上半部是'白'还是'自'都要管？又有谁想得到秦始皇竟然不准楚人继续把家里厕圈养的牲畜喊作'猪'，从此以后必须改喊秦人惯用的'彘'？秦始皇想要统一的不只文字，还有语言。36000 枚里耶秦简确实反映了高度一致的官方文书语言，反映秦始皇书同文、语同言的政策确实在广阔的中国大地上推动，甚至曾在南荒深山小县迁陵里确切执行……里耶古城交通极为不便，迁陵只是个位于楚国旧地的南荒深山小县，但就在这样一个鸟不生蛋的蛮荒山地，秦始皇却宁愿派遣大量的外地戍卒去驻守、大量的外地官吏去统治、大量的外地百姓移民入居，把当地土著全部赶出迁陵县城之外，借以保证统治的稳定，也不愿意采取成本低廉却富有实效的羁縻政策。若是对照湘西山地于东汉以后被武陵蛮盘踞，宋、元、明、清都是当地土司固守的地盘，20 世纪以前的中央王朝几未有效统治过湘西山地，秦朝洞庭郡迁陵县在湘西山地的强势统治便益发令人惊异。南荒深山既已如此，秦朝对东方六国的辽阔平原又怎能不严加控管？秦始皇对广土众民的控制与压抑，可能超乎过去学者的想象。里耶古城虽小，却带给我们见微知著的可能性。"

的确，里耶 36000 余枚秦代简牍的出现，令无数学者感到震惊和兴奋。

出土秦简所承载的文字，很有可能将改写秦王朝的那段历史。

比如说，简牍中有"迁陵以邮发洞庭"的记录，意思是迁陵县的邮件是发往洞庭郡的。司马迁在《史记·秦始皇本纪》中写道，秦始皇统一中国后分天下为 36 郡，而其中却并无洞庭郡。这短短的 7 个简文，就推翻了通行了 2000 多年的权威说法。

又比如，秦简中有一张迁陵县衙罚款的单据，其中的"一盾""一甲"是指数额，意思是让犯错的人缴纳一副盾牌或是一副铠甲。"数耐"就是刮去胡子和鬓角，在 2200 年以前，这是一种近似毁容的刑罚。受司马迁《史记》的影响，世人都以为秦朝法律严苛，称之为暴政。但是，犯罪后只要缴纳一副盾牌或是一副铠甲，或接受刮去胡子和鬓角的惩罚就可以开脱，这与汉武帝要罚司马迁高额款项以赎罪、当交不起罚款就要遭受宫刑相比，可以说是轻之又轻了。

最后提一笔，里耶秦简中还出现了我国最早、最完整的乘法口诀表。该乘法口诀表，竟与现今生活中使用的乘法口诀表惊人的一致，它给世界算术史的研究提供了一份珍贵的实物资料。另外，该乘法口诀表还涵盖了不同于现代教科书的二半而一这样的分数运算，可以说，秦简改写了世界的数学发展史。西方最早的乘法口诀表是在 1600 年前发现的，这就说明我们中华民族发明乘法口诀表比西方早了 600 多年。

2002 年 11 月，里耶古城遗址被国务院增补为全国重点文物保护单位。

2008 年 6 月，里耶镇被授予"全国第二批中国历史文化名镇"称号。

然而，2016 年 6 月 15 日的大雨，导致酉水堤防漫溃，里耶古城秦简博物馆被淹，出土秦简的遗址也没入水下。

不过，在 6 月 21 日下午，里耶秦简博物馆发布消息称，馆内保存的简牍、青铜器、陶器、木器等相关文物已被提前转移至安全地带，所幸馆藏文物未受到损伤。

 ## 秦始皇陵为何不能发掘？

秦始皇是千古一帝、中国历史上第一位皇帝，气吞河山，环抱六合，号为"祖龙"。

秦始皇陵规模宏大，气势雄伟，陵园总面积为 56.25 平方公里，陵上封土原高约 115 米，现仍高达 76 米，陵下封土下的地宫距现地表深约 30 米。地宫的周围有近似方形的地下城垣。司马迁在《史记·秦始皇本纪》里是这样描述地宫里的情形的：地宫建筑犹如秦咸阳宫殿，内有百官位次，地宫屋顶砌筑了纹石和明珠象征日月星辰，地面还以水银象征百川江河。而且，这座埋藏着无数珍奇动物及物品的地宫中，据说还用东海中的一种形状似人的四脚鱼先炼成人鱼膏，再做成蜡烛，永不熄灭地燃烧着，使地宫常年明亮同昼。为了防止盗墓贼进入，工匠在地宫内制作了神奇的机关暗弩，盗墓贼一旦接近墓门，便暗箭齐发，将之射杀于墓外。

高大宏伟、内设机关，2000 多年来使盗墓贼无从下手，也不敢下手。

因此，秦始皇陵保存得完整无缺，陵内数目巨大的宝藏对所有人都有无穷的吸引力。

经济价值之外，考古、文化上的价值更是无可估量。

秦始皇陵内既然保存有完整的典籍文物，那发掘秦始皇陵就成了萦绕在许许多多考古学家脑海里的梦想。

但直到现在，都没有人敢正式提出要发掘秦始皇陵，这是为什么呢？

因为技术上达不到！

比如说，考古学家石兴邦先生是极力主张发掘乾陵的，但对于发掘秦始皇陵，他万万不敢提。

曾有华侨放出豪语，称如果发掘秦始皇陵的话，他个人提供一个亿的资金。

但石兴邦告诫人们，现在谁都不能打秦始皇陵的主意，发掘秦始皇陵只能造成千古遗恨。

石兴邦先生力主发掘乾陵的原因是：一、考古界已在陕西地区发掘了很多大型唐墓，积累了不少的技术和经验。二、乾陵里面随葬有众多字画、典籍，在条件足够的情况下不主动发掘，那随着时间的推移，这些珍贵的文物就会在里面慢慢损毁，从而完全消失。

也就是说，发掘乾陵，是抢救，是保护；发掘秦始皇陵，是破坏，是摧毁。

墓室内气候和外界差距极大，贸然挖掘，在文物保护技术达不到的情况下，会大批量摧毁文物。

20 世纪 50 年代，历史学家郭沫若等人建议发掘明定陵。结果，墓室打开的一刹那，五彩斑斓的丝织品瞬间失色。

20 世纪 70 年代，在发掘闻名于世的长沙马王堆汉墓时，数量巨大、种类众多的纺织品和竹简帛书，出土时光亮新鲜，出土后迅速氧化变色、变质、变形，不久就灰飞烟灭，化为了灰烬。

所以说，在现阶段的文物保护技术下，如果要发掘秦始皇陵，只能是搭一个全包围的屏障，24 小时保证固定的湿度温度以及各种条件，把自然环境和墓室完全隔离开。这里，先不谈各种先进控温、控湿的昂贵设备，就说这个全包围的屏障，要笼罩总面积为 56.25 平方公里的陵园，能吗？

还有，司马迁说秦始皇陵地下布置了用水银做的江河湖海，而考古工作者用先进的仪器探测显示，地下确有大量的水银和金属存在。想想看，在不能保证隔离水银污染的情况下发掘秦始皇陵，临潼区老百姓的生命安全就没了保障。

所以，秦始皇陵还是安安静静地保持原状好了。

 ## 秦始皇陵地宫里有金雁一直在飞？

话说，楚霸王项羽兵入咸阳后，杀子婴，烧秦宫，以天下共主的姿态，分裂天下而封王侯。

项羽认为，西周之尊莫若王，东周之尊莫若霸，于是各取"王""霸"一字，自称霸王，辖梁、楚九郡，占天下三十六郡的四分之一，囊括了整个黄淮平原，占据战略上和经济上的优势地位，又以居九郡之中央，举天下南北之脊的彭城为都，坐制全国。

瓜分完秦地，项羽意犹未酣，还命人发掘秦始皇陵。目的有二：一、掠取墓中财宝；二、鞭秦始皇尸体以泄自己国灭家破之愤。

《三辅故事》记，项羽发动了30万人挖掘秦陵。

可是，在挖掘过程中，突有一金雁从墓中飞出，冲上云霄，一直向南。

奇怪的是，事过境迁，几百年后，三国太守张善竟然在天空中见到了这只飞翔不息的金雁。

《三辅故事》外，《史记》和《汉书》都留下有"黄金为凫雁"之说。

有人认为，先将黄金打造成薄片，然后制作成能飞的金雁，是非常有可能的。

因为，在春秋时期，著名的能工巧匠鲁班就已经用木片制造出了木雁，能飞，一直飞到宋国城墙上。

由此可见，秦代是有能力制作会飞的金雁的。

于是，民间传闻，金雁被埋入地宫之后，一直在不停地自动飞翔，并且一飞就是2000多年。

不过，要一个金属物体像风筝和氢气球那样在空中飞翔，如果没有机械动力单靠自然界风力，不要说空中飞行，恐怕连起飞都成问题。而要依靠机械动力，从现代物理学的角度来看，世界上并不存在永动机，在没有消耗能量的前提下，金雁是绝对不可能永不休止地飞翔的。

所以，民间传闻，听听就好，不可当真。

第六章　后宫逸闻

黎山老母又称"骊山老母"或"梨山老母"。但正确的称呼应该是"骊山老母"。

原因很简单，世间没有黎山和梨山，但有一座骊山。

骊山位于陕西省西安市临潼区城南，是秦岭山脉的一个支脉，景色翠秀，美如锦绣，是西周时骊戎故地，故有此称。

秦国的历代王陵，自秦昭襄王开始，至秦始皇止，皆建立在骊山之上。

秦昭襄王之所以选择骊山为家族陵园，除了秦都咸阳离骊山近，还与一个传说有关。

《史记·秦本纪》记，秦昭襄王的先祖戎胥轩和骊山女结合，生下了后代，归周保西垂。

《汉书·律历志》又记，这个戎胥轩的妻子骊山女"亦为天子"，后世以之为女仙，尊为"老母"。这么着，"骊山老母"的名字就出现了。

五代人杜光庭作《墉城集仙录》埋汰秦始皇，说："骊山老母天姿绰约，风华绝代，尝作阁道于骊山。秦时始皇帝游玩时遇见，垂涎其美色，欲侮之！老母大怒，施法以惩。自此之后，不再以年轻容颜现世，而时时以老妪面目示人，所以，人们均以'老母'相称。"

这个传说是违背伦理纲常的，因为，秦始皇根本就是骊山老母与戎胥轩的后代嘛。

但杜光庭不管。

杜光庭既然可以乱来，那么其他文人也跟着乱来了，不断把各种传说附会到骊山老母身上，使骊山老母的身份越来越复杂，关于她的事迹也越来越丰富。

在神魔小说《六部春秋》里，骊山老母是齐宣王田辟疆正宫无盐娘娘钟无艳的师父；在《说唐》系列《薛丁山征西》里，骊山老母又成了西凉女将樊梨花的师父；在《赵匡胤三下南唐》里，骊山老母则是高君保的妻子刘金定的师父；到了《北宋杨家将》里，骊山老母又成了杨门女将穆桂英的师父……

最离奇的是，在"铁杵磨成针"的故事里，骊山老母又成了那个用铁杵磨针来激励李白努力学习的仙人。

还有，在《雷峰塔传奇》《雷峰宝卷》中，白娘子都自称师从骊山老母。

甚至还有刻本小说写：祝英台殉情之后，被骊山老母救活，教了她一身法术，成了长生不老的女剑仙。

当然，影响力最大的还是《西游记》。

在该书中，骊山老母曾邀请观音、文殊、普贤三仙变化成母女，以考验猪八戒是否真有取经之心。

这么一来，骊山老母的身份变得尊贵起来，作为能驱使观音、文殊、普贤三仙的人，可不是身份至尊？

《封神演义》把骊山老母说成是兴周伐纣的众仙之一。由此，骊山老母的出现时间大大超前于《史记·秦本纪》所记的了。

《红楼梦》的作者说贾宝玉是女娲在骊山补天之"无材石"转化，历尽感情磨难，最终回归仙界。

至此，"骊山老母"就成了后人对女娲氏的异名尊称。

1972 年至 1979 年，考古界在陕西临潼骊山北麓发掘了仰韶文化早期原始村落遗址——姜寨遗址，这前后十多次的发掘，解开了女娲风俗渊源之谜，解开了女娲氏"继兴于骊"遗址是否存在的疑问，成了 20 世纪考古界的重大成就。

秦晋联姻中的怀嬴、文嬴是什么来头？

成语"秦晋之好"最先出自元人乔梦符的杂剧《玉箫女两世姻缘》，意指两家联姻。

自古以来，两家联姻者数不胜数，为何单单以秦、晋两国的联姻组成词语来使用呢？

那是因为秦、晋两国的联姻不止一次，且太出名了。

原本，在很长时间内，秦国是遭到其他诸侯国鄙视的。

要知道，其他诸侯国都是由周武王和周公分封得来的，得封为诸侯者要么是周王室的同姓宗室子弟，要么是异姓功臣宿将，要么就是含神农、尧、舜、禹及商汤的后代在内的贵族。

秦国是其先人非子在周孝王朝养马有功，得封地 50 里，从一个"附庸"小国慢慢发展壮大的。

也就是说，和其他诸侯国相比，秦国建国时间迟，而且地位低。

最惨的是，周孝王封非子的目的，就是让秦人守边，防卫犬戎人入侵。

秦人长期与犬戎人打交道，不自觉地沾染上了犬戎人的作风，而被中原人看低。

秦国一代雄主秦穆公继位后，为了提升自己国家的政治声望，向中原的华夏族靠拢，他大起胆子，向晋国求亲。

为什么是向晋国求亲而不是其他国？

原因有三：

一、晋国与秦国毗邻；

二、晋国国力强大；

三、晋国的身份尊贵。

晋国的第一任国君是周武王的幼子、周成王之弟叔虞。

话说，西周初年，周武王崩，位于现在山西境内的唐国发生了叛乱。成王和弟弟叔虞一起在宫中玩耍，他随手捡起了一片落在地上的桐叶，用剪刀剪成玉圭形，递给叔虞，半开玩笑半认真地说："拿好这个玉圭，我要封你到唐国去做诸侯。"陪伴在一旁的史官把这件事告诉了周公。周公问成王："你要分封叔虞？"成王说："玩笑而已。"周公板起脸说："天子无戏言！"没办法，成王只得选择吉日，把叔虞正式封为唐国的诸侯，史称"唐叔虞"。

叔虞死，其子燮父继位，迁都于晋水之旁，唐国改名成了晋国。

特别值得一提的是，西周末年，周幽王死后出现了周携王与周平王"二王并立"的局面。当时，晋国的晋文侯和秦国的秦襄公都不约而同地选择了支持僭越的周平王。

周平王给晋文侯作了一篇《文侯之命》，通篇都是溢美之词，准许他在汾水流域扩张；而封给了秦襄公爵位，许以岐、丰之地。

这样，在周平王东迁之后，秦、晋两国都获得了极大的发展。

不过，晋文侯死后，他的儿子晋昭侯有点傻，封自己的叔叔成师于曲沃。这个曲沃是一个比国都翼还要大的城，为后来的"曲沃代翼"埋下了伏笔。

"曲沃代翼"耗时67年，经过了三代人的生死血拼，最终在晋武公手里完成。

晋武公在位仅两年就薨逝了。

继位的晋献公是一位十分有作为的国君。他把都城定于绛邑，大肆扩张，西伐骊戎，北征皋落狄，灭霍、魏（此魏并非战国之魏国）、耿、虞、虢，兼并了今山西中、南部多数国家，横扫太行山以西。史称其

"西有河西，与秦接境，北边翟，东至河内"。

秦穆公看中的就是晋献公的长女伯姬，想聘为夫人，派大夫公子絷前往晋国求婚。

晋献公让太史占卜，得出的结论是：与秦国利于姻好，不利于战争。

于是，晋献公同意了这门亲事。

这是秦晋的第一桩婚姻。

再说回晋献公。

晋献公是个好色之徒。

晋献公原先娶了山西姬姓小邦贾国的宗女，因贾姬没有生子，后又娶了翟国大臣狐突的女儿。

在这里特别说明一下，在周代婚姻制度中，有一种"媵""妾"制，即贵族男子在娶嫡妻时，可以同时获得若干个陪嫁的女子为妾，称为"媵妾"。

晋献公在迎娶狐突的女儿时，"灵活"依据了这个制度，一娶两，即娶了大戎狐姬和小戎子两个。

晋献公一人娶狐突两女的事情是引起过非议的。

第一，从狐姬的名字就可以知道，狐氏其实也跟晋献公一样，同为姬姓。为此，《国语·晋语四》批评说："同姓不婚，恶不殖也。狐氏出自唐叔。"

第二，上面说了，"媵""妾"制是贵族男子在娶嫡妻时才适用的，而晋献公娶狐姬时，家里已有嫡妻贾姬，这说明，他在娶狐姬姐妹时，可能是另立狐姬为正妻了。

大戎狐姬后来生下了儿子重耳，小戎子生下了儿子夷吾。

如果说晋献公娶同姓女、"灵活"依据"媵""妾"制一人娶两姐妹还不算好色。那么，晋武公死后，他"烝于齐姜"，与父亲的宠妾齐姜乱伦，就非常过分了。

齐姜后来生下了儿子申生和女儿伯姬。

公元前672年，晋献公攻打骊戎，俘获了骊戎之女骊姬、少姬。

晋献公又一次性娶了这两姐妹，让骊姬为自己诞下了儿子奚齐，让少姬为自己诞下了儿子卓子。

晋献公又把骊姬立为正妻了。

按照周代的继承制度，"有嫡立嫡，无嫡立长"，晋献公之前立了齐姜的儿子申生为太子，但他喜欢上了骊姬后，又想改立骊姬的儿子奚齐。

那么，为了成功立奚齐为太子，他有必要立骊姬为正妻。

这样，晋献公把后宫私生活的混乱延伸到了政治上，导致申生被杀，重耳和夷吾分别奔入了翟国和梁国。

公元前 651 年 9 月，晋献公薨。

晋献公的心腹大臣荀息奉奚齐为晋侯，自己当相国，加封帮助骊姬夺嫡的外臣梁五、东关五为左右司马。

原执掌军事大权的里克是申生的坚定支持者，看见申生被害，早已愤愤不平，这会儿眼看自己的军权被剥夺，更加愤怒。他联合起丕郑等人，暗杀了奚齐，准备迎重耳回国为国君。

荀息却又抢先立了少姬的儿子卓子。

里克于是再杀卓子。

从而，晋国局势大乱。

里克连弑两个幼主，掌握了国家大权，然后派人去翟国迎接重耳。

重耳弄不清国内形势，害怕回国被害，婉言谢绝。

国不可一日无君呀！

里克忧心如焚，只好派人去梁国迎夷吾。

夷吾比重耳聪明，他也担心回国会有危险，但不肯错失良机，他苦思冥想，想出了一条万全之策：去与自己的姐夫秦穆公做交易，由秦国出兵助自己回国，事成之后，割让晋国在黄河以西的 5 座城池给秦国。

秦穆公之前与晋国结亲，就想着与晋国共霸中原，现在夷吾想让秦国帮他，秦穆公觉得如果这笔交易做成，秦晋两国的关系就更铁了，何况，还有 5 座城池的报酬呢。

他痛痛快快地答应了下来，派兵协助夷吾回国继位。

这样，夷吾顺利继位，是为晋惠公。

晋惠公是头如假包换的白眼狼，他坐稳了位子后，诛杀了里克、丕郑、七舆大夫，违背当初对秦穆公的许诺，拒绝交出 5 座城池。

但这还不是最恶心的。

晋国遭遇了荒年，秦国慷慨赠米，助其渡过难关。

而当秦国遭遇上了荒年，晋惠公不但拒绝向秦国卖一粒米，还乘人之危，发兵攻打秦国。

晋惠公在韩原大战中被秦军俘获。

不过，看在夫人伯姬的分儿上，秦穆公还是把晋惠公给放了。

至此，晋惠公不得不表示自己的诚意：让自己的儿子太子圉到秦国当人质，并将黄河以西的地方献给秦国。

按照《左传·僖公·僖公十七年》里面的说法，在"晋太子圉为质于秦"时，秦穆公为了笼络公子圉，"归河东而妻之"，不但归还了黄河以东的地方给晋国，还给他许配了一个妻子。

不久，晋惠公病重，太子圉担心国君的位置会被别人得到，赶紧偷跑逃回了晋国。

第二年，晋惠公薨，太子圉立，是为晋怀公。

晋怀公与秦国不相往来。

为了剪除后患，他加紧迫害逃亡在外的伯伯重耳，勒令当初随同重耳逃亡的晋人必须在限期内回到晋国，否则抄其家、灭其族。

在这种情况下，秦穆公决定帮助重耳当上晋国国君。

他把逃到楚国的重耳接过来，以极为隆重的礼节接待，《史记·秦本纪》里写"秦怨圉亡去，乃迎晋公子重耳于楚，而妻以故子圉妻"，即把晋怀公的妻子改嫁给了重耳。

公元前 636 年，秦穆公发兵护送重耳入晋，杀了晋怀公。

重耳当上了晋国的国君，是为晋文公。

晋文公后来在秦国的协助下，尊王攘夷，败楚于城濮，成了继齐桓公之后的又一位春秋霸主。

总结一下：在秦穆公在世时，秦、晋两国间一共联姻了三次。

第一次是秦穆公娶晋献公之女伯姬。

第二次是秦穆公为了笼络公子圉，"归河东而妻之"，给太子圉许配了一个妻子。

第三次是秦穆公为了笼络重耳，"妻以故子圉妻"，把太子圉的妻子改嫁给了重耳。

公子圉就是后来的晋怀公，史书把他的妻子称为"怀嬴"。"怀"是晋怀公的谥号，"嬴"是她的姓。

重耳就是后来的晋文公，史书把晋文公的妻子称为"文嬴"。"文"是晋义公的谥号，"嬴"是她的姓。

因为《史记·秦本纪》写有"妻以故子圉妻"，很多人由此认为怀嬴和文嬴根本就是同一个人。

怀嬴和文嬴绝不可能是同一个人！

我们要知道，公元前 628 年冬，晋文公死。秦穆公急于进入中原以成霸业，他趁晋、郑两国举行国丧，发兵穿越晋境，袭击郑国，但未能得逞。秦军在班师经过崤山时，遭到了晋军阻击，孟明视、西乞术和白乞丙等三位秦军主帅被俘。当时，文嬴用嫡母的身份说服了晋襄公，释放了孟明视三人归国。

《史记·秦本纪》是这样记载的："文公夫人，秦女也，为秦三囚将请曰：'缪（穆）公之怨此三人入于骨髓，愿令此三人归，令我君得自快烹之。'晋君许之，归秦三将。"刘宋裴骃在《史记集解》中特别强调，说这位"秦女"就是"缪（穆）公女"。

《左传·僖公·僖公三十三年》在记载这件事的时候，写"文嬴请三帅，曰：'彼实构吾二君，寡君若得而食之，不厌，君何辱讨焉！使归就戮于秦，以逞寡君之志，若何？'公（晋襄公）许之，先轸朝。问秦囚。公曰：'夫人请之，吾舍之矣。'"杜注云："文嬴，晋文公始适秦，秦穆公所妻夫人，襄公嫡母。"

从这两则材料可知，秦穆公之女在晋文公死后，依从晋文公的谥号，被称为"文嬴"；而又被晋襄公称为"夫人"，可知她不是晋襄公生母，却是晋文公的嫡夫人。因为，按周朝宗法礼制，凡庶出子女，都必须以其父之正妻为嫡母。

可见文嬴身份尊贵。

晋襄公死后，赵盾与狐射姑讨论拥立谁为国君，《左传·文公·文公六年》记载："贾季（狐射姑）曰：不如立公子乐。辰嬴嬖于二君，立其子，民必安之。"杜注云："辰嬴，怀嬴也。二君，怀公、文公也。"

狐射姑所说的辰嬴就是怀嬴。

为什么把怀嬴改称辰嬴呢？

杨伯峻在《春秋左传注》中做了解释："谓之怀嬴者，当时犹晋怀公之妻也。后又嫁文公，故今改谓为辰嬴，辰或其谥也。"

对于这位辰嬴，赵盾的看法是："辰嬴贱，班在九人，其子何震之有？且为二嬖，淫也。"即她是晋文公九位妻妾中地位最低的，名列在第九位，卑贱不足道，不应该立她的儿子公子乐为晋国君君。

由此可见，文嬴和怀嬴（辰嬴）不是同一个人。

不过，从"辰嬴嬖于二君"一语，我们也知道，怀嬴的确是先嫁给了晋怀公，后来再嫁晋文公的。

关于怀嬴的再嫁，《左传·僖公·僖公二十三年》里面是这样描述的："秦伯纳女五人，怀嬴与焉，奉匜沃盥。"意思是说，秦穆公把5个女子许配给了晋文公，怀嬴也在其中，负责给晋文公端洗脸水。

前面说了，周代婚姻制度中有一种"媵""妾"制，即贵族男子在娶嫡妻时，可以得到若干个陪嫁的女子，即媵妾。秦穆公一次性地给晋文公许配了5个女子，其中有文嬴，也有怀嬴。

也正是这个原因，《史记·秦本纪》里面出现了"妻以故子圉妻"的描述。

按照"媵""妾"制度，晋文公在所娶5女中，正妻只能有一人，其余皆为媵妾。而《国语·卷十·晋语四》在表述"秦伯归女五人，怀嬴与焉。公子使奉匜沃盥，既而挥之"一语时，韦昭注曰："婚礼，嫡入于室，媵御奉盥。"即正妻可以登堂入室，而媵妾只能端洗脸水。

事情很明显了，文嬴、怀嬴等5人同嫁晋文公，文嬴成了晋文公夫人，怀嬴只是一个媵妾。

另外，怀嬴、文嬴的婚事都是由秦穆公操办的，怀嬴出嫁在先，文赢出嫁在后。从这一点上说，论年岁，应该是怀赢长于文赢。

那么，为什么会出现年幼的文赢成了正妻，而年长的怀赢只是一个媵妾呢？

唯一的解释就是：文赢是秦穆公的亲生女儿，怀赢只是秦国宗室女。

其实，关于怀赢只是秦国宗室女，《史记·秦本纪》也有交代："夷吾献其河西地，使太子圉为质于秦。秦妻子圉以宗女。"即怀赢就是秦国的宗室女。

另外，《史记·晋世家》记载，晋惠公病重，太子圉想携带怀赢一起偷溜回晋国，怀赢拒绝说："子一国太子，辱在此。秦使婢子侍，以固子之心。子亡矣，我不从子，亦不敢言。"即从怀赢说话的口气来看，她的确不像是秦穆公的亲生女儿。

在《左传·僖公·僖公二十二年》的记载里，怀赢的回答更加卑微。太子圉问她："与子归乎？"她答："子，晋太子，而辱于秦，子之欲归，不亦宜乎？寡君之使婢子侍执巾栉，以固子也。从子而归，弃君命也。不敢从，亦不敢言。"

一句话，文赢和怀赢不但不是同一个人，而且还不是同父姐妹，她们的身份差了一大截。

重耳与齐姜的爱情感动到您了吗？

晋惠公（重耳弟弟夷吾，前面已经提到过）即位后要面对的第一件大事，就是派宦官履鞮带领一批杀手到翟国追杀哥哥重耳。因为哥哥的存在，对他的君位形成了巨大的威胁。

在这种情况下，翟国不能再待下去了。

重耳对舅舅狐偃及谋士赵衰等人说："此地不可久留，齐桓公好善，志在霸王，收恤诸侯。如今他的得力谋臣管仲、隰朋已死，急需贤佐，正是我等投奔之所，我们到齐国去！"

众人都点头赞同。

重耳匆匆丢下了季隗和两个幼小的儿子，再次踏上逃亡之路。

季隗觉察，发狂追出了好几里地。

重耳从马车上跳下，严肃地吩咐说："待我二十五年不来，乃嫁。"

季隗悲愤莫名，惨笑一声，回答说："犁二十五年，吾冢上柏大矣。"

重耳一时语塞，沉着脸，爬上马车，绝尘而去。

经过一番辗转流离，重耳终于来到了齐国。

故事的重点来了。

电视连续剧《重耳传奇》里，齐桓公的小女儿齐姜，聪明活泼，机灵捣蛋，是齐桓公的掌上明珠。她经常女扮男装到处游荡，结识了重耳。齐姜被重耳的善良和才华吸引，对其产生了爱慕之情。但齐姜公主深明大义，在晋国内乱时，力劝重耳回到晋国主持大局。为了帮助重耳达成大愿，她甚至不惜和家人作对，利用齐国的力量尽力帮助重耳……

必须承认，《重耳传奇》里的这些情节是有些历史影子的。

但齐姜并不是齐桓公的女儿，更不是齐桓公的掌上明珠。

西汉人刘向《列女传·晋文齐姜》里说得非常清楚："公子重耳与舅犯奔狄。适齐，齐桓公以宗女妻之。"即重耳与舅舅子犯（狐偃）等人先是逃亡到了狄国（亦作翟国），后来出奔齐国，齐桓公将一个齐国的宗室女子许配给他。

也就是说，重耳在齐国娶的女子，和申生的母亲一样，都是齐国的宗室女子，史书统一称之为"齐姜"。

重耳娶的齐姜，是一个不一般的女子。

重耳到齐国这年，已经 55 岁了。

按照《列女传·晋文齐姜》所写，重耳到了齐国，立刻忘了与季隗分别时的悲痛，一头扎入了新的温柔乡里。

他每日与齐姜耳鬓厮磨，说不尽的幸福快乐，不知今夕何夕。

在快乐之余，重耳惬意无限地说："人生安乐而已，谁知其他。"

狐偃等人听了这话，认为重耳这是丧失了大志，不忍看他就此沉沦，大家聚集在桑林里，商议着怎么劝他离开齐国。

隔墙犹有耳，何况是在桑林中呢？

狐偃等人在桑树下热烈讨论，没料到有一个养蚕女在桑树上采桑叶，将他们的讨论内容一字不落地听入了耳中。

这个养蚕女心地善良，生怕重耳这一偷溜，齐姜就要守一辈子活寡。

等狐偃等人散去，她从树上下来，赶紧向齐姜报告，像竹筒倒豆子一样，把听来的全部告诉了齐姜。

谁知齐姜竟然拿刀将这个好心的养蚕女砍死了。

接着，齐姜非常卖力地劝重耳离开齐国。

但和电视剧里演的有些不同。电视剧里的齐姜劝重耳，表现出更多的是爱；而《列女传·晋文齐姜》中的齐姜劝重耳，表现出的更多是嫌弃，好像巴不得重耳这个糟老头子快点离开似的。她讲了很多大道理，在劝说无效的情况下，干脆把重耳灌醉，再与狐偃等人一起合力抬重耳上马车，送他离开。

不过，《列女传·晋文齐姜》的结局写得很美好，仿佛童话里王子与公主的结局一样。原文是这样的："秦穆公乃以兵内之于晋，晋人杀怀公而立公子重耳，是为文公。迎齐姜以为夫人。遂霸天下，为诸侯盟主。"

意思是说，重耳离开齐国后，得到了秦国穆公的支持，除掉了晋怀公（重耳弟弟夷吾的儿子），成了晋文公。晋文公后来迎齐姜回晋国，让齐姜做了自己的正夫人。晋文公后来还称霸天下，成了诸侯盟主。

重耳与齐姜的故事，还见于《国语·晋语·齐姜劝重耳勿怀安》。前面的叙述，与《列女传·晋文齐姜》基本相同，但没有齐姜灌醉重耳，与狐偃等人抬重耳上车的情节，更没有"迎齐姜以为夫人"这样的话。

重耳后来有没有"迎齐姜以为夫人"呢？

学过高中课文《崤之战》的同学都知道，公元前 628 年冬，重耳（晋文公）死。秦穆公急于进入中原以成霸业，他趁晋、郑两国举行国丧，发兵穿越晋境，袭击郑国，但未能得逞。秦军在班师经过崤山时，遭到了晋军阻击，孟明视、西乞术和白乞丙等三位秦军主帅被俘。当时，秦穆公的女儿文嬴用嫡母的身份说服了晋襄公，孟明视三人才得以被放回国。

《崤之战》摘自《左传·僖公·僖公三十三年》，原文写道："文嬴请三帅，曰：彼实构吾二君，寡君若得而食之，不厌，君何辱讨焉！使归就戮于秦，以逞寡君之志，若何？公（晋襄公）许之，先轸朝。问秦囚。公曰：夫人请之，吾舍之矣。"

晋人杜预所作注解是："文嬴，晋文公始适秦，秦穆公所妻夫人，襄公嫡母。"

另外，《史记·秦本纪》也这样记载："文公夫人，秦女也，为秦三囚将请曰：'缪（穆）公之怨此三人入于骨髓，愿令此三人归，令我君得自快烹之。'晋君许之，归秦三将。"

刘宋裴骃在《史记集解》中特别强调，说这位"秦女"就是"缪（穆）公女"。

从这两则材料可知，秦穆公之女在晋文公死后，依从晋文公的谥号，被称为文嬴；而又被晋襄公称为"夫人"，可知她不是晋襄公生母，却是晋文公的嫡夫人。

不难看出，重耳的正夫人就是秦穆公之女文嬴，绝非什么齐姜。

而从"辰嬴贱，班在九人"的说法里，我们知道，晋文公重耳一共有九个妻妾。

清人俞正燮所著的《癸巳存稿》里详细考证了这九个妻妾的身份，并没有齐姜！

再一次强调，古人妻妾中，正妻只有一个，其余都是妾。

依据晋文公妻妾的家世背景及其本人为晋文公所做贡献，她们在晋文公后宫地位依次如下。

重耳能继位为君，全赖文嬴的父亲秦穆公，正妻就是文嬴，这没什么好说的。

排第二的是偪姞。偪姞是周王室之女，她嫁给重耳时，重耳还没流亡，她给重耳生下了长子欢，即以后的太子欢，也是后来的晋襄公。

排第三的是季隗。季隗在翟国与重耳度过了浪漫而快乐的十二年时光，还给重耳生下了伯儵和叔刘两个儿子。

排第四的是杜祁。杜祁嫁得比季隗早，她与偪姞都是在重耳尚未流亡时就嫁过来的。有可能，她嫁得比偪姞还要早，只不过，她的儿子公子庸比太子欢出生晚罢了。

排第五的是一个周王室之女，该女生子黑臀，就是后来的晋成公。

排在六、七、八、九位的是秦国的四个媵女。

同为媵女，怀嬴为什么排在了第九位呢？

有人认为，辰嬴是秦穆公之女，只不过她是先嫁给了太子圉（晋怀公），再嫁给晋文公的，所以排在第九。

但是，《史记·秦本纪》在写秦穆公将她许配给太子圉（晋怀公）时，有交代："夷吾献其河西地，使太子圉为质于秦。秦妻子圉以宗女。"即怀嬴也是秦国的宗室女，并不是秦穆公的女儿，否则也不会沦落到第九位了。

显而易见，晋文公的九个妻妾中，没有齐姜。

那么，冷酷而真实的史实就是：晋文公回国继位后，已经忘了齐姜了，压根就没有接她到晋国。

 ## 中国首位太后，史书着墨不多

前几年，长达81集的电视剧《芈月传》在各大电视台热播，让观众全景式地了解了秦国从秦惠文王到秦昭襄王的那一段历史。

剧中的主要人物"芈月"，也成了人们热议的话题。

"芈月"之名，史不见载。

但按照《芈月传》的人物设定，这个"芈月"，就是秦宣太后。

秦宣太后的事迹，散见于《史记》和《战国策》两书中的某些章节，着墨不多。

根据这些章节，大致可以勾勒出秦宣太后的人生轨迹。

且让我们逐一翻出来看看。

《史记·秦本纪》记："秦武王取魏女为后，无子，其死后，群臣立其异母弟继位，是为昭襄王。秦昭襄王的母亲为楚国人，姓琇氏，号宣太后。"

另在《史记·穰侯列传》中，由于穰侯魏冉是宣太后的弟弟，这里通过对穰侯的介绍，我们也知道，宣太后"其先楚人，姓芈氏"。

即《史记》作者司马迁对宣太后的姓氏提供了两种说法：一、姓琇氏；二、姓芈氏。

二者孰是？

司马迁在《史记·楚世家》中写道，楚之先祖出自帝颛顼高阳，高阳是黄帝之孙，他的后代陆终生有 6 个儿子，其中的老六名叫季连。关于这个季连，司马迁说："季连，芈姓，楚其后也。"即季连是芈姓的始祖，楚国贵族都是他的后人。季连的后代熊绎被封于荆蛮时，司马迁也说："封熊绎于楚蛮，封以子男之田，姓芈氏，居丹旭。"

所以，宣太后应该姓芈。

实际上，《史记·穰侯列传》也有进一步的交代："秦武王卒，无子，立其弟为昭王。昭王母故号为芈八子，及昭王即位，芈八子号为宣太后。"

世人因此一致认定宣太后为芈姓。

宣太后前期被称为芈八子，是因为秦惠文王的后宫分八级：皇后、夫人、美人、良人、八子、七子、长使、少使。宣太后号为"芈八子"，可知其在秦惠文王后宫地位不高。

从"芈八子"华丽蜕变成了"宣太后"，宋代人高承在《事物纪原·卷一》中指出："《史记·秦本纪》曰：'昭王母芈氏，号宣太后。'王母于是始以为称。"即他认为宣太后是中国历史上第一个太后。

由于《史记·穰侯列传》的文末有"范雎言宣太后专制，穰侯擅权

第六章 后宫逸闻

于诸侯"之语，宋代人陈师道在《后山集·卷二二》断言："母后临政，自秦宣太后始也。"他认为，宣太后不仅是中国历史上的第一个太后，也是中国历史上第一个临朝主政的太后。

而《史记·秦本纪》又记："四十二年，安国君为太子。十月，宣太后薨，葬芷阳郦山。"这里说的"四十二年"，是指宣太后的儿子秦昭襄王在位42年。有人因此在秦宣太后临朝主政的时间上，加了一个期限——41年。

《史记》除了在《史记·秦本纪》和《史记·穰侯列传》这两个地方提到宣太后，还在《史记·匈奴列传》记载了宣太后做下的一件惊世骇俗的大事，称："秦昭王时，义渠戎王与宣太后乱，有二子。宣太后诈而杀义渠戎王于甘泉，遂起兵伐残义渠。于是秦有陇西、北地、上郡，筑长城以拒胡。"

义渠是东周时期活跃于泾水北部至河套地区的一支游牧民族，长期与秦国发生战争。经过秦惠文王和秦武王两代人的打击，最终归顺了秦国。但秦武王死，秦昭襄王新即位，主幼国危，义渠又出现了不肯驯服的苗头。宣太后于是利用义渠国王入秦朝拜之机，与其私通，给他生了两个孩子。后来将之诱至甘泉宫斩杀。秦国随后发兵吞并了义渠国。

以上，就是《史记》中关于宣太后的全部记载了。

对于宣太后这一举止，有人誉，有人毁。

马非百先生站在誉的角度上，在他所著作的《秦集史》中大加赞叹，宣太后这一举止的功劳不逊于张仪、司马错攻取巴蜀。

接下来再看看《战国策》对宣太后的记载。

《战国策·秦策三·五国罢成皋》记载：公元前287年，齐、赵、韩、魏、楚五国合纵攻秦未能成功，在成皋（今河南省荥阳市西）停战。秦昭襄王想让韩国公子成阳君兼任韩、魏两国的国相。后方的宣太后通过穰侯魏冉向秦昭襄王提出了自己的建议，劝他不要任用成阳君。

《战国策·韩策二·楚围雍氏五月》记：公元前307年，楚军包围韩国的雍氏长达5个月。韩襄王忧心如焚，派使者尚靳到秦国求援。秦宣太后说什么"妾事先王也，先王以其髀加妾之身，妾困不疲也；尽置其身妾之上，而妾弗重也"。

此两处记载，充分体现了宣太后据有实权。

《战国策·魏策一·秦败东周》记载：公元前293年，战神白起率秦军打败了东周，杀了魏国将领犀武。魏昭王准备派人到秦国议和。有人请缨前往，在为魏昭王分析秦国国情时提到了宣太后，他告诉魏昭王，秦国的事都是宣太后说了算。

这从一个侧面反映了宣太后在秦国可谓是说一不二。

在《战国策·秦策三·范雎至秦王庭迎》里，范雎批评秦昭襄王，说："足下上畏太后之严，下惑奸臣之态。"在《战国策·秦策三·应侯谓昭王》中，范雎再次批评秦昭襄王："今太后使者分裂诸侯，而符布天下，操大国之势，强征兵，伐诸侯。战胜攻取，利尽归于陶；国之币帛，竭入太后之家。"

对于范雎的这两次批评，秦昭襄王都连连称是，不断检讨自己。由此说明宣太后的确是执掌了秦国的大权。

《战国策·秦策二·秦宣太后爱魏丑夫》里讲述了宣太后晚年的私生活。她十分宠爱情夫魏丑夫，在生病即将去世时，传令让魏丑夫为自己殉葬。年轻力壮的魏丑夫不甘心，请庸芮出面说情才得免。

《战国策·魏策四·芮宋欲绝秦赵之交》提到，魏臣芮宋极力要与赵国建立邦交，向秦王提出收回魏国过去赠给秦太后的土地，秦因此与赵国绝交。

《战国策·魏策三·魏将与秦攻韩》里面说的是，魏国有意联合秦国攻打韩国，韩臣朱已告诫魏王说："秦国与戎人、狄人的习俗相同，有虎狼之心，贪暴好利，不讲信义，不懂得礼义德行。如果有利可图，就不顾父母手足亲情，噬人如同禽兽。"然后，朱已以宣太后和穰侯被秦昭襄王废黜为例，说："太后母也，而以忧死；穰侯舅也，功莫大焉，而竟逐之。"

与之相类似的是，《战国策·燕策二·秦召燕王》记：秦王邀请燕王结盟，苏代赶紧劝阻燕王，大讲秦国不守信义，又列举了宣太后和穰侯失势之事。

综合上述记载，我们得知，秦宣太后是楚国人，姓芈，属于楚国贵族，参与到楚、秦联姻中，成了秦惠文王的妾姬，但在后宫中的地位一般。秦惠文王死，秦惠文王与惠文后所生之子秦武王继位。秦武王在位仅 3 年，因举鼎被砸死。其膝下无子，王位传给了宣太后的儿子秦昭襄王。宣太后因此得以太后的身份主政 41 年，死后葬于芷阳骊山（今陕西西安临潼区骊山）。

可以说，关于宣太后的故事，实在少得可怜。

冯梦龙著作长篇历史小说《东周列国志》，只在第九十七回《死范雎计逃秦国，假张禄廷辱魏使》中安排宣太后短暂登场，戏份不多。

然而，《芈月传》的作者却放飞想象的翅膀，杜撰了许多曲折离奇的情节，并铺陈敷染成如此气势恢宏的历史大剧，实在让人佩服。

《芈月传》的作者为什么会给宣太后起了个"芈月"这么富有诗意的名字呢？

该作者称，学者陈景元曾根据秦始皇兵马俑上的残字"芈月"和出土于阿房宫的筒瓦上有秦惠文王妃子"芈月"的合体陶文，推测出了芈八子的名字叫芈月，于是《芈月传》里就用了"芈月"这个名字。

但是，陈景元说秦始皇兵马俑上的残字为"芈月"二字，那只是他的一家之言。其他考古学家都一致认为那不是"芈""月"两个字，而是一个字"脾"。

秦史专家、西北大学文化遗产学院教授徐卫民指出：兵俑上所刻的字，一般都是工匠的名字，没有谁会想到刻一个太后的名字上去。

另外，陈景元说的出土于阿房宫筒瓦上秦惠文王妃子"芈月"的合体陶文，并没有什么人见过，仅仅出自他本人的描述，非常可疑。

主持考古发掘阿房宫遗址的中国社会科学院考古研究所副研究员刘瑞曾极其肯定地说："目前尚未在阿房宫遗址内发现写有'芈月'的合体陶文。"

刘瑞还说，《史记·秦始皇本纪》中说得已经很清楚：阿房宫是秦始皇于公元前 212 年下令建造的，说阿房宫遗址内会出现秦惠文王妃子"芈月"的合体陶文，根本不合理。

其实静下心想一想，就知道像"芈月""芈姝""魏纾"这种名字，多半出自现代人的编造，先秦时期是不大可能出现这种名字的。

另外，在《芈月传》里面，宣太后被写成是楚国国君楚威王的女儿，充当了嫡公主芈姝的陪嫁媵侍，一同嫁给了秦惠文王。

但并没有任何史料可以证明宣太后和惠文后是同父异母的姐妹。

 ## 秦始皇有立皇后吗？说说那些与秦始皇有关的女人

秦始皇号称"祖龙""千古一帝"，民间关于他的故事很多，但绯闻很少。

当然，这并不意味着秦始皇不好色。

杜牧写《阿房宫赋》，极力渲染秦始皇后宫女子之繁，称："雷霆乍惊，宫车过也，辘辘远听，杳不知其所之也。一肌一容，尽态极妍，缦立远视，而望幸焉，有不得见者三十六年。"

但无论杜牧怎么渲染，没有谁能从相关史料中指得出这海量女子中任何一个人的名字，更没有谁说得出最受秦始皇宠爱的女子是谁。

受司马迁《史记·秦始皇本纪》和《史记·李斯列传》的影响，一直以来，人们都认为是赵高、胡亥、李斯合谋矫诏，通过搞"沙丘政变"，篡夺了扶苏的继位权。大家的依据无非是，按照西周传下来的嫡长子继承制，帝位应该要传给嫡长子的，胡亥是幼子，帝位不应该落在胡亥身上。

但是，扶苏与胡亥，到底哪一个才是秦始皇的嫡子？没有谁说得清。大家只知道，《史记·秦始皇本纪》有提到"少子胡亥爱慕请从"，即胡亥是秦始皇幼子；而《史记·李斯列传》里赵高提到的"无诏封王诸子而独赐长子书"，即扶苏是秦始皇长子，仅此而已。

另外，所有史书都没有记载秦始皇正妻的名字，可能他与这位正妻的感情不好。

《初学记·卷十·中宫部·皇后第一》载："秦称皇帝，正嫡曰皇后，汉因之。"

帝王称皇帝，帝后称皇后，属于秦始皇首创。这说明秦始皇是有立皇后的。再来说说与秦始皇有关的女人。

秦二世胡亥登基之后，为了消除祸患，向自己的兄弟挥起了屠刀，其中有 6 位公子戮死于杜，3 位公了先囚后杀。《史记·李斯列传》又说，秦二世即位后，有公子 12 人戮死咸阳市，有 10 位公主死于杜。另

有一位公子高求为先帝殉，葬于骊山脚下。

史家推断，秦始皇的子女有三十几人，比汉高祖刘邦多多了。

那么，秦始皇宠幸过的女子定然不在少数。

可和秦始皇有关的女人，正史上可以查得到的，共有 3 个。

一个是生于巴地名叫清的寡妇。

《史记·货殖列传》中记载："巴寡妇清，其先得丹穴，而擅其利数世，家亦不訾。清，寡妇也，能守其业，用财自卫，不见侵犯。秦皇帝以为贞妇而客之，为筑女怀清台。"

巴寡妇清的夫家经营丹砂矿业，家资雄厚，她在丈夫死后，以弱质女流之身，操持起偌大一份家业，"用财自卫，不见侵犯"，很了不起。

秦始皇一方面欣赏她的能力，一方面为了嘉奖她的坚贞，在咸阳召见了她，并在送她回巴地后，命人为她筑起一座"怀清台"。

司马迁因此情不自禁地赞叹道："清，穷乡寡妇，礼抗万乘，名显天下，岂非以富邪?"

秦始皇之所以如此敬佩与赞赏巴寡妇清这位"贞妇"，有人推测，跟他的母亲赵姬的"不贞"有关。

赵姬是第二个与秦始皇有密切关系且《史记》上有记载的女人。她原本是"赵豪家女也"，即赵国富豪人家的女儿，被卫国大商人吕不韦纳为家姬，被在赵国充当人质的秦始皇之父异人看中并从吕不韦手中索去。嬴异人壮年早逝，赵姬成了太后，私生活混乱，与假太监嫪毐私通，

生有两子。可气的是，这个嫪毐无法无天，竟敢自称是秦始皇的"假父"，还发动了叛乱。秦始皇悲愤交加，平定了变乱后，将嫪毐五马分尸，并将嫪毐的两个儿子摔死。

这里要说的第三个与秦始皇有关的女人是孟姜女。这个人，原本与秦始皇毫无关系，但民间讹传太广，没关系也变成有关系了。

孟姜女的原型是"杞梁妻"，即杞梁的妻子。

杞梁是春秋时齐国的大夫，其生活年代比秦始皇早了300多年。

《左传》中记载：齐庄公四年（公元前550年），齐师伐卫、晋，回师袭莒，杞梁在激战中被俘而死。"杞梁妻拒齐庄公郊外吊唁。"

后来《礼记》把"吊唁"的情形具体化，说杞梁妻"哭之哀"。

战国时期，《孟子》加强了杞梁妻"哭之哀"的效果，说"杞梁之妻哭其夫而变了国俗"。

"杞梁妻拒齐庄公郊外吊唁"的情节由此变成了"杞梁妻哭夫"。

西汉人刘向编著《列女传》，在"杞梁妻哭夫"之后，别出心裁地增加了"城墙为之崩塌""壮烈投淄水"的结局，感人心怀。

东汉人王充的《论衡》补充了"城墙为之崩塌"的"细节"，说杞梁妻的哭声震崩了杞城的城墙，一共有5丈之多。

西晋人崔豹作《古今注》，把杞城写成了一座富有感知能力的神城，说它受不了杞梁妻撕心裂肺的哭声，"感之而颓"。

北魏人郦道元编《水经注》引《琴操》文，把王充、崔豹等人说的杞城改成是莒城，理由是杞梁是死在莒城争夺战中的。

唐代诗僧贯休觉得杞城、莒城都是小城，气势不够宏大，杞梁妻要哭就必须哭倒长城！

所以，他在《杞梁妻》中，把杞城、莒城改成了长城。

那么，原本发生在春秋时期的事就被他来了个乾坤大挪移，挪到了秦代。

贯休诗《杞梁妻》开头的第一句，就是"秦之无道兮四海枯，筑长城兮遮北胡"。

从此，秦始皇就和杞梁妻拉上关系了。

不过，在贯休的诗里，杞梁妻还是杞梁妻，被写成是"杞梁贞妇"。

把"杞梁妻"改成了"孟姜女"，应该发生在明代。

因为明代征发民夫修筑长城，民间怨苦，有人要借古讽今。

不过，可能有人知道杞梁是春秋时期的人，与被秦始皇征发去修筑长城的背景严重不符，就偷偷地把"杞梁"改为了"万喜梁"或"范喜良"。

这么着，"万喜梁"或"范喜良"修筑长城，孟姜女千里送寒衣，然后哭夫十日，万里长城轰然倒塌，这一系列情节就串联成一个完整的故事了。

秦始皇和杞梁妻的生活年代相隔了 300 多年，却被人们硬生生地拼凑在了一起。只能说，秦始皇的感情生活隐藏得太深了，要编造一则故事，都这么困难。

 ## 秦始皇嫔妃与皇子面容复原了？

话说，2012 年，有 99 座古墓在秦始皇陵的西北部被发现。

专家们根据墓地的方位和排列情况断定，这 99 座古墓都属于秦始皇陵的陪葬墓。

挖开一看，每座古墓中埋着的果然几乎都是女性尸骸。

结合《史记》中的秦二世胡亥把后宫中没有生孩子的嫔妃全部处死给秦始皇陪葬的文字来看，这些女性尸骸就是那些陪葬的嫔妃遗骸了。

专家对这些尸骸的面容一一进行了复原。

让人诧异的是，一座规模较大的古墓里的一具尸骸，被复原出来后，竟然拥有深邃的眼眶，以及高挺的鼻梁，这赫然是中亚人或者是欧洲人的面孔！

这是怎么回事？

中国西北大学信息科学与技术学院的李康介绍说，颅面复原用计算机生成肖像，运用深度学习算法和大型解剖数据库重建了人的主要面部特征，他本人对研究结果充满信心。即这位有着中亚人面容的秦始皇后妃可能是波斯人，甚至欧洲人。

但秦始皇帝陵博物院考古工作部主任张卫星却认为，这位女性看上去不像西方人，而且，亚历山大大帝在秦始皇大一统的 100 年前，已经征服了波斯和印度部分地区，即秦始皇时代的中国与西方不太可能有广泛频繁的接触，历史文献和考古证据并不支持秦始皇后妃有波斯人甚至欧洲人的假设。下一步，秦始皇帝陵博物院计划对这具遗骸进行 DNA 检测，希望能提供更多她身世的线索。

另外，在秦始皇陵外城墙东侧上焦村有 10 多座墓地。考古专家经过发掘研究，认为这些古墓的主人应该就是当年被胡亥斩杀的兄弟姐妹，也就是秦始皇的子女。

按照司马迁在《史记》中的说法，以及其他史料的记载，秦始皇共有 33 位子女，除胡亥在赵高、李斯合谋下篡得皇位，其余 32 人皆死于非命。

考古专家专门复原了一位"秦始皇之子"的容貌，推断他是位 30 岁左右的男子，有橄榄形的眼睛和一个大鼻子。

但是，秦始皇出生于公元前 259 年（比出生于公元前 256 年的刘邦仅仅大 3 岁），暴毙于公元前 210 年，享年 49 岁，其被毒死的长子扶苏死时也没超过 30 岁，这位 30 岁的男子，是怎么回事？是专家弄错了还是司马迁的记载有误呢？这些谜需等以后去揭开吧。

 虞姬为什么要自杀呢？

传说西楚霸王项羽被韩信十面埋伏、兵围垓下，一筹莫展，计无所出，只能在营帐中喝闷酒，静听四面楚歌，心慌意乱之际，拔剑悲歌一曲："力拔山兮气盖世，时不利兮骓不逝，骓不逝兮可奈何，虞兮虞兮奈若何！"他心爱的姬妾虞姬悲从中来，穿戴起华贵漂亮的衣饰，拿过项羽手中宝剑，边舞边歌："汉兵已略地，四方楚歌声；大王意气尽，贱妾何聊生。"歌毕，自刎身死。

这一段传说，自古以来，深入人心。

就连历史学家李敖也为此赞不绝口，挥笔写了一篇极其煽情的鸡汤美文，名曰：美人的死和英雄的死。

文中写道："虞美人是伟大的中华儿女，她是美人，有一个英雄的死；相对的，楚霸王，另一个伟大的中华儿女，他是英雄，却有一个美人的死。"

又说："如今，虞美人长眠定远荒冢，楚霸王饮恨乌江古渡，一切的楚河、一切的汉界，都在世棋起落之中，云散烟消，只留下这两场美人的死和英雄的死，给后人凭吊。'力拔山兮气盖世……虞兮，虞兮，奈若何！'为英雄美人，我流泪。"

殊不知，所谓"虞姬殉情"原本就是一个传说！

《史记·项羽本纪》未曾提到这个美人儿殉情的事。

且让我们来看看《史记·项羽本纪》里的相关文字：项王则夜起，饮帐中。有美人名虞，常幸从；骏马名骓，常骑之。于是项王乃悲歌慷慨，自为诗曰："力拔山兮气盖世，时不利兮骓不逝。骓不逝兮可奈何，虞兮虞兮奈若何！"歌数阕，美人和之。项王泣数行下，左右皆泣，莫能仰视。于是项王乃上马骑，麾下壮士骑从者八百余人，直夜溃围南出，驰走。

这里，根本没有交代虞姬的结局，只是说项羽丢下虞姬及数十万军队于不顾，溜之大吉了。

虞姬真殉情了吗？

司马迁的《史记》中没有记载，那么可有其他史料可供证明呢？

班固在《汉书·司马迁传》中说："司马迁据《左氏》《国语》，采《世本》《战国策》，述《楚汉春秋》，接其后事，讫于天汉。"

也就是说，司马迁著《史记》时参考过《楚汉春秋》。《楚汉春秋》乃汉初陆贾所著，至南宋时亡佚。《楚汉春秋》中的确记载有项羽和虞姬喝酒唱和的事，其中"美人和之"的和歌便是上面提到的"汉兵已略地，四方楚歌声"一歌，不过，这首歌历来被认为是后世伪作，因为秦汉没有这样成熟的五言诗，且《楚汉春秋》也同样没有交代虞姬的结局。

于是，人们就按照自己的想象，认定虞姬是饮剑殉情了。"霸王别姬"的悲情故事从此在中国文学长廊里发酵，发酵成为一曲荡气回肠的爱情绝唱。

人们怎么就不能好好想想，向来以治史严谨著称的司马迁为什么不写虞姬的结局呢？

恐怕，这里面有一个残酷得让人无法直视的真相：虞姬，其实是霸王亲手杀死的。

《太平寰宇记》卷一二八"濠州钟离县"条记载："虞姬冢在县东南六十里，高六丈，即项羽败，杀姬葬此。"

第七章　秦末风云

 ### 秦灭六国，刘邦做了哪国的"亡国奴"？

秦灭六国，刘邦做了哪一国的"亡国奴"呢？

这个问题并不容易搞清楚。

《史记·高祖本纪》交代了刘邦的出生地，说："高祖，沛丰邑中阳里人。"

必须说明一下，东汉学者应劭曾解释说："沛，县也；丰，其乡也。"《史记集解》中孟康也称："后沛为郡而丰为县。"

即沛原先是一个县，而丰是一个乡；后来沛改为郡，丰改为县。

据说，以前丰县老县衙门匾有云："古宋遗风，汉皇故里。"

说明了刘邦故里，在春秋战国时期属于宋国领地。

事实上，丰县不但属于宋国，还是宋国最后一任国君宋王偃的都所。

但《史记·宋微子世家》记："王偃立四十七年，齐湣王与魏、楚伐宋，杀王偃，遂灭宋而三分其地。"

宋王偃四十七年就是公元前 286 年，这一年，宋国被齐、魏、楚三国联手瓜分了。

注意下这个时间点：公元前 286 年。

然后，我们不妨来看一下刘邦的出生年。

裴骃的《史记集解》引用西晋人皇甫谧的说法："皇甫谧曰：高祖以秦昭王五十一年生，至汉十二年，年六十二。"秦昭王五十一年就是公元前 256 年。

如果皇甫谧的说法靠谱，那么刘邦就出生于公元前 256 年。

不难看出，刘邦降生时，宋国已经灭亡了 30 年。

即刘邦不能算是宋国人，但他父亲刘太公可能是。

《汉书·高帝纪》引用有汉元帝时专门掌管皇族相关事务的宗正、汉朝封国楚元王刘交四世孙刘向说过的话："汉帝本系，出自唐帝，降及于周，在秦作刘，涉魏而东，遂为丰公，丰公盖太上皇父，其迁日浅，坟墓在丰鲜焉。"

这里提到的太上皇，是指刘邦的父亲刘太公；而太上皇父指的就是刘邦的爷爷。

这段话的意思是：刘氏本是唐帝后裔，先祖在秦国时以刘为姓，后来迁入魏国。刘邦的爷爷被魏王封为丰公，因为迁到丰邑时间太短，所以丰邑没有刘氏先人的坟墓。

这说明，刘邦一家是在他爷爷辈才搬到丰邑的。

不过，刘邦爷爷这个"丰公"并不是宋国封的，而是魏国封的，这是怎么回事？

《史记·楚世家》说："（楚顷襄王）十五年，楚王与秦、三晋、燕共伐齐，取淮北。"

顷襄王十五年，也就是公元前 284 年，楚王联合了秦、魏、韩、赵、燕五国伐齐，攻取了齐淮北之地。

丰邑属于淮北之地。按照这条记载，宋国灭亡后，丰邑先是被齐国占领，两年之后，又落入了楚国手里。

不过，《史记·楚世家》又记："（楚顷襄王）十八年，楚人有好以弱弓微缴加归雁之上者，顷襄王闻，召而问之。对曰：'……还射圉之东，解魏左肘；而外击定陶，则魏之东外弃，而大宋、方与二郡者举矣。'"

这段文字说的是：楚顷襄王十八年（公元前281年），楚国出现了一个善用小弓射击北归鸿雁的人，顷襄王慕名传召他前来问话。他用射箭来比喻攻略六国，其中提到回头射击圉的东部，就等于斩断魏国左肘；射击定陶，就会迫使魏国放弃东部要地，那么，就可以轻松合拿下大宋、方与这两个郡了。

"大宋"，就是今河南商丘及安徽砀山一带，而"方与"为今山东嘉祥及江苏丰县一带。

由此可知，丰邑已为魏国所得。

那么，刘邦的爷爷被魏国封为丰公，应该是楚顷襄王十八年，即公元前281年前后的事。

即刘邦的父亲刘太公并不是宋国人，也没属于过齐国，他和刘邦都应该属于魏国人。

上面所引刘向的话里，其实前面还有一句"秦灭魏，迁大梁，都于丰"，即魏国都城大梁被秦国占领后，魏国的流亡士大夫，又以丰邑为新都，组建了流亡政府，继续抗秦。

刘邦后来起事，留雍齿驻守丰邑，自己出征薛地。

陈胜乘机让魏国人周市前来攻城。

雍齿没有做太多考虑就投降了。这其中除了有雍齿不服刘邦的因素，还有一个原因，就是丰邑城有大多魏国人。

刘邦回来三次攻打丰邑，都未能攻下，也充分说明丰邑是按国都标准修建的。

而结合周市劝降雍齿说的那句话——"丰，故梁徙也"，也可以推知，在秦灭魏国时的公元前225年，丰邑还是属于魏国。

当然，楚国比魏国多存在了两年，丰邑后来被楚国占领了，从这一点上说，刘邦原本是魏国人，因为魏国亡了，他就成了楚国人，也未尝不可。

秦灭六国，丰县被并入了沛县，刘邦做上了沛县泗上亭长。由于泗上是前楚国沛县属地，秦的沛县县治也是前楚国沛县县治，刘邦从此居住到了前楚地沛县城乡，受楚风熏陶，善楚歌、能楚舞，也为他的楚人身份增添了几分色彩。

重要的是，楚国南公死前留下了"楚虽三户，亡秦必楚"的诅咒，陈胜、项羽叔侄都以楚人的身份反秦，并且得到了广大民众的支持和响应，刘邦以楚人身份投入反秦洪流之中，也不足为奇了。

有人也许会感到奇怪：刘邦先属魏，再属楚，当了两次"亡国奴"，为何他在反秦过程中没提过半句关于"亡国之恨"的话呢？

其实，在天下诸侯共尊周天子的西周，各诸侯国的子民并不是很看重自己所在诸侯国的国籍的。

即使到了春秋战国时代，对那些志在四方、一心要施展抱负的人来说，他们也不会被自己所在的诸侯国的国籍所羁绊。

比如说，百里奚本是齐国没落宗室子弟，早年在齐游学，壮年投虞为大夫，虞为晋灭，奔楚牧牛，最终入秦为相。

又比如商鞅，他本是卫国国君的后裔，卫国人，入魏侍奉魏国国相公叔痤，再入秦效力。

再比如范雎，出生于魏国，先入齐，后事秦。

还有张仪，魏国人，长大后游走于赵、楚、秦等国，成名于秦国。

与张仪齐名的苏秦，雒阳人，得燕昭王赏识，使齐，一度兼佩六国相印……

秦灭六国，六国原贵族子弟不甘沦为平民，不断以恢复故国为口号，一种"故国情怀"才倏然兴起。

比如汉初开国功臣张良，他的祖上三代为韩丞相，因韩被秦所灭，他就积极图谋恢复韩国，结交刺客，并在古博浪沙行刺秦始皇。

陈胜和吴广在大泽乡率众起兵，因为两人的家乡原先都是在楚国境内，起义之后，就以"张楚"为国号，意思是"张大楚国"。

还有项梁、项羽叔侄，先是拥立景驹为楚王，后来又拥立楚怀王的孙子芈心为义帝，打出了楚国旗号。

刘邦除了出身不显，和张良、项羽这些人不可比之外，还要注意前面刘向那句话里说的"在秦作刘，涉魏而东，遂为丰公"，即刘邦的爷爷原本就是从秦国迁到魏国的，而且，从秦国迁到魏国后，直接就在丰邑落户了。

那么，说不准刘邦还是在秦国都城咸阳出生的。

我们看，刘邦举事，他的妻子吕雉家族里立刻有人出来追随，比如吕雉的哥哥吕泽、吕释之等；而刘太公的亲戚，都是在刘邦攻入秦国都城咸阳后才来投奔的，比如刘贾、刘泽等。

还有一个小细节可以间接佐证刘邦对秦国咸阳抱有感情。刘邦成了沛县泗上亭长，"常繇咸阳"，他之所以这么热衷于到咸阳出差，说明他不但对咸阳熟，而且，咸阳那里有自己的亲属。

也就是说，刘邦先是秦国人，后来迁居成了魏国人，魏国亡后成了楚国人，秦灭六国又成了秦国人，最后灭秦建立了大汉朝，成了大汉帝国的主人。

从这一点上来说，刘邦实在没有什么"亡国恨"可提。

刘邦 40 岁还打光棍，整天游手好闲？

汉高祖刘邦是中国古代历史上的一个传奇人物，当然，也是一个话题人物。

很多人都说，刘邦真是走了狗屎运，一个街头小混混，40 多岁还打光棍，整天游手好闲，沉湎于酒色，赊人家的酒喝，只不过时运兼济，成了开国皇帝，开创出了煊赫鼎盛的大汉王朝。

这些话并不是瞎说。

要知道，《史记·高祖本纪》里就白纸黑字地写刘邦"不事家人生产作业"，不愿从事农耕生产家务劳作，到了壮年，被试用为官吏，当了泗水亭亭长，"廷中吏无所不狎侮"，以戏弄欺侮衙门里的吏役为乐。又写他"好酒及色"，经常到王媪、武负的酒店赊酒喝。

最让许多人看不惯的是，单父县人吕公竟然力排众议，将自己的女儿吕雉下嫁给了刘邦。

有人因此愤愤不平地啐骂，刘邦这样一个老光棍，都到了 40 了，还一事无成，吃了一顿霸王餐，吃来一个年轻漂亮的媳妇，还获得了一笔彩礼，还有天理吗?!

说这些话，都是不认真看书、不仔细看书的结果。

"刘邦 40 岁还一事无成"，不知这个"40 岁"是从哪儿看来的?

《史记·高祖本纪》只记录有刘邦的卒年，根本没明确交代刘邦出生于何年，是在何年娶吕雉的。

现在很多书，都说刘邦出生于公元前 256 年。

但公元前 256 年，仅来自裴骃的《史记集解》所引用皇甫谧的说法："皇甫谧曰：高祖以秦昭王五十一年生，至汉十二年，年六十二。"

根据这个，就有了"刘邦 40 岁还一事无成"的说法。

因为，《史记·高祖本纪》是明确记载有陈胜、吴广大泽乡起义时间的："秦二世元年秋，陈胜等起蕲。"

秦二世元年为公元前 209 年。

秦昭王五十一年为公元前 256 年。

而刘邦是在大泽乡起义的背景下起兵反秦的。

从公元前 256 年到公元前 209 年，刘邦的虚岁可不就是 48 岁?

果然，《史记集解》里面，就有"徐广曰：'高祖时年四十八。'"

那么，按照一般人想象，那刘邦和吕雉结婚时的年纪，可不就是四十好几了?

但是，有一个问题：皇甫谧是西晋人，生于公元 215 年，卒于公元 282 年，距离刘邦生活的年代有四五百年，他是从何得知刘邦生年的?

皇甫谧身后 300 多年，唐代人颜师古对《汉书·高帝纪》"夏四月甲辰，帝崩于长乐宫"处，提出了另一种说法："臣瓒曰：'帝年四十二即位，即位十二年，寿五十三。'"

臣瓒同样是西晋人。按照臣瓒的说法推算，以虚岁论，刘邦应该生于秦庄王三年，即公元前 247 年。

也就是说，秦二世元年，刘邦起事时，他其实是 39 虚岁而已。

您信皇甫谧还是信臣瓒？

如果信臣瓒，就不能说"刘邦40岁还是光棍"了。

保守估计，刘邦是在与吕雉婚后过了八九年时间才起兵反秦的。

这个问题，从《史记·高祖本纪》记载的"吕后与两子居田中耨"一语可知。

这句话的意思是：吕雉带着两个孩子在田里锄草。小孩能锄草，年轻肯定是不算太小了。

《史记·高祖本纪》"吕后与两子居田中耨"这句话之前，还有一句："高祖为亭长时，常告归之田。"是说刘邦在担任亭长时，常请假回家种田。刘邦是一个责任心非常强的男人，并非整天游手好闲。

"项羽自刎"之说遭质疑，自杀还是他杀？

项羽是个骁勇无双的大英雄，唐代大史学家房玄龄之父房彦谦曾把他的骁勇与神话故事中的英雄人物蚩尤相提并论。

后世这样盛赞项羽，说他是"世界之怪杰也，具并吞八荒之心，叱咤风云之气；勇冠万夫，智超凡俗；战无不胜，攻无不取；敌邦闻之而震魄，妇孺思之而寒胆；百世之下，犹懔懔有生气，岂仅一世之雄哉！"

壮哉，项羽之神勇，千载罕见！

但项羽却是个失败的英雄。

他主要败在三个地方：一、鸿门宴放走了刘邦；二、机械遵守鸿沟协定；三、错误建都于徐州。

所以，项羽败得相当不甘，死前一再仰天大吼："此天之亡我，非战之罪也！"

饶是如此，他却仍能从容面对死亡，乌江自刎，一腔英雄浩然之气塞满天地。

清代女才人李晚芳说："羽之神勇，千古无二；太史公以神勇之笔，写神勇之人，亦千古无二。迄今正襟读之，犹觉暗嗯叱咤之雄，纵横驰骋于数页之间，驱数百万甲兵，如大风卷箨，奇观也。"

此语不虚也，太史公以雄奇之笔写项羽，当项羽纵横天下之时，"暗恶叱咤，千人皆废"，谁人能与之争锋？

但其写项羽之死，细观其以惊心动魄之笔勾串楚歌夜警、虞兮悲唱、阴陵失道、东城快战、拒渡赠马、赐头故人等一系列情节，又何尝不是《史记评林》中所说的"一腔怨愤，万种低徊，地厚天高，托身无所，写英雄失路之悲，至此极矣"！

霸王别姬、乌江自刎，千古传唱。

然而，1985 年 2 月，安徽省定远二中的教师计正山撰写了一篇题为《"项羽并非自刎乌江"，而是"死于定远"》学术论文，该文在《光明日报》发表，里面的"'项羽并非自刎乌江'，而是'死于定远'"的观点，引起了时任中国艺术研究院副院长、中国人民大学教授冯其庸先生的关注。

冯其庸先生一直跟踪着这个历史课题，并于 2005 年 11 月亲身前往定远，邀请计正山一起实地考察了项羽当年垓下败逃后的路线，写出了《项羽不死乌江考》《千百年来一座有名无实的九头山》二文，发表在《中华文史论丛》上。

在二文中，他郑重其事地宣布：西楚霸王项羽并非自刎乌江，而是被杀死于东城（即今安徽省定远县）。

冯其庸先生乃是国学泰斗级人物，他的论点一出，影响巨大，恍如一块巨石激起千层浪，激发了全国性学术讨论。

2007 年 7 月 10 日，计正山也在《江淮时报》发表关于"项羽并非死于乌江"的文章，说这是"与国学大师冯其庸 22 年的考证"共同所得的结论。

史学界因此出现了关于项羽是"自杀还是他杀"的热烈讨论和研究。

2008 年 11 月 15 日至 18 日，中国史记研究会、中国历史文献研究会、安徽历史文化研究中心、安徽师范大学文学院、安徽和县项羽与乌江文化研究室联合主办的项羽学术讨论会在安徽和县召开，重点讨论了项羽乌江自刎的问题。

其实，冯其庸和计正山两人否定太史公"项羽自刎于乌江"之说的最大依据，就在于《史记》有两处地方提到了项羽死于东城。

严格地说，《史记》中有三处提到项羽之死。

一是《史记·项羽本纪》中"项王乃欲东渡乌江，乌江亭长舣船待……乃自刎而死"。这一大段文字明确点出项羽丧生的地点是在乌江。

二是《史记·高祖本纪》中写的："项羽乃败而走，是以兵大败。使骑将灌婴追杀项羽东城，斩首八万，遂略定楚地。"即项羽被追杀到了东城，被"斩首八万"。

三是《史记·樊郦滕灌列传》里所记："项籍败垓下去也，婴以御史大夫受诏将车骑别追项籍至东城，破之。所将卒五人共斩项籍，皆赐爵列侯。降左右司马各一人，卒万二千人，尽得其军将吏。"

这三处，只有一处是说项羽"欲东渡乌江"，尔后"自刎而死"；两处是项羽兵败于东城，其一是被"斩首八万"；另一是"五人共斩项籍"。

东城古城遗址在现在的安徽定远东南，与乌江之间约距240里。

在冯其庸和计正山两人看来，项羽要么死在乌江，要么死在东城古城；垓下之围时项羽尚有10万大军，且项羽死前又数呼"此天之亡我，非战之罪也"，按这种情况看，他是不服输的，不大可能抛弃这10万大军只领几百骑出逃。那么，《史记·高祖本纪》中写的"使骑将灌婴追杀项羽东城，斩首八万"和《史记·樊郦滕灌列传》写的"降左右司马各一人，卒万二千人，尽得楚军将吏"更靠谱。至于项羽领二十六骑在乌江江畔"令骑皆下马步行，持短兵接战"的自杀式败亡，根本不可信。

冯其庸和计正山两人均认为，"项羽自刎于乌江"之说是太史公为美化项羽而在单篇为项羽作传时的向壁虚造，事情的真相应该是项羽身死于东城。并且，项羽并非以"自刎"方式谢幕，实是被王翳、杨喜、吕马童、杨武、吕胜五人乱刀分尸，活活砍死的。

这么说，貌似有一定道理。

王翳、杨喜、吕马童、杨武、吕胜五人各持项羽尸体残块回向刘邦请功，五人都被分封为侯，乃是不争的事实，这也可以从《汉书·高惠、高后文功臣表第四》中得到证实。

按照《史记·项羽本纪》的说法，他们是在项羽死后抢尸邀功，这功劳的水分未免有点大，封侯有点过高了；而按《史记·樊郦滕灌列传》的说法，他们是杀敌邀功，居功至伟，封侯更合理。

关于项羽殉难的地点，《史记》中《项羽本纪》《高祖本纪》《樊郦滕灌列传》三传所说的"乌江"和"东城"，其实都是指同一个地点，即乌江亭。

为什么这样说呢？

必须说明一下，乌江亭不只是一个亭子，汉承秦制，《汉书百官公卿表第七上》里面中说了："大率十里一亭，亭有长；十亭一乡，乡有三老、有秩、游徼。"

即亭是当时县下属的一个行政单位。

而乌江亭当时就是东城县下属行政单位。

宋代乐史所编《太平寰宇记》中有明确记载："乌江本秦乌江亭，汉东城县地，项羽败于垓下，东走至乌江，亭长舣舟待羽处也。晋太康六年始于东城县界置乌江县。"

同样是宋人欧阳忞所著的《奥地广记附札记》也载："乌江本素东城县之乌江亭，项羽欲渡乌江即此。"

元初史学家马端临编撰的《文献通考》描述得更详细："乌江本乌江亭，汉东城县，梁置江都郡，北齐改为密江郡，陈临江郡，后周乌江郡，隋改为县。有项亭。"

冯其庸和计正山两人之所以把"乌江"和"东城"理解为两个地点，他们是把《史记·高祖本纪》《史记·樊郦滕灌列传》中提到的"东城"直接理解成东城县县城了。

殊不知，太史公著史，在记大事时，有把县城名泛指为该县地域的习惯；只有在写细节时才会特别标识出小地名。

《史记·高祖本纪》《史记·樊郦滕灌列传》所说的"东城"就属于泛指，指的是在东城县县境内发生的事。

第七章　秦末风云

《史记·项羽本纪》属于细写，所以特别点出了事发地点是在东城县县境内的乌江亭。

所以，《史记·项羽本纪》《史记·高祖本纪》《史记·樊郦滕灌列传》所说的"乌江"和"东城"其实都同指乌江亭。

这个问题稍微琢磨一下就很容易理解了，按《史记·项羽本纪》里的说法，项羽从垓下逃到东城县境时，身后只有二十八骑，那么，他们是应该往东城城堡里逃呢，还是往乌江方向逃？

逃往东城城堡，是等着汉军来个瓮中捉鳖吗？

其实，《史记·项羽本纪》的文中已经点明了："项王乃欲东渡乌江。"

必须是往乌江逃啊。

另外，要注意一下，项羽"欲东渡乌江"之前，刚刚进行了一场"东城快战"。

关于这个"东城快战"，是发生在东城城堡附近呢，还是发生在乌江亭附近呢？

东汉班固《汉书·项籍传》在这场"快战"中补充了一句话——"于是，引其骑因四隤山而为圆陈外向"。

这个四隤山，离乌江江畔不过30里。

所以，项羽殉难的地点就是在东城县县境内的乌江亭！

还有，《史记·项羽本纪》写项羽进入东城县境之前，曾出现了一句："至阴陵。"

这个"至阴陵"也不应该理解为进入了阴陵县县城，而应该理解为进入了阴陵县县境。不然，"至阴陵"之后"迷失道""乃陷大泽中"之句就会被理解成阴陵县县城中有一个大泽了。

当然，冯其庸先生也曾考虑过把"乌江"当成县下属的行政单位"乌江亭"来理解，但他认为"乌江在汉代属历阳"。他的依据是《元和郡县图志》中出现有"乌江县，隶历阳郡"的记载。但他没看清楚整句话："晋太康六年始于东城置乌江县，隶历阳郡。"即从晋太康六年开始，乌江才属于历阳。实不应该根据这条记载推出"乌江在汉代属历阳"的结论。

按《汉书·地理志》记载："九江郡，户十五万五千五十二，口七十八万五百二十五，县十五：寿春邑、浚遒、成德、柘皋、阴陵、历阳、当涂、钟离、合肥、东城、博乡、曲阳、建阳、全椒、阜陆。"

即阴陵、历阳、东城都是九江郡辖下的县。

正因为乌江亭属于东城县，所以太史公才会在《史记·樊郦滕灌列传》中写"追项籍至东城"。如果乌江亭属于历阳县，那么太史公的写法自然会写成"追项籍至历阳"。

至于冯其庸和计正山两位先生怀疑太史公是在美化项羽，东汉班固却在《汉书》里这样评价《史记》："然自刘向、扬雄博极群书，皆称迁有良史之才，服其善序事理，辨而不华，质而不俚，其文直，其事核，不虚美，不隐恶，故谓之实录。"

看到了吧？刘向、扬雄都是汉大学问家，都说"其事核"，即《史记》的记载是准确的，可以称之"实录"，不存在向壁虚造。

想想看，楚汉战争距离太史公的时代不过六七十年时间，如果楚汉之事叙述有违事实，那早有人提出来了。

对于太史公所记史事，班固曾指出："故司马迁据《左氏》《国语》，采《世本》《战国策》，述《楚汉春秋》，接其后事，迄于天汉。"

即《史记》中楚汉战争的史事多取于《楚汉春秋》。

《楚汉春秋》为陆贾所著，应该是可靠材料。

陆贾很早就追随刘邦，"居左右，常使诸侯"的著名辩士，他曾经因为讨论《诗书》一事顶撞过刘邦，使刘邦"不怿而有惭色"，并为此事著作了《楚汉春秋》，目的是总结历史存亡之理，以供刘邦治理国家时参考。

所以说，刘邦是读过《楚汉春秋》的，《楚汉春秋》所记之事是不应该存疑的。

还有，《楚汉春秋》一书是在南宋时期亡佚的，班固写《汉书》和司马光写《资治通鉴》，都读过《楚汉春秋》。如果他们看见《史记》所记与《楚汉春秋》所记相抵牾，一定会在自己的著作中进行考订。

前面说了，《汉书·项籍传》就对《史记·项羽本纪》中的"东城快战"增补上了"引其骑因四隤山而为圆陈外向"一语，表明所谓的"东城快战"具体应该叫"四隤山快战"。

司马光也通过考辨，补充了《史记·项羽本纪》中没标明的垓下之战的时间是"十二月"。

至于《史记·项羽本纪》中几乎被《汉书·项籍传》和《资治通鉴》一字不动照抄的段落、文字，都是信得过的史实。

当然了，被冯其庸和计正山两位先生以及大众议论得比较多的是，在"四隤山快战"时，项羽"瞋目而叱之，赤泉侯人马俱惊，辟易数里"的神勇情节；乌江刎前，项羽与吕马童慷慨激昂的对话。

他们认为，这些细节写得太精彩了，仿佛作者亲临其境，让人不敢相信。

但是，他们没有注意到，在"四隤山快战"中，被项羽"瞋目而叱之""人马俱惊，辟易数里"的赤泉侯与太史公是很有渊源的。

项羽在乌江自刎之后，"郎中骑杨喜、骑司马吕马童、郎中吕胜、杨武，各得其一体。五人共会其体，皆是。故分其地为五：封吕马童为中水侯，封王翳为杜衍侯，封杨喜为赤泉侯，封杨武为吴防侯，封吕胜为涅阳侯"。

即这赤泉侯就是杨喜。

杨喜有个儿子叫杨敷，杨敷有个儿子叫杨殷，杨殷有个儿子叫杨敞。

注意，杨敞是司马迁的女婿。

也就是说，杨殷是司马迁的亲家。

杨殷从祖父、父亲那儿继承了赤泉侯的爵位。对于这爵位的来历，他自然一清二楚。

他的祖父杨喜为华阴人，曾是旧秦军的郎中骑士，全程参加了追击项羽军事行动，是历史亲历者。

毫无疑问，对杨喜而言，参加垓下之战，追击到乌江斩杀项羽的战绩，是足以让他吹一辈子的大事。

这里面的所有细节，他乐意给所有人讲，更乐意对自己的儿孙讲，而且百讲不厌。

杨殷会把自己从祖父、父亲那里听来的故事详细讲给亲家司马迁听。

那么，太史公司马迁写这些故事和细节，写得如同亲睹也不足为怪了。

 ## 项羽尸首被 5 人瓜分，这 5 人最后结局如何?

瓜分项羽尸首的五个人是谁，他们最后的归宿是怎么样的呢?

这个答案并不难查。

因为《史记·项羽本纪》交代得清清楚楚：王翳、杨喜、吕马童、吕胜、杨武。

这五个人带回了项羽的躯体上交刘邦，刘邦因此封王翳为杜衍侯，享 1700 户；封杨喜为赤泉侯，享 1900 户；封吕马童为中水侯；封杨武为吴防侯；封吕胜为涅阳侯。

楚国已灭，大汉开国，这五人都得到了善终，幸福老死。

现在借这个机会，说一些不大为人所注意的东西。

《史记·项羽本纪》写项羽从垓下出逃后，他在"四隤山快战"的神勇情节、在乌江自刎前与吕马童慷慨激昂的对话，写得细致入微，仿佛作者亲临其境。

很多人因此怀疑太史公是放飞想象的翅膀来完成这一系列描写的。

其实不是。

因为，在"四隤山快战"中，被项羽瞋目惊退的赤泉侯与太史公是很有渊源的。

前面也说了，这赤泉侯就是后来因功得封的杨喜。

他把当时的所有细节一遍又一遍地讲给别人听，包括讲给自己的儿孙听，永不疲倦。

有一个问题，杨喜在讲这些东西的时候，有没有掺假呢?

可能性非常小。

你看，他在讲述"四隤山快战"时，就毫不隐讳地把自己被项羽吓得魂不附体的丢人事都说了出来。这么丢人的事，他都不加掩饰，其他的事还有隐藏和夸大的必要吗？

所以，太史公司马迁所写的项羽自刎一事应该就是历史事实。

西楚霸王项羽的神威，凛凛如画，千载而后，仍让人神往不已。

 ## 项伯是项羽的"小叔叔"，为何名字叫"项老大"呢？

根据《史记索隐》所载：崔浩云"伯、仲、叔、季，兄弟之次，故叔云叔父，季云季父"。

"伯"即"老大"的意思。

而《释名·释亲属》对"伯、仲、叔、季"的解释分别是："伯，把也，把持家政也；仲，平也，位在中也；叔，少也；季，癸也，甲乙之次，癸最在下，季亦然也。"

不过，"伯、仲、叔、季"的排序不是固定的，有时会有些变化。

班固《白虎通·姓名》就说："適（嫡）长称伯，伯禽是也。庶长称孟。"

即，正妻所生的老大，就称"伯"；小妾所生的老大，就称"孟"。

比如，大家都知道，孔子曾被称呼"孔老二"，那是因为他在家中排行第二，他的字有"仲"，为"仲尼"，他的上面有一个异母哥哥，字为孟皮。孟皮是小妾所生。

孔子的儿子孔鲤，字伯鱼，是正妻生的老大（实际上，孔子也只有这个儿子）。

孙策，字伯符，是正妻生的老大；孙权名仲谋，是家里的老二。

曹操字孟德，显然是庶出的老大。

周武王名叫仲发，《史记·管蔡世家》记："武王同母兄弟十人……其长子曰伯邑考，次曰武王发，次曰管叔鲜，次曰周公旦，次曰蔡叔度，次曰曹叔振铎，次曰成叔武，次曰霍叔处，次曰康叔封，次曰冉季载。冉季载最少。"即武王兄弟中，从老三到老八，全用了"叔"，到老十才用了"季"字（注：老四周公旦是尊称，由下文"封叔旦于鲁而相周为周公"知其名为叔旦）。

可见，当兄弟太多，"伯、仲、叔、季"四字分不过来时，伯为老大，仲为老二，季为最幼，中间的全叫叔。

不过，《春秋命历序》记："皇伯、皇仲、皇叔、皇季、皇少，五姓同期，俱驾龙，号曰五龙。"即传说中的皇氏五龙，最幼小的叫"少"而不叫"季"。

同样，汉高祖刘邦一共四兄弟，大哥刘伯，二哥刘仲，他是老三，叫刘季，另有一个弟弟叫刘交。即"季"在这里既不是老四，也不是老么。

但不管怎么样，"伯"一定是老大。

也就是说，项伯，一定是他家里的老大。

有人可能会说，看《史记·高祖功臣侯者年表》中的记载，"伯"是项伯的字，项伯的名是缠，即"伯"作为表字时，就不是"老大"的意思。

这种说法显然是错误的。

查《史记·高祖本纪》，开头就记"高祖，沛丰邑中阳里人，姓刘氏，字季"。看，"季"可不就是刘邦的字？可它表"老三"了。

还有，上面说到的孔伯鱼、孙伯符，也都是字，都表"老大"。

那么，项伯既是他家里的老大，为什么却是项羽的叔叔呢？论理，项羽应该叫他伯伯才对。

而且，《史记·项羽本纪》在介绍项伯时说："楚左尹项伯者，项羽季父也，素善留侯张良。"

在介绍项梁时又说："其季父项梁。"怎么都是"季父"？应该其中一个叫"叔父"，另一个更小的叫"季父"才更合适。现在都是"季父"，则此"季父"与彼"季父"哪个为大，哪个为小？

问题的答案，也在《史记·项羽本纪》中。关于项羽家族的命运，原文是这样写的："诸项氏枝属，汉王皆不诛。乃封项伯为射阳侯。"即项羽那一支以外的项氏没有遭到诛杀，项伯还被封为了射阳侯。

这说明，项伯和项羽不是同一支的。

也就是说，项伯与项羽的父亲不是亲兄弟。

这么一来，答案很明显了，项伯比项羽父亲小，所以项羽称其为"季父"，但他是他父亲的长子、他家里的老大。

还有，在秦汉年间，"季父"就是"小叔叔"的意思，一个人可以有多个"小叔叔"，单以"季父"的称谓是体现不出这些小叔叔年龄孰大孰小的。所以，要问项伯和项梁的年龄孰大孰小，只能通过项羽家族的发展史来进行推测了。

最后说一句，彭越的字为仲，即彭越应该是家里的老二；吴广的字是叔，则吴广至少应该有两个哥哥。

韩信"明修栈道，暗度陈仓"了吗？

一直以来，人们都认为"明修栈道，暗度陈仓"是"兵仙"韩信的军事杰作。甚至，有些词典还振振有词地说，这个成语出自《史记·高祖本纪》，然后绘声绘色地介绍这个成语产生的背景，即楚汉之争时，项羽封刘邦为汉王，自封为西楚霸王。刘邦听从谋臣张良的计策，从关中回汉中时，烧毁栈道，表明自己不再进关中。后来，刘邦拜韩信为将军，他命士兵修复栈道，装作从栈道出击进军关中，实际上却和刘邦率主力部队暗中抄小路袭击陈仓，趁守将不备，占领陈仓，进而攻入咸阳，占领关中。

实际上，《史记·高祖本纪》对汉军兵出陈仓这一段史实只泛泛提了一句"八月，汉王用韩信之计，从故道还，袭雍王章邯。邯迎击汉陈仓，雍兵败，还走"，根本就没有虚虚实实的"明修"和"暗度"。即使在《史记·淮阴侯列传》里，也只是"八月汉王举兵东出陈仓，定三秦"一语带过。也就是说，历史上从来就没发生过"明修栈道"这件事。

"明修栈道，暗度陈仓"的故事其实出自元杂剧。

元无名氏《暗度陈仓》第二折有"着樊哙明修栈道，俺可暗度陈仓古道。这楚兵不知是智，必然排兵在栈道守把。俺往陈仓古道抄截，杀他个措手不及也"的唱词；而元无名氏《气英布》第一折也有"孤家用韩信之计，明修栈道，暗度陈仓，攻定三秦，动取五国"之语。

张良两次带兵都以失败收场，为何列"武庙十哲"之一

一个人成功与否，与对自己的定位准确与否有关。

"汉初三杰"之一的韩信，是一个对自己定位比较准确的人。

他一直都很清楚自己是个什么样的人，想要的是什么。

贫寒时，他深知自己没有经商谋生之道，就干脆什么都不干，依靠别人糊口度日，到南昌亭长家蹭饭，大大方方地接受漂母的施饭。

就在这样的穷困潦倒中，他却懂得给自己死去的母亲找又高又宽敞的坟地，要让那坟地四周可安顿得下一万家——他相信自己可以做得到。

在遭受淮阴屠户挑衅时，他没有拔剑而起，他知道会有更重要的事等着他去完成，甘受胯下之辱。

在项羽手下效力时，项羽让他做郎中——官也不算小了，但这不是他想要的，走了。

跳槽跟了刘邦，负责管理粮饷，这也不是他想要的，同样，义无反顾地走了。

而当萧何月下相追，登坛拜将，他的心才算安顿下来。他的才能因此脱颖而出，战必胜，攻必克，被后人奉为"兵仙""神帅"。

韩信和刘邦谈论带兵，他说："陛下不过能统率十万兵。"

刘邦问他："你呢？"

他响亮地回答说："我是多多益善。"

刘邦挖苦他说："你是多多益善，为什么还被我辖制？"

韩信说："陛下不善于统领士卒而善于领导将领，这就是我被陛下辖制的原因。"

看，韩信对自己、对刘邦的定位，真准。

这也是刘邦和项羽在荥阳死战时，韩信断然拒绝蒯通劝他自立的原因。

韩信是如此的富有自知之明，后来却被说和陈豨勾结造反，绝对是吕雉的诬陷。

刘邦和项羽在荥阳死磕之时不反，到了自己已经被软禁于京城的时候才反，这种话，骗谁呢？

相对而言，同为"汉初三杰"之一的张良，刚开始的时候，对自己的定位是不准的。

张良有智勇，他并不是相貌魁梧奇伟之人，甚至"反若妇人女子"，但行的却是大丈夫的豪杰之举。

张良的祖父、父亲，都是韩国的宰相。韩国被秦国灭了，张良因此仇恨秦国。

听说秦始皇东巡，张良散尽家资，出钱买凶，雇请了一个大力士，为大力士量身定做了一只重达120斤的大铁锤，然后，探测秦始皇的巡游路线，提前踩点，进行了多次演习，准备行刺，一击致命。

但是，千算万算，张良算少了一招。

当时，按照君臣车辇规定，天子六驾，即秦始皇所乘车辇由六匹马拉车，张良把刺杀目标锁定在六驾马车车内。

但是，当秦始皇的巡游车队经过古博浪沙时，所有的车辇都是四驾。

张良傻眼了。

他无法判断出哪一辆才是秦始皇的座驾。

原来秦始皇曾多次遇刺，学乖了，把所有车辇都改为四驾，并且充分运用"狡兔三窟"的计谋，时不时地换乘座驾。

所以，张良成功的机会并不大。

这种情况下，应该取消行动。

但张良豁出去了，他决定放手一搏。

击打哪一辆车呢？

临时抓瞎，打车队最中间那辆！

在他的示意下，说时迟，那时快，大力士犹如现代的铁饼运动员，原地旋转了两转，呼的一声，120斤的大铁锤离手，在空中划出一道优美的弧线，不偏不倚，准确无误地命中了张良指定的目标。

不得不说，这个大力士太厉害了！

命中目标，车内传来一声惨厉的尖叫声，因为大铁锤太重，车被轰塌，现场一片混乱。

张良和大力士趁乱钻入芦苇丛中，迅速逃离现场。

前面说了，车辆太多，张良他们击中秦始皇的机会很小。事实证明，他们击毙的的确是秦始皇的一个替身。

但秦始皇却吓得不轻，下令全国缉捕刺客。

古博浪沙也因此闻名遐迩。

刺秦失败，张良仍不死心，灭秦的火焰仍在胸中熊熊燃烧。

秦二世元年（公元前209年）七月，陈胜、吴广在大泽乡起义，举兵反秦。

张良因时而动，凭借着自己的家财，纠合了100多名乡间少年，扯起了反秦的大旗。

这是张良第一次带兵，虽然斗志昂扬，四处攻伐，却处处碰壁，无一胜绩。

张良省悟：自己根本就不是当造反头头的料。

于是，他率众投奔自立为楚假王的农民军领袖景驹。

途中，张良遇上了真命天子刘邦。

刘邦这时的势力也很弱，不过众多反秦义军中的一支。

势力最大的是项梁、项羽叔侄所率领的队伍，已有六七万人之众。

这对叔侄不但能打，还很有脑子，懂得打政治牌，他们拥立了楚怀王之孙熊心为王，大肆招揽故楚豪杰义士。

这还不算，他们还于薛城（今山东省滕州市东南）大发英雄帖，遍邀各路义军首领共商大计。

张良和刘邦躬逢其盛，参加了此次大会。

在诸路义军首领的商讨大会上，本来是没有张良说话机会的，但他不甘沉默，大胆发言，大抒己见。

张良的志愿就是灭秦兴韩，他向项梁建议，要项梁遍复六国，多树党羽。

项梁鼓掌称妙。

因此，韩王成得立为韩王。

张良如愿出任司徒（相当于丞相）。

这时候的张良，意气风发，与刘邦握手道别，约定不相忘于江湖。

张良以为，自己虽然不是当首领的料，但在首领手下带兵打仗，那是没有问题的。

接下来，张良开始了第二次带兵打仗。

张良挥师收复韩地（指战国时韩国的地盘），营营役役，游兵于颍川附近，迟迟未能开创大局面。

张良再一次认清了自己不但不是当领导的料，也不是带兵打仗的料。

这时的刘邦已经气象大不同了。

因楚怀王与刘邦、项羽有约：谁先入关进咸阳，谁便可以立而为王。

刘邦带兵攻略颍川、南阳，准备从武关进入关中。

秦二世三年（公元前207年）七月，当刘邦攻占颍川的时候，张良和刘邦，这对约定不相忘于江湖的老友，第二次见面了。

张良决定不再领兵，而以谋士的身份辅佐刘邦入关。

刘邦屡攻宛城（河南南阳）不下，欲绕宛城西进。

张良含笑摇头，劝刘邦易旗急进，然后恩威并施，善抚南阳太守，赦免全城吏民，则宛城可下。

刘邦依计而行，果然兵不血刃地轻取了宛城。

坚城宛城既降，南阳郡的其他城池纷纷效仿，望风而降。

刘邦得以轻松抵达峣关（今陕西商州西北）。

峣关是拱卫咸阳的最后一道关隘，秦驻有重兵。

刘邦拉开架势，准备猛攻。

张良再献智计。

他说："峣关守将为屠户之子，此等市侩小人，可以动之以利。同时，我军再在周围山岭上大张旗帜，广置疑兵，城可不战而定。"

刘邦言听计从，果得峣关守将献关投降。

峣关降将为表诚意，承诺率军跟随刘邦联合攻咸阳。

刘邦自然喜不自胜。

张良当头泼冷水，说："合兵攻秦，他只能代表他自己，能代替得了手下的士兵？"

"此话何意？"刘邦满脸不解，愣愣地看着张良。

张良只好把问题点透，说："一旦他手下士兵不肯配合我们攻秦，突然向我们攻击，后果不堪设想。我们必须乘秦兵懈怠之机消灭他们。"

刘邦如梦方醒，先发制人，消除了后患，于公元前207年十月（秦以十月为岁首汉初未改）抵达霸上（今陕西西安市东25里），迫降了秦王子婴。

刘邦进入了咸阳的豪华宫殿，心理防线瞬间崩塌，沦陷在宫中美色中，任凭亲信樊哙怒吼吆喝，都懒洋洋地不想再动。

张良出马，悠然相劝："沛公为天下除残去贼，宜缟素为资。如果安于享乐，那便是'助桀为虐'也。所谓'忠言逆耳利于行，良药苦口利于病'，愿沛公听樊哙言，还军霸上。"

刘邦幡然醒悟，赶紧弃妇离宫，并按张良建议，与关中父老约法三章，还军霸上，静候项羽。

项羽与刘邦赌赛入关已经输红了眼，发现刘邦紧闭函谷关（今河南灵宝东北）不放他过去，怒火中烧，纵兵大破函谷关，进驻新丰、鸿门（今陕西临潼东北），要与刘邦决一死战。

这一次的刘邦真是险过剃头！

幸好项羽的叔父项伯与张良曾是旧交，在张良的巧妙周旋下，刘邦才转危为安。

项羽自立为西楚霸王后，定都彭城（今江苏徐州），计功割地，分封诸侯，把刘邦踢到偏僻荒凉的巴蜀，称为汉王。

又是张良，积极活动，为刘邦再求得汉中地区，据有了秦岭以南巴、蜀、汉中三郡之地。

刘邦入汉中，张良依依不舍，相送到褒中（今陕西汉中市褒城镇），献计烧毁栈道，麻痹项羽，以争取养精蓄锐的时机。

改年，刘邦兵出汉中，张良重回汉王左右，成为划策之臣。

彭城之战，刘邦几乎输光老本，逃命之际，甚至丢下了老父、妻子、儿女，异常狼狈。

关键时刻，张良在下邑出奇谋，即史上著名的"下邑之谋"，让刘邦调动英布、彭越、韩信，让其攻打项羽，从而扭转了楚汉战争的局势。

汉高祖三年（公元前204年）冬，楚汉相持于荥阳，久战不决。

刘邦为解决粮草之困，欲听谋士郦食其之议，复立六国。

张良外出归来，听说此议，如遭雷击，借箸谏阻分封，帮助刘邦免去一次重大失误。

同时，张良又上虚抚韩、彭之计，让刘邦再得彭越和韩信鼎力相助，终于对楚形成合围之势。

但是，汉军也已兵疲粮竭。

至此，楚汉双方达成协议，以鸿沟为界，中分天下，东归楚，西归汉，各自解甲归国，互不相犯。

条约签订，项羽拔营东归。

刘邦也欲引兵西归汉中，张良与陈平迅速谏阻，说："放楚东归不亚于放虎归山，遗患无穷。"

刘邦的确是个好领导，深纳良策，率军追击项羽，最终击杀项羽，结束了长达4年的楚汉战争，取得了彻底的胜利。

汉高祖五年（公元前202年）二月，刘邦正式即帝位。

在庆功宴上，刘邦盛赞张良说："夫运筹策于帷帐之中，决胜于千里之外，吾不如子房。"

这之后，张良劝都关中、先封雍齿、急流勇退、义荐四皓……事事无不彰显其深谋远虑、见识超凡。

与张良同效力于刘邦的陈平心悦诚服地称赞张良，说他"智足决疑，量足包荒，才足折冲御侮，德足辅世长民，皇帝从筹，百僚允若，炎汉万民之鸿麻；辟谷仙游，功成身退，乃平生心事之了了。元勋之首冠也"。

唐开元十九年（公元731年），唐玄宗设置太公尚父庙，以留侯张良配祭。唐上元元年（公元760年），姜太公被尊为武成王，以历代良将十人配享，张良赫然位列其中。此十人，世称"武庙十哲"。这之后，历朝历代所供奉的古代名将，张良都必不可少。

张良位列"武庙十哲"，自古至今，无可争议。

第八章　秦史遗迹

 南美洲有2000年前秦朝遗民的后裔？

南美洲委内瑞拉在墨西哥湾不远处，那里住着一批黄种人。他们的衣着接近中国古代服饰，脸形与口语发音类似中国人，见到华人便称"拜山拿"，意即同胞。

那么，这些人是否真的是华人呢？

曾任南京古物保存所所长的卫聚贤指出，现在檀香山还存留有中国篆书刻字的方形岩石，旧金山附近也有刻存中国篆文的古箭等文物出土，这说明，在很早以前，就有中国人到达了美洲。

的确，从墨西哥境内出土的"大齐田人墓"碑，以及南美玻利维亚发现汉文系统雕刻等古迹来看，2000年前，就有中国人出现在美洲了。

那么，最早到达美洲的中国人到底都是哪些人呢？

有趣的是，委内瑞拉山地上与华人称"拜山拿"的黄种人自称是

"寻药人的后代"，这"寻药人的后代"，不由得令我们想起奉秦始皇之命出海寻找长生不老药的徐福！

《史记·秦始皇本纪》记载：始皇二十八年（公元前219年），秦始皇东巡琅琊（今山东胶南琅琊镇），派遣徐福带领童男童女数千人，入海求仙。

这次入海求仙的路线，据晋人伏深《三齐记》记载：是从徐山（今山东青岛黄岛区境内）入海，绕山东半岛，去庙岛群岛，辽东半岛南岸，朝鲜半岛西岸南行，过济州岛到了日本。

著名学者李成林肯定了这种说法，并考证出徐福等人的活动地点是在日本蓬莱山（富士山）一带。

的确，在今天的日本，徐福仍拥有至高无上的地位，他被尊为"弥生文化之旗手""司农耕神""医药之神"等。

据调查，目前日本有50个地方都流传着徐福的传说。其中和歌山县的新宫市对徐福极为膜拜。现在，新宫市建有一座红色的神社，旁边立着一块徐福墓碑。新宫市里还有一座专门的徐福公园，里面有徐福像、不老之池，还有种叫天台乌药的药材，被当地人誉为"长生不老药"。

历史学家卫挺生在《徐福与日本》一书中最先提出：日本的第一个皇帝实际上是徐福。他说，徐福登岸的地点，恰恰和日本传说中的神武天皇登岸的地点相吻合。而且，在一个距今2000年前的日本皇族墓穴中，考古工作者发现了一面秦朝的铜镜和一把巨大的秦人用的战刀。2000多年前的日本还处在石器时代，哪儿有什么铜制品和战刀？这东西，分明就是徐福带到日本的！

不过，尽管新宫市建有徐福墓碑，卫挺生又考证出徐福曾担任日本的第一任皇帝，但徐福在到达日本后没过几年又回到中国，却是不争的事实。

《史记·秦始皇本纪》记载：始皇三十七年（前210年），秦始皇又来到琅琊见到徐福。徐福因为未能取回长生不死药怕遭谴责，谎称自己为海中大鲛鱼所阻，请配备弓箭手再次入海。秦始皇答应了他的要求。

接着，徐福第二次出海寻找长生不老药。

这次出海，按《史记·淮南衡山列传》所记：秦始皇"遣派男女三千人，资之五谷种种百工而行"。即给徐福加派了3000名童男女，并配备从全国召集来的百工以及五谷种子。

也就是说，徐福第一次出海所带的数千名童男女应该就长留在日本了，他们的后代就成为日本现在的秦氏。

关于徐福第二次出海的结局，《史记·淮南衡山列传》的记载是："徐福得平原广泽，止王不来。"意思是，徐福到了一个叫平原广泽的地方称王不回来了。

平原广泽到底是一个什么地方？

这个问题，司马迁没有说清楚。

1940年，原中国驻法国巴黎总领事廖世功先生以精深的知识和广博的见闻著文论证徐福渡海得"平原广泽"为王的"平原广泽"，就是今天的北美平原。

目前，学术界已达成了共识：徐福第二次出航的线路是从山东半岛出发，先到朝鲜半岛，再由朝鲜半岛南下至日本列岛，发现日本以东仍有广阔天地，便继续乘船东航，顺着太平洋黑潮暖流，途经夏威夷群岛和北美中部海岸一带，最终在美洲称王不回。

上文所提到的夏威夷群岛方形岩石上的中国篆书刻文、旧金山附近出土的中国篆文古箭等文物，应该就是徐福这批人所遗留的。

墨西哥考古学家威勒在墨西哥南部的特奥蒂华坎发掘出一块玉璧，上有汉字，已故著名学者卫聚贤先生确认，玉璧正面的字是："明月照松间"，反面为："鲤鱼跃龙门。"

这块玉璧，也很可能是徐福带走的童男女后裔留下的遗物。

徐福远航到美洲，也和当年墨西哥尤卡坦地区天主教第二教主兰达写的"兰达抄本"记载一致。里面记载：曾从"海上神路"来过12支高文化民族，给玛雅带来先进文明。而玛雅人语言为单音节字，和汉语相似，使用的文字为象形文字，与中国的甲骨文近似。玛雅人崇拜众神，特别崇拜羽蛇神，而蛇便是中国沿海徐夷人的氏族图腾。

20世纪80年代，还有人在玛雅地区挖到一根经过人工琢磨而成的小铁针，考古学家分析是 2000 多年前的产物，但大家都说不出这根小铁针有什么玄妙之处。直到一天，人们无意中把这根小铁针放在一块玻璃上，那小铁针竟转动起来。人们这才发现，这是一根指北针！

2000 多年前，玛雅人根本没有铁器，更没有指北针。

实际上，2000 多年前，全世界只有中国有指北针。

依古代航海史推断，在那个时代，就只有徐福一行人有能力渡海到达北美洲墨西哥，把这一实物遗留在那里。

因此，有的学者认定：徐福所带的 3000 名童男女的最后归宿，就在美洲！

我们有理由相信，徐福东渡是一次大规模的海外移民和中外文化交流活动，徐福是比哥伦布早 1700 年的大航海家！

秦景公用了"黄肠题凑"？

读过金庸先生《雪山飞狐》的读者，应该对书中描写的一个场景有记忆：一群江湖异士在辽东玉笔山庄后面找到了闯王李自成的藏宝洞，洞外大雪纷飞、洞内坚冰厚积，埋藏着无数金银财宝，同时，也埋藏着许多前来争夺财宝的武林高手。那些武林高手在洞里大动干戈，自相残杀，死后被坚冰冰冻，面目栩栩如生，却说不尽的狰狞可怖。

1976 年，陕西省考古所考古专家在宝鸡市凤翔县城南 5 公里南指挥村发掘出的一座大墓里，也看到了类似可怖的场景。

那座墓真的很大。

未动土挖掘之前，考古专家初步勘察的结果就让所有人震惊不已，其面积足足有两个篮球场那么大！

而且，墓地还有向外延伸的迹象，整个工程呈怪异的"中"字形结构。

其主体部分为 3 层，在 10 余米处有一圈二层台面，整个工程的深度，相当于 8 层楼高！

这种形制，当是一座古墓无疑。

正式挖掘开始，大家抑制住兴奋的心情动手劳作。

然而，随着一些呈圆形或椭圆形奇怪洞口的出现，考古队员的心在一点点揪紧。

这些洞，就是盗墓者所留下的盗洞。

也就是说，这座大墓已经被盗过了。

可悲的是，盗洞不是几个、十几个，也不是几十个，而是二三百个！

通过短短几天挖掘后的统计，清理出来的盗洞多达 247 个！

考古队员们的心哇凉哇凉的。

247 个盗洞，就意味着盗墓者进进出出大墓有数百上千次，墓里稍有点价值的东西估计早已被搬运得一干二净了！

队员们谁也不说话，心情沉重，机械式地干活，继续往下挖掘。

不知挖了多久，挖到大墓第二层台基处，有考古队员突然发出一声尖叫！

原来他发掘出一个头骨。

在坟墓中挖出头骨本来没有什么大惊小怪的，问题是，该头骨不是存放在棺椁里的。而是在泥堆里挖出的，而且，头骨嘴大张，死前像是正声嘶力竭地呼喊着什么，非常惊怵。

大家都围上来观看，七嘴八舌地议论开了——这，不会是盗墓者的尸骨吧？

难道，是盗墓者因为分赃不均，自相残杀了？

又或者是盗墓者中了坟墓中的某种机关而在墓中葬送了生命？

议论声中，有队员在距离头骨不远处又发现一节折断的胳膊的残骸。

如果是自相残杀，也许死者不止一个人。

在猜疑中，考古队员继续在四周发掘。

这一发掘不要紧，一发掘竟然发掘出了 20 具人骨遗骸！

这 20 具神秘的尸骸皆无棺无椁，位置杂乱无章，但周围并无凶器。

应该不是盗墓者的尸体，也许……大家面面相觑，不约而同地想到了同一个词：人殉。

殉葬制度始自殷商时期，其中最惨无人道的就是人殉。此前，在河南殷墟商代王陵里，考古队员就曾发现过大量殉人。以人作为陪葬牲的做法主要出现在先秦。从已有的考古发现可知，自秦朝建立之后，残酷血腥的人殉制度，才逐渐被陶俑所替代。

这座大墓中的这 20 个殉人，是作为人牲的殉人，他们生前也许是战俘，也许是奴隶，大墓封埋时被砍杀用以祭祀。从留下的凌乱尸骨可以想象当时场景的惨烈。

由此可以断定，这座大墓应该属先秦墓葬。

想清楚了这一点，人们的恐怖心理才渐渐消除，加快速度往下发掘。

在这 20 具骸骨下面的土层里，考古人员发现了一具棺木。打开棺盖，里面赫然又是一具人骨遗骸。

随后，这样的木棺又发掘出 160 多具！

显然，这些也是殉人。

但和二层台发现的那批作为人牲的战俘或者奴隶不同，这 160 多具具有棺木的骨骸，应该属于自愿的殉人。

排场既然是如此恐怖，又是如此奢华，那么墓主身份必定不同凡响。

考古队员的心情又莫名地兴奋起来。

那么，这墓主是什么来头呢？

清理棺木时，考古队员发现，这些躺在棺木里的自愿殉人，其下肢全部诡异地蜷曲着！

这一奇特的特征进一步说明墓主是秦人，如果没猜错，应该是先秦的某位君主。

因为，春秋战国时期，秦人中盛行屈肢葬，即在人刚死之时，用布带将其下肢向上卷曲捆扎，然后入棺埋葬。

大墓真的太大了，经过了 10 年时间的发掘，墓室中部的主棺棺顶才露出土面。

这时候，人们才能准确测量出它的面积：大墓呈长方形，从上往下看，好似一座嵌在地下的倒"金字塔"。倒"金字塔"式的墓室，从底到顶有三层台阶，其顶部长 59.4 米，宽 38.8 米；底部长 40 米，宽 20 米，墓底距地平线 24 米。它比安阳的商王墓还要大 10 倍，是中国迄今发现的最大古墓葬。

发掘出主棺后，人们又惊奇地发现，构成主棺的东、西壁及棺底、盖的所有南北向柏木，两端均有榫头伸出，在主棺南北两侧，凑成长方形的如同柜子一般的形制。

这个不同寻常的棺葬方式，乃是周礼中记的"黄肠题凑"，属于周天子的丧葬规格！

周天子当然不可能葬在作为诸侯国的秦国国内，这说明墓主便是秦国国君无疑，不过，这秦国国君敢用周天子的丧葬规范，说明这位秦国国君及他继位人的雄心已经超出关中一带。

到底墓主是哪一位秦国国君呢？

考古人员打开棺盖后，在其主棺内只发现一段股骨，除此之外，棺内空空如也。

显然，经过数百次猖狂的盗墓挖掘，棺内已被洗劫得只剩下这一段股骨了。

看来，这个神秘的大墓注定是要成为一个不解之谜了。

不过，在大墓的底部，考古人员陆陆续续发现了很多石头的残片，通过这些石头残片，考古队员居然拼凑出一双长约一尺的石鞋底！

这双石鞋虽然没能对墓主人的身份提供什么信息，但却极大地鼓励了考古队员继续清理和拼凑碎石残片的信心。

终于，考古队员在清理另外一些石头残片时，发现它们是石磬（一种古代乐器），而在石磬边缘，有铭文清晰可见！

这，太难得了！

考古队员把铭文小心地拓印下来，送交专家破解。

专家破解的结果是，铭文所记载的是一次宫廷宴乐活动，大墓主人则是这次活动的召集者。

铭文里有"共桓是嗣"几个字，说明了墓主人就是共公和桓公的继承人。

共公和桓公的继承人不就是景公吗？

是的，躺在"黄肠题凑"巨大棺木里的墓主，就是景公。

景公是桓公的长子，名石，秦国第十四代统治者，秦始皇的第十八代先祖，治理秦国长达 39 年，将秦国势力不断推向中原。

景公墓后来被称为"秦公一号大墓"。

秦公一号大墓虽有近 300 个盗洞，连椁室中装殓他的棺具也遭到严重破坏，不过也出土了 3500 余件文物。其中最重大的便是刻有 290 多个篆文的石磬，它有力地证明了秦人的族属为华夏族。此外，出土的 3000 余件极为精美的金器、玉器、铁器、石器、骨器，充分反映出春秋战国时期的秦国在政治、经济、文化上比其他六国更先进一些，这是秦能统一中国的根本原因。

 ## "项羽墓"被菜地包围，真假不明

近来，网络上不断出现有刘邦陵墓长陵的照片与项羽霸王坟墓的照片对比并配以"成王败寇"之类煽情文字的文章，很火。

刘邦的陵墓长陵那是准没跑的事，刘邦的骨骸肯定静静地躺在里面。问题是，所谓的霸王坟，里面会不会是空的啊？

要知道，项羽死得很惨。

《史记·项羽本纪》里写得清清楚楚：韩信布下天罗地网、设下十面埋伏，将项羽数万兵马团团围困于垓下，又从四面唱起楚歌。项羽听得心惊肉跳，连夜逼死了心爱的虞姬，然后置数万大军于不顾，单单带领自己的 800 亲兵开溜，溜来溜去，溜到乌江岸边，汉营追兵已到。项羽已筋疲力尽，心如死灰，无意再逃，回首恰好看见汉骑司马吕马童，就喝问："若非吾故人乎？"吕马童点头默认。项羽惨然一笑，说："吾闻汉购我头千金，邑万户，吾为若德。"横剑自刎而死。

项羽乌江自刎，死得非常壮烈。

但事情并没结束。

项羽刎颈倒地，还没断气，汉兵汉将疯了似的一拥而上，分割其体。

这些汉兵汉将，为抢得项羽的一条胳膊或一条大腿，不惜挥刀相向，互相残杀，最终，"相杀者数十人"，笑到最后的是：王翳、杨喜、吕马童、吕胜、杨武这五个人。

其中的王翳最强悍，割到了项羽的脑袋，另外四人各得一部分躯体。

这五个人各把血淋淋的项羽残躯带回向刘邦邀功，皆得重赏。

那么，这五部分项羽残躯到了刘邦那儿，有没有被合成一副完整的尸体安葬呢？

没有。

《史记·项羽本纪》又记：当初楚怀王封项羽为鲁公，项羽自己做了西楚霸王后，仍安排亲信守在鲁地谷城。项羽死，楚地大都投降了刘邦，鲁地谷城却还没降。刘邦一怒之下，想发大军屠戮谷城，但兵临城下时，"犹闻弦诵之声"，觉得城里的人恪守礼义，屠了可惜。于是取项羽头颅遍示鲁人。守城的李将军见了，挥刀自刎，百姓则开城投降。这样，刘邦就按照鲁公的礼仪把项羽头颅安葬在谷城，并建祠堂以祭祀。

由此看来，项羽应该是有墓的，可能有两处：一处埋头颅，另一处埋躯体；也可能只有埋头颅的一处，躯体被火化或被遗弃不葬。

反正，埋躯体的地址，《史记·项羽本纪》没有记载，2000 多年来也没谁去关注，大家的注意力都在脑袋上了。但埋脑袋的地方，《史记·项羽本纪》只说在谷城，具体在谷城哪个位置，没交代。

那么，所谓的霸王坟只能从地方志上去找了。

乾隆年间成书的《曲阜县志》上有记载："在鲁城东里许，俗称为霸王冢。"《阙里文献考》也记载："曲阜城东北有古冢，俗名霸王头，相传为项羽首处云。"

但是，1958 年，考古工作人员对此墓进行发掘，结果这只是一座东汉墓，实与霸王无关，指称霸王坟，属后人穿凿附会。

另有《东阿县志》说：楚霸王墓在县城南（古东阿县），即现在旧县三村。

现在东平县旧县乡旧县三村东侧高台地上也的确有一堆坟土，近年网络贴出的霸王坟照片就是在这儿照的。

《烟霞万古楼文集》卷一也记载："乾隆五十二年（公元 1787 年）泰安知府宋思仁捐俸重修东阿（今东平旧县村）项羽墓，并立诗碑。"

宋思仁所立的诗碑已残，被凿去1/3，尚余碑文曰："楚霸□□，一剑亡秦力拔山，重瞳千载孰能攀，秋风蕉鹿行人憾，汉寝于今草迹斑……"

但是，这座坟里真的埋葬着项羽的头颅吗？

现在，这座坟上长满荒草和灌木，墓地周围种满了青菜、豆角、土豆、甜瓜、地瓜和棉花。

孟大娘就住在坟地往东正对着的第一处宅子里，她是旧县三村（旧县村一共四个村）村民。

孟大娘回忆说，一九五几年的时候，来了一帮人扒坟，什么也没扒出来，里面是空的，他们又把坟给堆起来了。孟大娘指着墓地东北角边的一片残垣断壁说，这是以前看坟的人住的，几十年了，房子没了，人也没了。她又指着周围的瓜果、蔬菜和庄稼说，以前这都是苹果树。

至于坟上宋思仁所立的墓碑被毁，孟大娘说，那是在一九六几年时被炸的，然后拉到西边修桥，后来被村里人找回来了。

另一个名叫姜广智的村民印证说，坟上立的残碑在一户老百姓家里藏了许多年，"1998 年 3 月找到这块碑时，碑体已经被凿去了1/3，且断为两截，无奈用砖石砌嵌护立"。

不管是碑残还是完整的碑，按照孟大娘的说法，坟里应该就是空的。

不过，《香港商报》2000 年 2 月 18 日报道：春秋时期的"谷城"，应该在今济南市平阴县东阿镇，位于济南市西南，其西山墓地规模最大的 58 号古墓，已多次被盗，但从其庞大的规模以及残留的随葬品来看，墓主当时的地位相当高，显然不是一般的贵族，至于这位有着陪葬墓的墓主究竟是怎样的王侯将相，由于盗掘者的毁灭性破坏，今天已无从考证。多位考古专家依据历史及开采出的一些文物分析，此墓很可能是项羽墓。

现在，安徽歙县王村镇小溪村（原叫桂溪）收藏有《桂溪项氏宗谱》共 10 套。按照上面的记载，项羽有两个儿子，在项羽兵败后隐居苏州，繁衍了两三代，隐姓埋名，出走避难。起先在山东郯城发展，族人到浙江睦州做官，开始在浙江落户；后来先后分散到云南、重庆等地，第 43 世绍公又隐居桂溪。《桂溪项氏宗谱》甚至开出了一组令人震惊的数字——项羽后人分布在全国23个省市，现有150多万。

奇怪的是，这么多项羽后人，也未能证实项羽墓的真假。

 虞姬是项羽正妻？

传说，清代梅州某地有刘、项两个村庄，刘姓村庄的村民为刘邦后代，项姓村庄村民为项羽后代。因为祖上的恩怨，两村人老死不相往来。

某年，刘村祠堂贴一副对联：两朝天子，一代圣人。

上联说的是创立西汉的高祖刘邦和创立东汉的光武帝刘秀，下联说的是明朝军师刘伯温。此联一出，刘村人个个趾高气昂，傲视项村。

项村随即也在项村祠堂贴一副对联：烹天子父，做圣人师。

此联一出，刘村村民气得嗷嗷直叫。

原来，此联中上联说的是楚汉相争时项羽擒获刘邦之父且扬言将其烹食的典故，下联说的是孔子东游，路遇小孩项橐，一番交谈过后，孔子说，小项橐"可以为师矣"。

这么一来，刘村就被项村压下去了。

不过，故事只是故事，没人把它当真。

理由很简单，刘邦作为开国皇帝，自然是"子子孙孙无穷匮"；而项羽作为楚汉相争的失败者、倒霉汉，在四面楚歌中逼死了心爱的宠妾虞姬，自己很不负责任地弃数万大军于不顾，仅带800骑开溜，最后在乌江江畔自刎，年仅30岁。从相关史料来看，项羽并没有儿子，当然就没有后代了。

但是，2012年12月5日，有自称项羽后人的项永亮、项锡山等人向全国项羽研究会展示了《汝南项氏宗谱》（公元1948年）版所列几十世世系表，表明项羽不仅有后，并且代代相传。

说来也巧，接待这几个"项羽后人"的正好是全国项羽文化研究会副会长宁业高。

宁业高曾在《项羽文化》2011年第三期发表过一篇题为《项羽虞姬配偶关系考辨》的文章，其将明代文人甄伟所写的《西汉通俗演义》、明戏曲作家沈采所写的戏曲《千金记》作为证据，论证虞姬不是项羽的姬或妾，而是正妻。

抚摸着《汝南项氏宗谱》，宁业高兴奋地说："我们研究会进行过几次全国性研讨，都没专家提过项羽子嗣的事，因为无论是史书《史记·项羽本纪》还是戏剧等文学作品，都表明项羽和虞美人无后。这次项氏后人项永亮、项锡山等人向我们展示的宗谱关于项羽裔孙的记载，这可是爆炸新闻，会引起学术界震动！"

可真甭说，《汝南项氏宗谱》所列十一世以下世系表赫然有项羽大名：

十一世：婴子，籍，字羽，学万人敌，建业曰"西楚霸王"，分封列国，事载秦纪，夫人虞氏。庙建乌江……生子一：隆。

十二世：隆，汉兴避居禹穴之山阴。娶袁氏，生子二：迪、还。

十三世：迪，娶艾氏，生子一，胜；还，由禹穴迁居西川，娶管氏。

十四世：胜，娶彭氏，生子二，兴、列。

十五世：兴，娶包氏，生子一，五；列，娶邱氏。

……

其实，向宁业高出示《汝南项氏宗谱》的项永亮也是很有来头的人物。

项永亮，池州东至人，安徽项氏宗亲联谊会秘书长，他对宁业高补充说明，即谱文里关于项羽生平简介与《史记·项羽本纪》完全一致。所称"夫人虞氏"辞与班固《汉书·陈胜项籍传》也相同，即跟宁教授所撰写《项羽虞姬配偶关系考辨》的考论结果"项羽虞姬是结发正配夫妻"完全吻合。所以，世系表应该是可信的。

与项永亮同来的项锡山是安徽项氏宗亲联谊会会长，也振振有词地说："项羽有后，南宋著名理学家、儒学大师朱熹亦有同论。朱熹以经筵讲官提举浙东时，应好友项平甫之邀为撰《项氏重修宗谱》序，序中详细传述自周初而降项氏世系源流。序文说'西楚之项悉皆籍之后昆'，显然是说项羽死时有子，嗣有子孙。"

宁业高对二项的说法表示赞同，称"谱牒的记载为研究项羽拓展了空间"，但为慎重起见，至于谱文关于项羽、虞姬子孙的记载，最好还是要有其他谱牒与文献佐证。

宁业高说的其他谱牒，国内其实还有很多。

比如前文提到的，安徽歙县王村镇小溪村就收藏有《桂溪项氏宗谱》共 10 套。

《桂溪项氏宗谱》上的记载与项永亮、项锡山等人展示的《汝南项氏宗谱》中的记载并不相同。

《桂溪项氏宗谱》记，项羽并非只有一个儿子，而是两个，他们在项羽兵败后隐居苏州，繁衍了两三代，隐姓埋名，出走避难。起先在山东郯城发展，族人到浙江睦州做官，开始在浙江落户；后来先后分散到云南、重庆等地，第 43 世绍公又隐居桂溪。

《桂溪项氏宗谱》对项氏起源交代得非常详细：项氏起源于 2360 多年前，本姓姬。后因国立功，封于项地，建项国，后人遂以项为姓。早期的项氏族人大部分都在宿迁地区，但是自项羽失败后，族人就分散到全国各地。项氏的发展一共经历了 4 个阶段，分别为辽西郡 17 世、浙江睦州 26 世、安徽桂溪 20 世、沭阳项荡 18 世，共 81 世（阜宁 82 世），分为九门十八派，均是项羽的后人。

 ## 疑似范增遗骨在浙江出现

稍微了解一点楚汉争霸故事的人都知道项羽手下有一谋士，名叫范增。

由于《史记》把项羽塑造成了一个光照千古的悲剧英雄，那么项羽身边的人，基本都成了历史名人，包括虞姬，也包括范增。

刘邦奠定帝业后，总结项羽失败的教训说："项羽有一范增而不能用，此其所以为我擒也。"

现在，人们谈论起范增来，也往往会说，刘邦既有张良，又有萧何、陈平；而项羽只有一个范增，且不能用，难怪免不了一败。

其实，在东汉以降，范增的名气已相当响亮了。

南北朝宋文帝时期的大将沈庆之是农家出身，没受过教育，因受魏晋以来玄谈风气的熏陶，喜欢和士大夫一起清谈、论道，经常闹笑话。宋文帝北伐失利，统帅萧斌打算固守碻磝，以防北魏军反扑。沈庆之反对，侃侃而谈，说什么坐守穷城，敌人一旦从东而来，局势将如何如何变化，强烈建议撤军。萧斌听了，心乱如麻，彷徨无计。沈庆之拂然怒道："你眼前明明就有一个范增，却不能采纳他的建议，只是这么空谈，又会有什么计策可用?!"

　　沈庆之相貌威武，形如铁塔，却以范增自比，举座诸将全都忍俊不禁，哈哈大笑。

　　此一则逸事，足说明范增之影响力。

　　范增为居鄛（今安徽桐城双港镇）人。公元前204年初，楚军切断汉军粮道，将刘邦围死于荥阳。刘邦为求脱困，向项羽请和。项羽傻乎乎地准备同意，范增阻止说："汉易与耳，今释弗取，后必悔之。"项羽于是急攻荥阳。刘邦的谋臣陈平抓住了项羽多疑的特点，巧设反间计——当项羽的使者来了，让刘邦先出席丰盛筵席，但见到使者，故意假装惊讶地说："我以为是亚父的使者，想不到竟是项王的使者。"便更换粗食招待。使者回来一五一十报告项羽。项羽怀疑范增与刘邦有私情，削其兵权。范增大怒而告老回乡，说："天下事大定矣，君王自为之，愿赐骸骨归卒伍。"未至彭城，就因背疽发作而死在路上。

　　范增墓在徐州市彭城路乾隆行宫后的土山上。

　　《水经注》也记载道：今彭城南项羽戏马台之西南山麓上，即亚父冢也。

　　民间还传说，范增去世后，在戏马台练兵的楚军将士用手捧土、脱下战袍铠甲兜土成山以葬，土山东面遂形成一片低洼地，这块地俗称卸甲汪，后称沙家汪。

　　然而，1969年，随着徐州市彭城路乾隆行宫后土山墓的发掘，"亚父冢"的说法被彻底否定。

　　考古人员发现，土山墓为砖石混合机构。根据汉墓的制式，西汉为凿山而建，东汉为砖石垒砌，由此可以推断，土山墓为东汉墓葬，和范增生活的年代相隔了 200 多年。接着，又发现了墓封石上的"官十四年"印字，再结合墓葬的结构，证明墓主人是东汉中晚期的一位王侯，即第二代彭城王。

徐州市彭城路乾隆行宫后土山墓为"亚父冢"的说法被否定，浙江省天台县人民就乐了。

天台民间传说，当年范增在彭城其实是诈死的，他是担心被项羽追杀，采用金蝉脱壳之计，偷偷乘船来到了九遮山，隐姓埋名居住在山洞之中，采草药，为村民治病，药到病除，后成仙，人称之为"仙皇"。

据说范增成仙后，其乘坐逃命的船化为"亚父石船"。

九遮山多洞，范增造有三孔石拱桥，后称"亚父桥"，也称"九仙桥"，即范增成仙后与铁拐李等八仙合伙，合称九仙。

范增是否真的诈死而隐居天台九遮山，无从得知。但神奇的传说在九遮秀谷中世代相传。

另外，《台州风物志》《天台县志》都曾记载，据说随范增一道来天台隐居的还有位楚国何姓将军，也就是当地何村何氏家族的始祖。北宋年间，何氏家族出名人叫何郭，曾任宜兴刺史三年，政绩斐然，曾对范增隐居之事走访传闻，收集记载校核碑文，并在 1049 年建造庙堂重塑其身像，尊其为仙皇佛祖，并大建"仙皇殿"。

亚父庙建成，四时香火不断，朝拜之人络绎不绝，至今每年农历二月十四日范增诞辰，附近乡民仍会在此集资举办庙会，其间有"三盘铳"迎范增佛像等庙会节目，与会者多达万余人，现已成为当地百姓每年最盛大的节日。

在亚父桥头、亚父庙旁，何村村民还立有一石碑、一石亭。

石碑正面为斗大的"范增隐居处"。背面镌有"范增隐居遮山传奇"。

石亭石柱上则刻着两副对联，一曰："此处是亚父居山川犹有英雄气，斯桥乃仙皇所建德长留天地间"；一曰："七尺去留关楚，一虚实误良平。"

正对着亚父庙有座山，山名升仙岭，在半山有个"望楚洞"，从望楚洞再上去，到山顶又有个"归楚洞"。据说，"归楚洞"便是范增仙逝之所。

巧的是，1999年，一群民工便是在"归楚洞"发掘出了一具年代久远的骸骨！

经文物部门鉴定，确认这些已风化的头颅骨、股骨应为秦末汉初时期一古人之遗骨，旁边陶缸数片，也鉴定为同时期的陶器。

由于年代久远、线索匮乏，考古部门实在无法确定该骸骨属于何人。

但何村百姓无不拍手欢呼，异口同声断定，这具无名骸骨必定是亚父范增的！

村民们自发地将这些骸骨妥善收藏在了山下的亚父庙内，用玻璃箱装好尊奉起来，口口声声地称之为"佛骨"，在他们的心中，范增早已成仙成佛了。

话说，范增的故乡安徽人民也是非常敬仰范增这位先人的，他们为了纪念范增，曾建有亚父街，现在所在乡镇叫亚父街道办事处，在亚父村中还建有亚父井。

听说天台何村挖掘出了范增的骨骸，他们愿以百万资金迎回该遗骨。

但何村村民坚决不同意。

毫无疑问，范增的名气如此之大，他的骨骸就是一种历史资源，摆在哪儿，哪儿就会成为历史名胜。

如此遭遇，必是范增生前万万想不到的。

其实，范增原本不过是项羽帐下一个普通谋士而已。

虽然《史记·项羽本纪》中记："亚父南向坐。亚父者，范增也。"裴骃《史记集解》也说："亚，次也。尊敬之次父，犹管仲为仲父。"司马贞在《史记索隐》中也持相同意见："项羽得范增，号曰亚父，言尊之亚于父，犹管仲，齐谓仲父。"

但这种解释是成问题的。

在先秦时代，"父"的意思并不一定就是"父亲"。

《史记·孔子世家》中，孔子死后，鲁哀公说："呜呼哀哉！尼父，毋自律！"鲁哀公称孔子为"父"，就绝对未含有"父亲"的意思。三国

第八章 秦史遗迹

人王肃也解释说："父，丈夫之显称也。"即古代人名之后加"父"（又作"甫"），只是男子之称。

试想想，范增是 70 多岁的人，而项羽只是 20 多岁，如果项羽视范增为"父亲"辈，并不为尊，反是以为轻。

事实上，项羽也确实没拿范增当父辈对待。鸿门宴上，他们的座次是：项王、项伯东向坐，亚父南向坐，沛公北向坐，张良西向侍。

如果亚父享受的是父辈的礼遇，则应该和项羽的叔父项伯坐同等的座位，但范增却坐在项羽和左尹项伯的下席，可见项羽并没有把范增摆在父辈的位置上。

退一步说，项羽真的尊敬范增为"父"，也轮不到刘邦、陈平也跟着尊敬范增为"父"啊？可是，刘邦在鸿门宴遁逃时，对张良说："我持白璧一双，欲献项王，玉斗一双，欲与亚父。"陈平使反间计，见了项羽派来的使者，佯惊愕曰："吾以为亚父使者，乃反项王使者。"

所以，说"亚父"是"尊敬之次父"是不对的。

实际上，"亚父"，根本就是范增的外号。

此话怎么说呢？

"亚"的本义其实是指人的背部弯曲隆起。

《说文解字》说："亚，丑也，像人局背之形。"大家应该不会忘记，范增是怎么死的？是被项羽气得告老还乡，半道上"疽发背而死"的。关于这个"疽"，《说文解字》也有解释："疽，久痈也。"再查"痈"的解释，为："痈，肿也。"

即"亚"就是范增的体形特点。"亚父"是范增的外号，意思是背上长个大肿包而驼背的男人。

刘邦、陈平是范增的敌人，尤其刘邦，那是范增时刻不忘、时刻提醒项羽要除之而后快的人，则刘邦、陈平以外号直呼范增，多少含有些轻视和恚恨。

项羽也以外号直呼范增，不能说也含有轻视和恚恨，但不尊重那是显而易见的。

韩信后裔改姓"韦"？

2014年冬，有一张姓作家在网络上发起一个帖子，自称是西汉留侯张良69代直系后人。说"汉朝开创了中华盛世，是当时世界上最为先进的文明和最强大的国家，我们'汉初三杰'后人无不与有荣焉，强烈呼吁'汉初三杰'后人再聚首并组建三杰宗亲会叙情谊谋发展"，并表示汉高祖刘邦和"西楚霸王"项羽及其谋士范增的后人可以列席。

"汉初三杰"指的是谁呢？

汉高祖刘邦清扫宇内、稳坐龙廷之日，得意扬扬地说："我之所以有今天，得力于三个人。论运筹帷幄，我不如子房（张良的字）；论镇守后方，安抚百姓，源源不断地输送军需粮草，我不如萧何；论率百万之众，战必胜，攻必取，我不如韩信。这三位都是人杰，任用他们是我取得天下的原因啊。"

可见，"汉初三杰"指的是张良、萧何、韩信。

张姓作家兴致勃勃地表示："我们汉初三杰后人聚会不是图热闹，不是要沾古人的光，而是要传承、保护和发扬传统文化，'三杰'后人应该一笑泯恩仇，精诚团结，相互支持，共谋发展，为又一个中华盛世的复兴积极建言献策。"

尽管张姓作家声称自己"不是要沾古人的光"，但他这么做，显然已经是在沾古人的光了，很是博取了一番眼球。

另外，张姓作家还指定了一系列娱乐界的名人为萧何、韩信的后人。张良和萧何有后人，一般不存在什么争议。

但要说韩信有后人，就很值得商榷了。

韩信的最终结局，《史记·淮阴侯列传》交代得清清楚楚："吕后使武士缚信，斩之长乐钟室。"随后，吕后又"夷信三族"。

即吕后通过萧何把韩信骗入宫，斩于长乐钟室，并诛灭三族。

三族，是指父族、母族、妻族。诛灭三族，即是把沾亲带故的人都诛杀光。

从这一点上来说，韩信应该是没有后人的。

不过，民间倒是有一种说法，说韩信有一幼子，名叫韩滢，被萧何冒险救了出来，派人送到了南粤，委托给赵佗抚养。韩滢被带到南越国后，将韩的一半去掉，变姓为"韦"，改名韦云际（又名韦天保、韩天贡）。

这种说法流传很广，以至1915年商务印书馆出版的《辞源》就记有"萧何匿韩信子于南粤，取韩之半，改为姓韦"；科学出版社龙门书局出版的《百姓祖宗源流集》也称："韩信的儿子韩天贡，逃到广西宜山，为了掩人耳目，避免杀身之祸，把韩姓改成韦姓。今宜州德胜都街村落索屯有韦天贡墓。"

但是，"萧何匿韩信子于南粤"的情节与《史记·赵世家》所记的"赵氏孤儿"事却是何其相似！

"赵氏孤儿"事是这样的：晋武臣屠岸贾与文臣赵盾不和，设计陷害赵盾，赵盾惨遭满门抄斩。赵盾子赵朔新生一子，托付于门客程婴。程婴携婴儿投奔赵盾故人公孙杵臼，两人做出了巨大牺牲，合力救下了这个孤儿。

"萧何匿韩信子于南粤"的情节极有可能是根据"赵氏孤儿"事编造出来的。

想想看，当年司马迁为了写《史记·淮阴侯列传》，亲往淮阴，观瞻韩母墓，探访韩信少年时代垂钓乡下、寄食漂母、胯下受辱等事迹，对于韩信生前身后事，是秉承着严肃认真的态度来记载的。传记的结尾，已明确交代韩信的死和"夷信三族"的命运。

即从西汉到明朝1000多年的时间里，人们都认同"韩信无后"。

到了明末清初，有一个名叫来元成的人写了一部名为《樵书》的小说，上面载："广南有韦土官者，韩信之后也。当淮阴钟室难作之时，信有客匿其孤，求抚于萧相国。相国作书，致南粤尉（赵）佗。佗素重信，又怜其冤，慨然受托，姓之以韦者，去其韩之半也。孤后有武功，世长海蠕，受铁券。至今，萧何与尉佗书，尚勒鼎彝，昭然可考。"社会上才渐渐盛行起"韩信有后"的说法，并认同了该种说法。

除了上面提到的《辞源》《百姓祖宗源流集》两书外，《灵渠引来百家姓》也称："桂林韦姓，有一支是古代著名军事家、西汉刘邦的骁将韩信的后裔。"《淮阴志征访稿》则记：广西一土司和族人奉祠汉代开国大将军韩信，他们都是韩信的嫡传子嗣。他们的祖先从汉代就为韩信建祠祭祀，世世代代从未间断。土司还把祖上密传下来的当年萧何给赵佗的书信物件，赵佗所赐救谕等物拿出来，证明了他们确实就是韩信的嫡传后裔。

但是，《樵书》所记距离韩信被灭族事件已有1000多年，且是小说，根本不足为凭。

实际上，对于"韩改韦"之说，现在的广西韦氏是有抵触的。

虽说在全国姓氏排列中，韩姓高出韦姓二三十位，而且，韩信的名气远高于韦姓的任何一个祖先。但韦姓人仍是坚持不冒认祖宗、不乱攀附祖宗，不欺骗、不误导子孙的原则，反对"韩改韦"之说，不肯"沾古人的光"。

广西韦氏不承认自己是韩信之后，主要依据有两条：

一、国家、省级等收藏的韦氏族谱，根本没有韩信后代改姓韦的任何信息，所以，"韩改韦"之说不存在。

二、韦氏先祖韦敬一、韦敬辩于公元682年12月15日在上林的澄泰白圩所刻写的唐碑《六合坚固大宅颂碑》里有"维我宗桃，昔居京兆""上祢京兆，奕叶高门"等字眼。京兆是从西汉到唐朝人们对京都长安的称呼，以京兆作为韦氏的堂号，说明韦氏远祖系出京兆。韦氏人认为，即使韩信真有一个幼子出生于公元前199年，但他很小就去了南粤，没有在京兆生活过，不可能把堂号叫京兆堂。

所以，"韩改韦"之说可以消停了。

张姓作家指定的谁谁谁是韩信后人，应该也是不准确的。

 战国发明纸了吗？为何有"纸上谈兵"之说？

答：道理其实很简单，"纸上谈兵"的典故说的是战国赵括惨败于长平之战的故事，但"纸上谈兵"这个词却是产生于明清之交。

不信？请查明朝以前所有讲述长平之战的书籍，都不会有"纸上谈兵"这个词！

最早出现"纸上谈兵"一词的，应该是明万历、天启年间人乔应甲收录在《半九亭集》里的一副楹联作品："纸上谈兵人有口；军中索饷灶无烟。"

这之后，这个词用的地方就很多了。

如清华长卿诗"挟策休谈纸上兵，鬓眉豪气尚纵横"、黄文旸诗"遂成法家案，岂等纸上兵"、《孽海花》中"论材宰相笼中物，杀贼书生纸上兵"等。

至于最早把"纸上谈兵"一词与赵括联系起来的，可能是1979年由著名语言学家林汉达编写的少儿通俗历史读物《上下五千年》。

 中国象棋是韩信发明的吗？

民间传说中国象棋是韩信发明的，果真如此吗？

2016年，成都市文物考古队在天府新区万安镇附近考古时，在一座北宋时期的墓葬里发掘出一副青铜制作的中国象棋。

这座出土象棋的墓是平民墓，象棋就放置在墓主小腿骨旁边，由此可见墓主人生前是一位象棋迷，也由此可知象棋在宋朝的普及度和受欢迎度。

的确，唐宋时期经济文化繁荣发达，除了诗词都在市井中流行以外，象棋也是当时社会流行颇广的一项文化娱乐活动。唐代大诗人白居易在《和春深二十首》诗中便写道："何处春深好，春深博弈家。一先争破眼，六聚斗成花。鼓应投壶马，兵冲象戏车。弹棋局上事，最妙是长斜。"这首诗里的"兵冲象戏车"所指便是象棋。一直以来，这首诗是棋史界公认的反映唐代象棋风俗且风靡流行的重要资料。

在唐朝，象棋不仅在市井坊间流行，更是贵族公爵的雅玩之物，甚至还是进身当官之阶。

在唐代，翰林院始设了"棋待诏"这一官职，用以招揽全国的围棋、象棋高手。

宋承唐制，也同样设有"棋待诏"之官职，棋风更盛于唐朝。

事实上，从宋代墓葬中出土象棋子，已经有多起了。

1962年，在河南开封出土了一副象棋子，系崇宁间遗物，用黄铜制作的，棋子有正反两面，一面写汉字，一面画有图形，文字写法与宋人陈元靓《事林广记》所录棋谱的写法一致，即有将无帅、有象无相、有砲无炮、有卒无兵。具体文字与图案对应如下：

1. 将（帅）：大将军，头戴纱帽，身穿战袍，腰挂长剑，威风凛凛。
2. 士：穿着盔甲和战裙的女侍官。
3. 象：一头腰配象鞍的大象。
4. 车：一个战士推着独轮车。
5. 马：一匹长着双翅的飞马。
6. 炮：一架抛石机旁站立一位炮手。
7. 卒：一个身着紧身宋袄、手持长戟的兵丁。

"士"之所以为身穿戎装和裙子的女子，棋史界前辈李松福先生解释说："这可能与宋宫中的宫女参加下象棋有关。如周彦质《宫词》就有'象戏宫娥共雅欢'的描写。同时据周辉《清波杂志》说徽宗时的宫娥多有武艺'跃马飞射，剪柳枝，射绣球，击丸据鞍，开神臂弓，妙绝无伦'。象戏中的'仕'，就是这个女士的简称。从士是宫女，说明这个'将'当是'王'的实指，所以士只能守王边，寸步不离九宫，'王'也只能在深宫中行走。"

1982年7月，江西省安义县长埠村出土一副北宋铜质象棋。出土时，象棋置于木盒之内，象棋中混有"崇宁通宝"铜钱一枚，象棋子共32只，背面图案与开封的那副相同出土物主要区别是："车"是一辆带棚盖的双轮车，"卒"则是一位肩扛长矛的武士，"炮"则是一圆形爆炸水球（震天雷）。

1983年6月28日，四川省江油县彰明镇出土的"宋代窖藏"文物中，也有两副宋徽宗时期的铜制象棋，形制、质地与开封的相同，不同之处是棋子背后的图案。其中"士"为全身戎装行走中的武士,"车"的图案为牛拉双轮车;"炮"只有抛石机、无炮手。

一般人认为,中国象棋描述的是楚王项羽与汉王刘邦争霸的典故。而世上也流传着韩信发明象棋的传说。

实际上,象棋是个复杂而严密的体系,有一个长久的发展过程,需要很多人的智慧,单个人是不大能发明出来的。

而中国在春秋战国时期就已经有了关于象棋的正式记载。如《楚辞·招魂》中就有"菎蔽象棋,有六簙些;分曹并进,遒相迫些;成枭而牟,呼五白些"。

可见,早在春秋战国时期,就有了象棋的萌芽——"六簙"游戏:一方只有六个子,一头领加五个兵卒。

不过,楚汉战争以后,象棋增加了士、马、车等。

2001年,在三峡施工中,在万州老棺丘墓群墓地发现一枚汉魏年代陶制的象棋子"车",这说明当时的中国象棋已经有"车"了。

另外,如果把国际象棋的子力与楚汉人物进行对比,就会发现其中有惊人的相似之处。

先前,关于国际象棋的起源,曾经有过多种不同的说法,诸如起源于中国、印度、斯里兰卡、波斯、阿拉伯国家等。

但据印度佛经《大般涅槃经》可知,中国的六簙棋早于公元3世纪前传入了印度,而这一时期无一字关于印度"四方棋"的记载。可见"四方棋"是受六簙影响而产生的。

20世纪70年代,英国著名学者李约瑟博士在其所著《中国科学文化史》中明确提出,国际象棋是中国人的创造。他详尽地分析了中国古代游戏——六簙与天文、象术、数学的关系,他说:"只有在中国,阴阳理论的盛行促使象棋雏形的产生,带有天文性质的占卜术得以发明,继而发展成带有军事含义的一种游戏。"

接着陆续有学者发表文章,批驳印度起源说。

1972年,南斯拉夫历史学家比吉夫的专著《象棋——宇宙的象征》断定象棋首先出现在公元569年的中国(象戏),然后才逐渐传播开来。

苏联科学院远东研究所研究员切列夫考博士在 1984 年 1 月号的《苏联棋艺》上发表文章，根据他的研究，国际象棋起源于《易经》的思想：64 格，对应八八六十四卦，黑白对应阴阳。

1998 年，美国华裔学者李祥甫教授在收集和研究了 181 种古今中外棋史资料和文献后写成《象棋家谱》一书出版，力证象棋源于中国。

现在，国际象棋源于中国的说法得到了越来越多人的认可。

想想看，象棋为什么叫象棋？这与大象无关，与宰相也无关，是因为象棋局面中总会出现变动的信息，就如同棋的天象，因此，才有了象棋之称。

现代国际象棋的形态更接近于中国古象棋，"王"的原型应该是"刘邦""项羽"，他们都不会躲在深宫里苟且偷生，而是亲自上战场南征北讨，所以"王"的行动不受"九宫"制约，可以自由进出，战斗力超强。刘邦和项羽身边各有一位重要的女性，刘邦身边是吕雉，项羽身边是虞姬。她们应该就是国际象棋中"后"的原型，由"士"升格为"后"，威力无比。

现代中国象棋带有浓重的"宋式"色彩，反映的是"小朝廷思维"，"九宫"代表君主偏安一隅，不思进取，画地为牢。战士在外浴血奋战，国君只知道在深宫中歌舞升平。所以宋代富而不强，最终被灭。

 ## 从项羽走马斩将刘旗谈先秦马镫问题

《项羽本纪》是《史记》中最为精彩绝伦的篇章。

太史公司马迁在该篇章中运用了低沉却又不失浓郁的笔墨，着力刻画了一个力拔山、气盖世、勇猛善战、叱咤风云的悲剧英雄人物项羽。

垓下悲歌一段，固然让人落泪；但四隤山最后一战更让人目眦尽裂，却又肝肠寸断。

且说项羽在汉军的四面楚歌中，领着跟随自己南征北战的 800 名江东子弟，趁着风雪夜，离开了虞姬，抛弃了军心惶惑的大营，突围南逃。

一番冲杀过后，过了淮河，身边只剩下百余骑。

继续行进到阴陵，却又迷失道路，陷入了大泽中。

后面的汉兵追赶急如星火。

项羽领着大家从泽中杀出，转战到了东城四隤山。

项羽立马于风雪中，身边只剩下28骑，自忖已经无可逃脱，伤感之下，又豪气勃发，对大家说："吾起兵至今八岁矣，身七十余战，所当者破，所击者服，未尝败北，遂霸有天下。然今卒困于此，此天之亡我，非战之罪也。今日固决死，愿为诸君快战，必三胜之，为诸君溃围，斩将，刈旗，令诸君知天亡我，非战之罪也。"

他把28骑分为四队，分别从东南西北四面突围，约定到东山会合。

汉军数千人重重叠叠地围了上来。

项羽指着汉军队伍中骑马走在最前面的汉将说："吾为公取彼一将。"

语毕，大呼驰下，汉军皆披靡，遂斩汉一将。

汉骑的前锋指挥官郎中骑杨喜挥军追击项羽。

项羽瞋目怒叱，杨喜人马俱惊，辟易数里。

项羽的28骑全部突围，顺利到达东山。

汉兵散而复聚，很快又围追上来。

项王再次驰下，复斩汉一都尉，杀数十百人。

回到山上，项羽抖搂了肩上的雪花，笑着对众骑说："何如？"

众骑皆伏曰："如大王言！"

读史读到这儿，突然冒出一个可怕的念头：太史公写的这一段，莫不是一个"假历史"？

须知，根据考古研究发现，我国直到西晋时期才发明马镫。

马镫，是关系骑兵作战力的重要物件。

马镫出现之前，骑马是一件十分辛苦的事。

骑士对于马的操纵主要靠双手，当马飞奔或腾越，双腿只能夹紧马身，同时用手紧抓马鬃才能避免摔下，而一旦遇上了难走的山路，还得下马步行。

《西方战争艺术》的作者美国人阿彻·琼斯认为，没有马镫的骑士根本无法在马上完成挥刀动作，因为挥空后可能失去平衡从马上掉下来。

所以，马镫发明之前的骑兵，用兵法家孙膑的说法是："用骑有十利：一曰迎敌始至；二曰乘虚背敌；三曰追散击乱；四曰迎敌击后；五曰遮其粮食，绝其军道；六曰败其关津，发其桥梁；七曰掩其不备，卒击其未振旅；八曰攻其懈怠，出其不意；九曰烧其积蓄，虚其市里；十曰掠其田野，系累其子弟。"

即骑兵主要用于侦察、抢粮、毁桥、侧翼包抄、偷袭或追击等，他们到达了目的地参与作战，也要下马进行步战。

而在马镫发明后，骑兵就可以解放双手，单靠双脚控制平衡，在马上完成冲、刺、劈、击等动作。

但是，考古学家们发现，秦始皇陵兵马俑中有马具，却没有高桥马鞍和马镫，在考古中始终没有发现西汉马鞍和两汉马镫的实物和雕塑、绘画等方面的证据。

最早表现高桥马鞍的作品是东汉末年作品，如雷台汉墓出土的骑俑和鞍马彩绘木雕。

最早的实物双马镫，是 1965 年出土于辽宁北票西官营子北燕冯素弗墓的鎏金铜裹木质马镫。

因此，考古界的结论是：马镫的发明时间应该是在西晋时期。

按照这个结论，别说在楚汉相争的秦末汉初，就连东汉末年的三国时期，都不可能出现骑兵在马上作战的现象。

但是，太史公司马迁写项羽领骑兵在垓下突围、涉水、渡大泽、上高山，还斩将刈旗。更有甚者，项羽还曾亲率 3 万骑兵实施千里奔驰，在彭城之战中杀败刘邦 12 万人。请问，如果没有马镫，他们是怎么做到的？

有人会说，可能是太史公司马迁虚构的。

但与太史公司马迁同时代的卫青、霍去病也同样依仗强大的骑兵击败了强大的匈奴。

按照上面的分析，马镫的发明时间可能并非三国之后，而在秦汉以前。

"项羽怪字宝藏之谜"是怎么回事？

这些年来，有一个名为"地理藏宝"的户外游戏在欧美国家很火。

游戏规则很简单，即玩家利用手中搭载了全球卫星定位系统的设备（比如手机）去藏匿、标记和寻找宝物。

在游戏过程中，无论是藏宝一方还是寻宝一方，都玩得不亦乐乎。

不过，江西卫视大型历史人文故事节目《经典传奇》于2012年11月7日播出了一档题为《项羽怪字宝藏之谜》的节目。节目一开始，主持人就对这款"地理藏宝"户外游戏表现出了不屑，说，这些虚拟的"藏宝"游戏，都是小儿戏，属于咱们的老祖宗玩剩下的东西。

接着，主持人煞有介事地说了"项羽怪字宝藏之谜"的故事。

故事说：项羽叔父项梁早年犯下命案，不得不带着项羽到处避难，有一段时间流亡到吴中，在浙江绍兴草湾山下的项里村隐居了起来。项羽与叔父项梁以草湾山为根据地，召集了旧贵族子弟8000余人，铸造了12面金锣，鸣锣教战，习武练艺。练好了军队，要起兵反秦了，项羽依依不舍，为酬谢当地居民，命令士兵连夜在草湾山挖坑藏下12面金锣，又在草湾山上凿下了字符。发话说，谁能破译这个字符，谁就可以得到这12面金锣的宝藏。但2000多年来，都没人能破译神秘字符。

故事讲得活灵活现，让人不由得不信。

其实，并非仅仅江西卫视的《经典传奇》，许多地方卫视台的综艺节目，以及央视科教频道的大型综艺节目《探索·发现》都绘声绘色地讲述过这个故事。

湖南卫视投入资金最多，其《博物馆奇妙夜》节目组还组织侦探小组赶赴现场探究，描绘了村中的平面图与该图案进行对照，试图解释神秘图案。

于是，"项羽怪字宝藏之谜"的话题迅速火了起来。

其实，"项羽怪字宝藏之谜"在绍兴柯岩街道的项里村里不知流传了多少年了。

为什么 2000 多年没有人能破解项羽留下含寻宝线索的神秘字符,项里村村民是这样解释的:人们在草湾山上看到的神秘字符不过是项羽所留"藏宝图"的一部分。当年项羽将"藏宝图"分开刻到了几块石头上,想要真正破解这个"藏宝图",就必须找到其他的"藏宝图"。将它们全部拼在一起,才能解开"藏宝图"的秘密。

　　可是,"藏宝图"一共由几块组成呢?

　　项里村的村民没有一个人说得上来,更别提有没有找到它们了。

　　九州出版社于 2004 年 11 月出版的《鲁迅故乡——镜湖风月》里写道:2000 余年来,到草湾山上寻宝的人是来了一拨又一拨,但无一例外,全都是空手而归。

　　书中特别提到了两个身份特殊的寻宝人,一个是明末清初的绍兴著名学者张岱,一个是清高宗乾隆皇帝。

　　据说张岱为了解开字符之谜,在草湾山上一住就是数月,但终究一无所获。

　　乾隆游会稽时,听闻草湾山有宝,也兴冲冲前往项里村附近查访,却也是乘兴而来,败兴而去。

　　可是,很多人并不知道,这个大名鼎鼎、被各类与"项羽藏宝"有关的电视节目、地理书籍屡屡提到的草湾山,远不是人们想象中像瓦岗寨、梁山泊一类可以藏匿千军万马的大型山脉,而是一个海拔为 70 米,东西长 400 米的小山包!

　　说项羽当年在这个小山包上练兵,令人难以置信。

　　说项羽在山上藏宝,更近于无稽之谈。

　　甚至,项羽有没有来过草湾山,在没在项里村居住,还是个问题。

　　当然,对于这样的质疑,项里村的村民是很不满的。

　　村民们都说,"项里村"的村名就是根据项羽的名字起的,项羽怎么可能没在项里村居住过?!

　　87 岁的金荣盛老人激动地说:"项羽当年真的就在我们村里避难,他离开后,我们村就取了这个名字。现在我们村里还一直保留着项羽庙,大伙都敬称项羽为项羽菩萨。这一风俗已经延续了几百年啦!"

村里搞建筑的徐老板语重心长地说："我们村里具有开发旅游的潜力。我们不仅有项羽的藏宝图，还有项羽庙、范增庙。我们这里还是个水乡，一条小河横亘村中央。河虽小，但有 12 座桥，每个桥都有名字。这些如果一翻修，那肯定又是一道风景。"

的确，项里村内是修建有项羽庙，甚至还修建有范增庙，但这两个庙都是近年才重建的。

对历史有过研究的项里村村民还搬出了《史记·项羽本纪》，指着上面的一段文字记载："项梁（项羽叔父）杀人，与籍（项羽）避仇于吴中……秦始皇帝游会稽，渡浙江，梁与籍俱观。籍曰：'彼可取而代也。'梁掩其口，曰：'毋妄言，族矣！'"

他们解释说："《史记》中提到秦始皇曾游历会稽，这个会稽就是我们旁边的会稽山，我们这个村离会稽山也就十几公里。既然《史记》中都提到项羽看到了秦始皇游历会稽山，那项羽在我们村生活过就是有可能的！"

但我国著名历史地理学家、复旦大学教授葛剑雄郑重指出："项羽不可能在绍兴项里村生活过。"

葛教授严肃地说："《史记》中提到的'会稽'指的并不是绍兴的会稽山，而是当时的'会稽郡'！这个郡包括今天的江苏南部和浙江大部分。当时项羽跟随其叔父项梁避难'吴中'，这个'吴中'指今天的江苏苏州一带。而苏州在战国时期是楚国的属地，那里生活着很多楚国的旧部，所以作为楚国大将后代的项羽就在苏州地区避难。而且楚国的旧部在当时苏州地区还很有势力，他们多数都生活在城里，项羽和项梁为了招集起义军马，自然会跟他们在一起，也就是生活在苏州地区。跑到浙江项里村那个偏僻的小山村去招兵买马是不可能的。"

葛教授的最后结论是："项羽在项里村埋藏宝藏的说法只是个传说而已，根本就不足信！在全国很多地方都有这种现象，他们往往根据历史名人的事迹杜撰出很多与名人有关的传说，其实那些历史名人根本就没有到过那些地方。现在这样的传说太多了，这些传说的唯一作用就是推动当地旅游！"

葛教授的结论实在给力。

其实，想想这事儿也不难理解，项羽起兵之初，肯定需要大量的军费，哪有什么宝藏赠给别人？再者说了，要赠就直接赠呗，为什么又要藏匿起来，留一个古古怪怪的符号给人家猜？他就不怕自己要赠送的人猜不出，自己不想赠送的人猜了出来？根本不合常理嘛。

所以，"项羽怪字宝藏之谜"不过是一个娱乐话题罢了，别太当真，洗洗睡吧。

 ## 被压弯了2200多年的古剑在出土瞬间反弹平直？

据说1974年，在秦兵马俑1号坑的发掘过程中，考古专家在发掘11号洞时发现了一把青铜剑。这把青铜剑剑柄陷泥，剑尖被一尊重达150公斤的陶俑死死压住，致使剑身弯曲，弯曲角度接近45度。让人难以置信的是，当考古专家们将陶俑搬开，这把又窄又薄、被压弯了2200多年的青铜剑，竟在一瞬间反弹平直，自然恢复。在场的考古专家全惊呆了！要知道，这种特殊属性只有"形态记忆合金"才具备。而形态记忆合金是在1932年才发现的，首次应用则是在1969年。难道，2200多年前的秦朝人，竟然已经掌握了"形态记忆合金"制造技术?！

可惜的是，以上这段"据说"仅仅只是"据说"，并不见于任何现场考古学家的报告和记述。

1994年3月1日，秦始皇兵马俑2号俑坑正式开始挖掘。这次，又陆续出土了18把青铜剑。

这些剑同样有其神奇之处。

神奇处一：本来，青铜材料易折易断，用以铸剑，只能铸成短剑，并且剑面必须足够宽。以号称"中华第一剑"的越王勾践剑为例，其全长不过55.6厘米。而秦兵马俑1号坑于1974年发掘出的青铜剑，以及这次出土的18把青铜剑，长度都超过了80厘米，最长的将近95厘米！

神奇处二：已经出土的18把青铜剑剑身都有8个棱面，通过用游标卡尺测量，考古专家发现，这8个棱面误差不足一根头发丝，并且剑剑如此，结构精密，让人惊叹。

神奇处三：这些青铜古剑在地下已沉睡了 2200 多年，出土时，都光亮如新，剑身平滑，刃部磨纹细腻，锋利无比。试之以纸，一划可透 18 层报纸。

为了破解这些奇谜，考古专家把这些青铜剑先后分送中国地质科学院、中国有色金属研究总院、上海冶炼厂等单位，进行激光显微光谱、电子探针、X 光荧光检测和化学定量分析。

检测结果出来，举世哗然。

秦陵考古队首任队长袁仲一说，剑表面有一层密密的铬盐氧化屏，厚约 10 微米，相当于一张报纸厚度的 1/10，含铬量为 0.6%~2%。正是有了这层灰色的含铬保护层，起到了强有力的抗锈耐蚀的作用。这比吴、越王剑表面采用硫化处理的防腐性能又提高了一步。

在剑身上镀铬盐化合物，学术界称为"铬盐氧化法"。

这种"铬氧盐化法"是近代德国人、美国人研究出来的先进工艺。

可是，从对这些剑的检测结果来看，似乎早在春秋战国时期，中国人就已掌握了这一先进的工艺。

这样的结论，是不是太恐怖了点?!

于是有人开玩笑说，应该是外星人把这种方法传授给秦朝人的。

另外有检测数据表明，这批青铜古剑表面（边部）含锡量为 31%，内部（中心）含锡量为 21.4%。

造成这种内外含锡量差别的原因是铸造过程中发生锡的逆偏析（反偏析），即高锡青铜液注满范腔后，凝固过程中结晶速度快的部位含锡量高，结晶速度慢的部位含锡量低。

由于含锡量的高低直接影响到该部位的硬度，而剑体刃薄，凝固快、结晶早，则其硬度值远高于剑体的其他部位，因而锋利无匹。

但内外成分不均匀就会降低合金力学性能，使其组织趋向稀松，抗压抗击性能差。

青铜兵器的性能主要体现在三方面：硬度、塑性和抗拉强度。

这三方面性能都和含锡量有关。

随着含锡量的增加，其硬度可以不断上升；但其伸长率（塑性性能）在超过 3% 含锡量后就会不断下降，超过 22% 含锡量后，伸长率则趋近于 0。抗拉强度则会在 18% 含锡量时达到顶峰，之后迅速下降。

所以，含锡量超过 20% 后，青铜塑性极低，基本上无法形变，抗拉强度也很低，工业上已无实用价值。

本来，对于含锡量较低的青铜，其塑性数值较高，可以通过冷锻来提升硬度和强度。但含锡量太高，硬度高、塑性低，无法采取冷锻技术，只能通过淬火、退火等法进行热处理。

这些青铜秦剑的硬度均在 200HB 以上，可知其并未经过淬火、退火等法对其塑性进行改善。

那么，一个冷酷的事实摆在眼前：这些青铜秦剑属于不折不扣的硬脆材料，各项性能数值与常见玻璃、陶瓷的数值十分接近，稍不留神掉到地上就会成为碎片。

也由此可推本节开头提到的"据说"纯属好事者的假想，这种青铜长剑一折即断，还谈什么"形态记忆合金"技术呢？

刘占成先生是目睹秦剑出土并亲手捧过秦剑实物的考古专家，他坦承："……从性能上讲秦剑是脆而易断。俑坑中出土较多剑身残断后的断节，恰好反映了秦剑很脆的特性……"

横向比较一下，秦国统一全国之时（公元前 221 年—公元前 207 年），罗马军团的罗马短剑、高卢人的凯尔特长剑、色雷斯人的长刀，全是钢铁锻造的。

再纵向比较，中国科学院自然科学史研究所的何堂坤曾对 66 件西周到战国时期的刃器进行检测，其中的 2 件曾经过淬火处理，古希腊、古意大利文明也均有对高锡青铜进行淬火的记录。而由出土的杨家山铁剑证明，我国不但在春秋时期已经出现了钢铁兵器，还经过渗碳和退火处理。燕下都出土的大批钢铁兵器也表明，在战国时期，经过淬火处理的钢铁兵器已经成为战场上的主要角色，战国末期，青铜已经走向了没落。

那么，该怎么解释秦青铜剑的"铬盐氧化法领先世界2000年"呢？

何堂坤先生深入研究发现，这种镀铬技术并非秦青铜剑独有，除了这批青铜秦剑，他已在6件物品上发现过类似的含铬物质，时间跨度为西周早期到汉代，长达1000年左右。

何堂坤先生在《几件表面含铬青铜器的分析》中提出：青铜秦剑上的铬，应该是使用、埋藏过程中偶然渗入的。理由有五：一、事例较少，古代含铬的青铜器试样不到10件；二、表面含铬量较低，10个分析点铬的平均含量仅为1.056%；三、不存在有意渗入的实际依据；四、表面含铬量波动稍大，极不均匀；五、没有有关记载文字，传统工艺中也无类似操作。

《中国古代军事工程技术史》一书也指出，铜兵器表层中铬的含量，并不高于其中铁、铝、硅等杂质的含量，人们一般都把后者视作土壤腐蚀的结果，故此，不能完全排除土壤腐蚀导致铜兵器表层含微量铬的可能性。

说到这儿，问题又来了。

既然这批一度被视为神作的青铜秦剑不过是铸造者采用中国古代最简单也是最常见的青铜铸剑法铸造成的劣质之作，那其用途是什么呢？

考虑到兵马俑里的陶俑全都是精心制成的陪葬品，那么，这批秦剑的真实身份应该也是陪葬品。